LE CHEVAL NOIR

LE CHEVAL NOIR

PAR

JOSEPH REINACH

DEUXIÈME SÉRIE

PARIS

VICTOR-HAVARD, ÉDITEUR

168, Boulevard Saint-Germain, 168

1889

Droits de traduction et de reproduction réservés.

Or, cet homme devait sa gloire à son cheval.
Le cheval était noir. Lorsque le général
Le montait, revenant de la grande revue,
Les mitrons radieux l'acclamaient tête nue
Et les femmes dansaient.
                    Certes, l'homme était beau :
Il avait le front bas du divin Apollo
Creusé par les pensers de son âme profonde,
L'œil bleu de Bonaparte et la barbe très blonde.
Mais le cheval était encor plus beau que lui,
Noir comme un godet d'encre et noir comme la nuit,
Noir comme la négresse impudique et sereine
Qui plonge aux flots du Nil sa nudité d'ébène,
Noir ainsi que l'Érèbe et si majestueux
D'allure que Pégase en était envieux.
Tout son poil reluisait de fauves étincelles ;
On cherchait sur son dos l'emplacement des ailes ;
Sa crinière avait un reflet triomphant
Et farouche ; il avait l'œil très intelligent ;
Bucéphale n'avait été dressé qu'en Thrace,
La jument Alfana, dont on vantait la race
Sainte, pour écuyer n'avait eu que Roland

Dont le Maure entendait le nom seul en tremblant.
Mais lui, le cheval noir, le grand cheval de gloire,
Dont le hennissement saluait la victoire,
Avait été dressé par un clown espagnol
Dans un cirque. Le clown avait nom Parasol
Et, par profession, parcourant les provinces,
Dressait les animaux savants pour tous les princes,
Pour le pape un corbeau, pour le tsar un ours blanc,
Un léopard royal du Sind pour le sultan ;
Mais son chef-d'œuvre était le cheval de Boulange…

Donc l'homme avait conquis la gloire sans mélange
De Boustrapa-César et d'Auguste-Mangin
En entrant dans Paris sur ce cheval romain.
En le voyant si beau, si fier, si jeune encore,
Le peuple avait donné son cœur à ce centaure.
La « Marseillaise » étant un chant très déplumé,
Paulus le célébra dans un hymne enflammé ;
La gravure aussitôt et la photographie
Répandirent partout cette image chérie.
Partout, du Sud au Nord, de l'Ouest à l'Orient,
On le vit, chamarré de croix et souriant,
Sur le sombre cheval qui porte sa fortune.
Il ravissait la blonde, il enchantait la brune ;
L'ouvrier décorait de ses mâles portraits
Les murs de l'atelier ; on retrouvait ses traits
Et ceux de son coursier sous le chaume modeste ;
Comme une vision angélique et céleste,
Au fond du presbytère obscur, il rayonnait ;

Pas un marchand de vin et pas un cabaret,
De l'un à l'autre bout de notre République,
Qui n'eût à son comptoir l'image magnifique.
Sur son fétiche noir, il eut toutes les voix,
Hyacinthe, Ollivier et Laisant à la fois ;
Il eut Vergoin, il eut Maupas, il eut Laguerre.
Seul, il incarnait tout, la paix avec la guerre,
L'anticléricalisme et la religion ;
Il eut Turquet, il eut Naquet, il eut Dillon ;
Il prit Dunkerque, il prit l'Aisne avec la Dordogne,
Il conquit le Hainaut, la Flandre et la Bourgogne..

Quand il eut tout, debout sur le peuple asservi.
Il vendit son cheval au manège Latry.

Et maintenant, on voit au Bois les gommeux pâles
Monter le fier coursier des marches triomphales,
A dix francs le cachet, l'œil morne, le poil ras...

Les chevaux fatigués font les princes ingrats.

27 mai 1888

LE CHEVAL NOIR

I

LE SYNDICAT DES RÉACTIONS

GRÈVES ET COMPLOTS

Nous avons laissé M. Boulanger, à la séance du 12 juillet 1887, donnant sa démission de député du Nord, jetant le défi au gouvernement de la République, jetant l'injure au président du conseil. M. Floquet ne releva que l'injure personnelle qui lui avait été lancée, et envoya ses témoins, MM. Clémenceau et Georges Perin, à M. Boulanger. La rencontre eut lieu le lendemain ; à la deuxième reprise, M. Boulanger reçut une blessure dans la région du cou.

Avant de se rendre sur le terrain, M. Floquet avait rédigé le discours qu'il devait prononcer, quelques heures plus tard, à l'inauguration du monument de Gambetta ; M. Boulanger, de son côté, avait adressé aux électeurs de l'Ardèche, convoqués pour le 22 juillet, une circulaire où il disait :
« J'ai rempli à la Chambre le mandat que j'avais reçu d'un
« demi-million d'électeurs ; j'ai demandé la revision et la

« dissolation. Sourde aux réclamations du peuple qui souffre
« et qui veut des réformes, la Chambre n'a trouvé qu'une
« réponse à me faire : la censure. Je lui ai jeté ma démis-
« sior à la face, et je fais mon pays juge. Puisque vous votez
« le 22 juillet, c'est vous, électeurs de l'Ardèche, qui jugerez
« les pr miers ; vous direz si c'est un factieux ou un patriote,
« le soldat qui à combattu comme vous...»

Le parti républicain choisit M. Beaussier pour candidat ;
M. Boulanger conclut un accord public avec M. Chevreau,
ancien député bonapartiste de Privas, ancien président des
comités de l'Appel au peuple, qui adressa aux chefs du parti
napoléonien dans l'Ardèche une circulaire avec l'instruction
formelle de voter pour l'ancien courtisan du duc d'Aumale.

L'AUTOGRAPHE

27 juillet.

M. Boulanger écrit aux électeurs de l'Ardèche
« qu'il compte sur eux » pour dimanche, et que de
leur vote dépendra ou la prompte réalisation ou l'a-
journement indéfini « de la revision que nous voulons
tous...» C'est au nom des monarchistes et des bonapartistes que parle évidemment M. Boulanger.

Ceux-là veulent tous la revision : M. le comte de
Paris, à Sheen-House ; M. de Breteuil, au banquet
de Tarbes ; M. de Cassagnac, dans son journal. Ils sont
d'accord sur ce point : la revision ; sur ce mot : la
revision ; et même ils ne sont d'accord que sur cela.
Quant à dire ce que cette revision pourrait être si
on la leur accordait, ils n'en savent absolument rien.
C'est bien ainsi qu'il faut comprendre la lettre de

M. Boulanger aux électeurs de l'Ardèche : « Nous voulons tous la revision ! »

Il n'y a rien de plus dans cet appel de la dernière heure. Aucune autre indication politique. Nulle apparence d'engagement quelconque. M. Boulanger ne dit pas même aux électeurs de l'Ardèche ce qu'il avait dit aux électeurs du Nord. Il ne leur donne pas sa parole d'honneur de conserver son mandat et de le remplir.

La *Cocarde* nous annonce que chacun des électeurs de l'Ardèche a reçu cette belle lettre autographe. C'est autographiée, sans doute, qu'il faut dire ; car on a peine à croire que M. Boulanger, malgré sa dévorante activité, ait adressé un aussi grand nombre de lettres autographes. Quant au *Gaulois*, qui reproduisait naguère l'*autographe* des lettres à M. le duc d'Aumale, il reproduit aujourd'hui, non moins religieusement, l'*autographe* de la lettre aux électeurs de l'Ardèche.

Heureux électeurs, qui reçoivent la reproduction authentique de l'écriture du grand homme ! Cette attention délicate doit leur tirer les larmes des yeux. Il n'y a rien, sans doute, dans la lettre du candidat plébiscitaire ; mais quelle forme, mes amis ! quelle forme ! Peut-on refuser sa voix à quelqu'un qui vous sollicite par lettre autographiée ? Nous recommandons le procédé à M. le comte de Paris pour ses prochaines lettres aux maires, aux ouvriers, aux percepteurs, aux curés... L'industrie moderne a trouvé des ma-

nières d'autographie très peu coûteuses et à la portée
de toutes les bourses.

La séance du 12 juillet avait provoqué un mouvement général d'indignation ; l'inauguration du monument de Gambetta et le banquet des maires, le jour de la fête nationale,
avaient rapproché les groupes républicains ; le voyage du
Président de la République dans l'Isère avait permis au chef
de l'État de faire entendre d'excellentes paroles ; le ministère était resté plus de quinze jours, comme par hasard, sans
commettre de trop lourdes fautes ; enfin, le département de
l'Ardèche comptait de longue date parmi les plus républicains et des plus éclairés : le 22 juillet, M. Beaussier fut
élu par 42,636 voix contre 26,866 données à M. Boulanger.

On put croire que M. Boulanger était en pleine déroute, et il
est possible qu'il l'eût été réellement si le cabinet radical
n'avait pas profité de la victoire des républicains de l'Ardèche
pour entasser de nouveau les fautes sur les fautes.

LE CHATIMENT

23 juillet.

« La bête vit, mais le venin est mort ! »

Nous avons toujours souhaité la guérison de
M. Boulanger, — d'abord, parce qu'il n'entre pas
dans nos habitudes de faire des vœux pour la mort
d'un homme, quel qu'il soit, — ensuite, parce que
ce factieux, ce soldat à qui il a fallu arracher son

uniforme qu'il déshonorait, ne méritait pas de mourir d'un loyal coup d'épée.

La mort, ce n'était pas le châtiment, et c'est le châtiment qu'il fallait. Et le châtiment commence.

Chassé de l'armée par ses pairs comme indigne, chassé de la République par les républicains, par tous, par ceux qui l'avaient flairé dès le premier jour, par ceux dont il avait surpris au début la clairvoyance, acculé par l'élection de la Charente à la fin de l'équivoque, M. Boulanger, en donnant sa démission de député, avait jeté à la Constitution, à la loi, à la République, un suprême défi.

Nous avons relevé ce défi. En vain les agents habituels de la candidature plébiscitaire se sont répandus dans l'Ardèche, semant la corruption et la menace. En vain les chefs du bonapartisme ont appelé au combat le ban et l'arrière-ban de leurs troupes. Les républicains de l'Ardèche sont allés au scrutin comme un seul homme, sans distinction de nuance ni de groupe, — et M. Boulanger est resté sur le carreau, écrasé sous un vote magnifique de réprobation. Hier, dans le Nord, dans l'Aisne, dans la Charente, la réaction bonapartiste et royaliste n'avait pas été seule à voter pour lui ; il ne s'est pas trouvé aujourd'hui, dans l'Ardèche, un seul républicain pour donner sa voix à ce rebelle, et les hommes de Décembre et de Sedan, descendant encore d'un degré dans la honte, ont été seuls à mettre dans l'urne ce nom flétri...

Après l'élection de l'Ardèche, que fallait-il pour précipiter la défaite de M. Boulanger ? Aucun effort ; rien que beaucoup de calme, de prudence, de vigilance pendant toute la durée des vacances parlementaires, pour permettre au pays de se ressaisir. Le Président de la République le comprit à merveille ; d'où cette série de voyages en Normandie, à Lyon, en Savoie, où les paroles d'apaisement et de modération qu'il prononça furent acclamées. Le président du conseil, au contraire, sembla prendre à tâche de défier la raison et la fortune. Au lendemain du scrutin victorieux de l'Ardèche, il convoqua pour la même date (19 août) les trois départements de la Charente-Inférieure, de la Somme et du Nord, offrant ainsi de gaieté de cœur, malgré l'avis formel des préfets et des représentants, une partie plébiscitaire où M. Boulanger avait tous les atouts, ces trois départements ayant élu, en octobre 1885, des députations en majorité réactionnaires. Pour rassurer les intérêts, on annonça que le gouvernement travaillait aux projets de revision et d'impôt sur le revenu. Enfin, dans la grève des terrassiers qui éclata, vers la fin de juillet, à Paris, la préfecture de police, sur l'ordre du ministère de l'intérieur, fit preuve, à l'égard des grévistes et des émeutiers, de la plus déplorable faiblesse. Ce que les républicains de l'Ardèche avaient défait, les radicaux du gouvernement allaient le refaire.

M. Boulanger avait arboré le programme : Revision et Dissolution. Lui enlever, en se l'appropriant, le premier terme de la formule, c'était, comme on l'a vu, la préoccupation dominante des radicaux, du président du conseil comme du comité de la rue Cadet. La *République française* s'efforça de démontrer qu'il n'y avait pas à s'occuper de l'enseigne boulangiste, que le gouvernement se trouvait en présence d'un véritable complot et qu'il n'y avait point d'autre question pour un gouvernement vigilant que de surprendre les fils du complot et d'en livrer les auteurs à la justice.

LE PRINCE JÉROME ET M. BOULANGER

26 juillet.

Nous avons dit, et nous n'avons pas été démenti, que M. Thiébaud est l'âme du comité de la rue de Sèze.

Nous avons dit, et nous n'avons pas été démenti, que M. Thiébaud, avant de commencer sa campagne de propagande plébiscitaire au mois de février dernier, avait passé quinze jours au château de Prangins pour y recevoir les instructions de M. le prince Jérôme-Napoléon Bonaparte.

Nous avons dit, et nous n'avons pas été démenti, que des relations suivies avaient continué, depuis lors, entre le prétendant exilé et le principal agent d'exécution de M. Boulanger.

Nous avons dit que les orléanistes et les victoriens avaient vu de mauvais œil l'ex-général Boulanger s'engager à fond avec les représentants et les amis de M. Jérôme Bonaparte ; le *Gaulois* avant-hier, en ce qui concerne M. le comte de Paris ; la *Patrie* et le *Petit Caporal* hier, au nom de M. Victor Bonaparte, ont confirmé nos renseignements :

Que le général ne s'y trompe pas, dit la *Patrie;* s'il veut remonter en selle et faire triompher AVEC NOUS les principes démocratiques et plébiscitaires, il faut qu'il se méfie de certaines amitiés dangereuses. Les dépêches que nous recevons de l'Ardèche nous informent que beaucoup de conservateurs n'ont pas voté pour le général, par suite d'une prétendue intervention trop ouverte de ce qu'on est convenu d'appeler le parti jéromiste, ne voulant point donner par leurs votes un semblant d'importance et de force à un parti dont l'impopularité ne s'est pas amoindrie.

Dans le *Petit Caporal*, le commandant Blanc écrit :

M. Boulanger et ses associés ne connaissent rien de la vie. Sans quoi, ils auraient ménagé davantage leurs munitions. Puis, ils ne se seraient pas mis en campagne un an trop tôt, *sous la protection de MM. Emile Ollivier, Maurice Richard et Lenglé. Pour traverser la mer Rouge républicaine et arriver à la terre promise du succès*, ils ne devaient pas s'appuyer sur cette planche pourrie qu'on appelle le jérômisme et qui effectivement s'est effondrée sous leurs pieds.

Sur ce chapitre, M. Guyon et moi, votre très humble serviteur, avions vainement essayé de faire entendre raison à l'excellent Déroulède, quelques jours avant la présentation de sa malencontreuse candidature. Mais voilà, MM. Lenglé, Thiébaud et leurs congénères avaient, *inter pocula*, persuadé au général que *toute la France napoléonienne marchait derrière eux*, et naïvement le général s'est laissé prendre à leurs gasconnades, ce qui lui a valu sa chute.

Vous avez l'aveu ; M. Guyon et M. Blanc ont averti M. Boulanger que, « pour traverser la mer « Rouge républicaine et arriver à la terre promise « du succès, » —c'est-à-dire à la restauration impériale, — c'est avec leur prince et non pas avec le prince d'en face qu'il faut travailler.

On peut laisser à M. Camille Pelletan le soin de demander à M. de Rochefort ce que l'auteur de la

Lanterne pense de cette association ouverte, déclarée, enregistrée publiquement, de M. Boulanger et de M. Jérôme Bonaparte ; M. Pelletan s'en acquitte avec une obstination et une candeur touchantes. C'est à M. le ministre de l'intérieur que nous nous adressons, non point pour lui demander son sentiment, il est connu ; mais pour lui demander d'achever l'enquête commencée et d'agir en conséquence.

Nous sommes en présence d'un véritable complot noué contre la République entre un général rebelle et un prétendant. Le prétendant croit-il aux serments de fidélité de M. Boulanger ? Il aurait tort d'oublier les précédents « Béni soit le jour ! » jurés, sur l'honneur, à M. le duc d'Aumale, à M. de Freycinet et à M. Clémenceau par le même personnage. Mais ce ne sont pas nos affaires. Libre à M. Jérôme-Napoléon Bonaparte de se laisser jouer sous jambe par un Monk de pacotille ! Nous ne sommes occupés, nous, que de l'intérêt de la République ; or, l'intérêt de la République est clair, manifeste, il crève les yeux. S'il y a complot contre la sûreté de l'État entre un soldat factieux et un prétendant exilé, — et tout paraît démontrer qu'il y a complot, — le gouvernement de la République a le droit et le devoir de ne point laisser sommeiller les lois.

Quelques jours plus tard, la *République française* recevait la lettre suivante :

LE NŒUD DU COMPLOT

Turin, 29 juillet.

Monsieur le Directeur,

Le 11 septembre prochain, le mariage projeté entre le duc d'Aoste, frère du roi d'Italie, et la princesse Lætitia, fille du prince Napoléon, sera célébré à Moncalieri. En France, vous vous préoccupez médiocrement de ce mariage, qui vous intéresse pourtant plus que vous ne le pensez.

Pour expliquer ma pensée, il faut parler d'abord du général Boulanger.

Il y a quelques mois, le général, qui venait d'être remplacé au ministère de la guerre, était à Clermont-Ferrand. Il lui était aisé de reprendre dans l'armée une place honorable. Il n'avait qu'à faire son métier de chef de corps et à passer des revues ; c'est à une revue qu'il doit le meilleur de sa gloire ; le général n'avait qu'à suivre sa voie en se donnant les satisfactions de vanité que comporte son grade.

Mais un démon tentateur arriva de Prangins ; M. Thiébaud fit entendre au militaire ambitieux qu'on arrive péniblement par les voies régulières, — quand on arrive, — et qu'en se faisant le Monk de la quatrième race il obtiendrait sans effort le bâton de maréchal et même l'épée de connétable.

Le prince Napoléon ne manque pas d'intelligence ; il a l'esprit faux, mais il a de l'esprit. Il a la soif de régner ; son ambition est devenue impatiente depuis qu'il comprend qu'il est vieux et que le temps va lui manquer. Il sait qu'il est impopulaire, surtout dans l'armée ; ses campagnes de Crimée et d'Italie lui ont fait une triste légende, et le hasard, qui l'a tenu loin des lieux où l'on se battait, n'a pas augmenté son prestige.

Le prince a compris qu'il aurait besoin d'une popularité et d'une épée pour les mettre au service de la seule force qui lui reste, de son nom.

Le général Boulanger, investi par M. Clémenceau, popularisé par M. de Rochefort, et mécontent de ne plus être ministre, était ce qu'on appelle l'homme indiqué. M. Thiébaud n'eut donc pas de peine à réussir dans sa mission : l'obscurité même de cet agent, émergé des plus profondes ténèbres, rendait la tâche facile. Il pouvait agir sans se cacher, puisqu'on ne le prenait pas et qu'on ne le prend pas encore au sérieux.

Le plan qui s'exécute sous nos yeux, avec des alternatives de succès et de revers, fut combiné entre Prangins et Clermont. Ce plan, compliqué en apparence, est en réalité fort simple. Il s'agit d'obtenir que le chef du gouvernement soit nommé directement par le peuple. Le mot « revision » ne veut pas dire autre chose ; si, à l'aide de ce mot, on réussit à créer le gâchis, le plébiscite s'impose, parce qu'il est une solution simple et d'apparence démocratique et même logique. Le peuple qui choisit son chef se croit libre ; en fait, il devient esclave. Mais le tour est joué.

Le prince Napoléon se croit certain de voir son nom sortir du scrutin universel, « ce nom étant le seul qui soit connu des masses, surtout dans les campagnes. »

Le général Boulanger espère probablement qu'à la dernière heure il pourra escamoter la muscade ; cela s'est déjà fait entre charlatans.

Il faut reconnaître cependant que l'accord a été, jusqu'à présent, tenu avec loyauté des deux côtés : dans les divers scrutins, pas une voix bonapartiste n'a manqué à M. Boulanger ; M. Boulanger n'a jamais prononcé une parole qui pût blesser le parti napoléonien.

Le parti boulangiste proprement dit n'existe pas. Son nom est ridicule. Il se compose de trois à quatre ambitieux et de deux ou trois hommes d'esprit fourvoyés ; le reste a été défini par Corneille :

> Un tas d'hommes perdus de dettes et de crimes
> Que gênent de nos lois les ordres légitimes.

Ce qu'il y a de plus lamentable dans cette tragi-comédie est la conduite des royalistes.

Il y a bien parmi eux quelques hommes au cœur

noble et à l'esprit droit: ceux-là savent que l'honneur est le principe des monarchies. Lorsque François Ier écrivait : « Tout est perdu fors l'honneur, » il comprenait que rien n'était perdu, quand l'honneur était sauf.

Il est clair pourtant que l'honneur se perd dans une aventure louche, entreprise en fort mauvaise compagnie.

En cas de succès, le parti royaliste aura été dupe, ce qui est ridicule, et complice, ce qui est criminel. En cas de déroute, fort probable, il n'aura été que niais.

Le grand mal de cette conduite des royalistes est qu'il y a parmi eux nombre de gens, personnalités honorables, qui donnent encore, dans les campagnes, un renom d'honnêteté à une entreprise où l'honnêteté est ce qui manque le plus.

Le prince Napoléon est donc le véritable, le seul auteur de la campagne boulangiste. C'est pour cela que le plan est assez bien combiné, et qu'il est suivi avec persévérance. Le prince a plus de tête que le général, lequel, au dire de ceux qui le connaissent, notamment de M. Clémenceau, est un pauvre homme.

Le mariage de la princesse Lætitia, sa fille, avec le duc d'Aoste a été un encouragement pour le prétendant masqué.

Cette union le réconcilie avec la maison de Savoie; il était en froid avec le roi parce que, s'il fut un triste guerrier, il est aussi un mari bien médiocre.

Mais l'unique héritier d'Humbert est d'une santé des plus chancelantes. La fille de Jérôme-Napoléon peut devenir reine d'Italie, et lui-même espère s'appuyer sur l'ambitieuse maison de Savoie.

On commence à reconnaître les plans, longtemps tenus secrets, de cette maison: elle veut prendre en Europe la place qu'occupait la maison de Bourbon et exercer l'hégémonie sur les races latines.

Le prince Napoléon sur le trône serait la France subalterne et l'Italie au premier rang, ce qui est le but d'une politique autrement inexplicable.

Il pourrait nous arriver, comme par accident, de passer par une troisième invasion, l'invasion et les bonapartistes étant aussi inséparables que l'effet et la cause. Mais les prétendants ne s'arrêtent pas à des considérations de ce genre, pas plus que ceux de leurs partisans qui ne peuvent ou qui ne veulent pas les comprendre.

Je ne crois pas le duc d'Aoste mêlé personnellement aux combinaisons de son futur beau-père. Il en est l'auxiliaire inconscient. La destinée de ce prince est d'être un ambitieux malgré lui.

Il a été roi d'Espagne, et il est tombé du trône comme il y était monté, sans savoir pourquoi.

On se tromperait donc en croyant finie l'aventure boulangiste : elle se rattache à un vaste complot qui a des racines au dehors et au dedans.

Celui qui la dirige a de grands défauts, même de grands vices. Mais il est loin d'être un imbécile.

Ces choses-là ne finissent que par une explosion. Ce sont des maladies dont le caractère est de ne finir que par une de ces crises qui emportent la maladie ou le malade.

Avisez !

Z. Z. Z.

La révélation du pacte conclu entre M. Boulanger et M. Jérôme Bonaparte par l'entremise de M. Thiébaut fut reçue avec une incrédulité générale dans les sphères officielles. Quant aux meneurs du parti royaliste, ils en conclurent que « M. Boulanger était une merveilleuse machine de guerre pour battre en brèche la République », et qu'il était indispensable de s'en servir. Ce fut le journal *le Gaulois* qui se fit le champion principal de cette théorie. Le jour même où M. Boulanger avait été battu dans l'Ardèche, le département de la Dordogne, qui avait élu M. Boulanger le 8 avril et qui, à la suite de l'option de l'ex-général pour le Nord, avait été convoqué pour une élection partielle, avait nommé un bonapartiste clérical, M. Taillefer. L'exemple était probant et décisif... A peine quelques anciens légitimistes et quelques amis du duc d'Aumale protestèrent.

On suivra, dans les trois articles que nous réunissons, la marche des négociations engagées entre M. Boulanger, déjà l'allié et le délégué de M. Jérôme Bonaparte, et les orléanistes.

LE TROU

25 juillet.

Les journaux monarchistes en sont encore à se quereller sur les conséquences probables de la déroute de M. Boulanger dans l'Ardèche et sur la conduite qu'il aurait fallu adopter pour éviter ce malheur public. « Si vous ne vouliez pas voter pour M. Boulanger, que ne nous avez-vous présenté un autre candidat? — Mais puisque nous n'en avions pas, il valait mieux nous abstenir que de voter, nous monarchistes, pour le candidat du radicalisme révolutionnaire! — Pas du tout, répond le *Gaulois;* la politique est la politique. Il fallait, quand même, voter pour M. Boulanger, parce qu'il est la plus merveilleuse machine de guerre que les circonstances aient jamais mises dans nos mains pour battre en brèche la République! »

Les observations du *Gaulois* sont sans doute bien dignes d'être rééditées par les monarchistes qui ont rejeté tout respect humain et qui ne tiennent plus du tout à l'honneur de leur drapeau, pourvu qu'ils fassent du mal à la République. « Le général Boulanger s'est présenté dans la Dordogne, qui avait une députation républicaine; il a été élu, puis il a démissionné, mais il avait fait le trou, et, par ce trou, c'est Taillefer qui a passé. Eh bien! s'il avait fait de même ce trou dans l'Ardèche, nous y aurions fait passer ensuite ou Thiébaud ou quelque autre... Et ainsi de suite! Voilà ce qu'il fallait faire! N'était-ce pas un beau plan? » Les monarchistes qui ont compromis cette tactique sont évidemment de ces gens délicats et scrupuleux avec lesquels il est impossible de jamais rien faire en politique.

Mais être obligé d'avouer qu'on ne peut plus marcher par soi-même, qu'on n'a plus d'autre ressource que de monter en croupe de M. Boulanger, quand on est la Maison de France et quand on s'appelle « la Monarchie traditionnelle par son principe, moderne par sa forme », l'humiliation doit paraître dure aux monarchistes qui se donnent la peine de réfléchir sur les conditions de la politique actuelle.

LE SCRUTIN DU 19 AOUT

29 juillet.

En revenant de sa promenade hygiénique et carnavalesque de vendredi (1), M. Boulanger a été

(1) M. Boulanger, complètement rétabli de sa blessure, avait fait sa première sortie en voiture le 28 juillet, à 2 heures. La *Presse* et l'*Intransigeant* avaient annoncé cette sortie, et 250 badauds, mitrons, journalistes, terrassiers en grève, avaient répondu

interviewé par un rédacteur de l'*Intransigeant* auquel il a fait part de ses intentions électorales :

M. Boulanger « compte répondre lui-même aux calomnies opportunistes en se rendant dans la Somme et peut-être aussi dans la Charente » (*sic*).

Nous demandons la permission de « patauger dans les toiles d'araignée » de l'ex-général.

M. Boulanger se présente dans la Somme parce que la mort de M. Deberly a désorganisé le parti réactionnaire dans ce département et qu'il a la promesse ferme des meneurs cléricaux et royalistes de faire voter pour lui.

M. Boulanger se présentera « peut-être » dans la Charente-Inférieure; il se présentera si les négociations engagées avec les bonapartistes de La Rochelle aboutissent, si M. Roy de Loulay père retire la candidature qui avait été annoncée et si les comités de l'Appel au peuple décident de porter l'ami de M. Thiébaud.

M. Boulanger ne parle pas, du moins pour le moment, du département du Nord, parce que ce département est appelé à nommer deux députés, que M. Rochefort lui interdit de se présenter sur

à l'appel. M. Boulanger avait fait le tour du lac en landau, suivi de seize voitures et accompagné d'une centaine de gardes du corps qui criaient : « A bas Ferry ! A bas Floquet ! » Il avait terminé sa promenade par une rentrée solennelle à Paris, en suivant la grande artère des Champs-Élysées, de la rue Royale et des boulevards, toujours accompagné du même cortège.

une même liste avec M. Plichon fils, que les
royalistes et bonapartistes de Lille refusent de
soutenir une liste purement boulangiste.

La situation est claire :

M. Boulanger, qui n'a pas osé se présenter dans
le Rhône, qui a été écrasé dans l'Ardèche, ne sera
désormais candidat que dans les départements où
il aura l'espérance de réunir sur son nom l'unanimité des ennemis de la République.

A Paris, au comité de la rue de Sèze, M. Boulanger continue à garder le contact de quelques
personnages se disant encore républicains. Les représentants de M. Jérôme Bonaparte lui reprochent
sans doute ce contact compromettant. Jusqu'à nou-
vel ordre, cependant, M. Boulanger s'obstine : il
ne se sépare ni de M. Naquet, ni de M. Rochefort,
ni de M. Vergoin. Mais, dans les départements, la
scission est faite. D'un côté, les républicains, à
l'exception de quelques mécontents, de quelques
naïfs et de la vieille garde révolutionnaire, intransigeants et socialistes, toujours prête à suivre *le
plus démagogue*. De l'autre, la masse des royalistes
et des bonapartistes pour qui M. Boulanger est le
« trou » et le « lit ». C'est le mot d'ordre, à la fois,
de Sheen-House, de Bruxelles et de Prangins. « A
la faveur de ce trou, nous entendons entrer dans la
République ; à la faveur de ce lit, y coucher la monarchie » ou l'Empire.

L'expulsion des prétendants avait décapité la

réaction royaliste, bonapartiste et cléricale ; la réaction trouve bon de mettre M. Boulanger à sa tête, c'est son affaire. On est libre de penser que les amis de M. le comte de Paris ne sont pas fiers et que les complices eux-mêmes de M. de Morny et de M. Rouher ne le sont pas davantage. Quoi qu'il en soit, nous nous trouvons, nous, une fois de plus, tête à tête avec la réaction, comme au 24 Mai, comme au 16 Mai. Aujourd'hui, comme alors, la bataille est contre la réaction. Nous avons triomphé d'elle quand elle avait des chefs qui étaient le fils de Napoléon III, le petit-fils du roi Louis-Philippe, le comte de Chambord. Elle est tombée à M. Boulanger, soldat rebelle chassé de l'armée par les chefs de l'armée, mauvais citoyen chassé de la République par la majorité des républicains. Le devoir, pour nous, reste le même...

Nous avons triomphé de la réaction, sous ses espèces premières, par l'union ; c'est par l'union encore que nous devons vaincre. Dans la Charente-Inférieure, dans la Somme, dans le Nord, le devoir des républicains est impérieusement tracé : ajourner toutes les causes de division, marcher en masse au combat, au scrutin, contre l'ennemi commun. Il ne s'agit pas de promettre qu'on fera l'union au second tour. Au second tour, après toute une campagne de polémique et de récriminations stériles entre républicains, il serait trop tard. C'est au premier tour, c'est tout de suite, c'est aujourd'hui même qu'il faut faire l'union sur le seul nom de la République. C'est ce que les républicains de l'Ardèche ont fait, la semaine dernière, avec une sagesse et une loyauté que la victoire a récompensées; les républicains du Nord, de la Somme et de la Charente-Inférieure feront de même.

LES ALLIÉS

2 août.

M. Boulanger est un homme heureux. Le héros de Virgile ne pouvait perdre un rameau d'or sans en retrouver immédiatement un autre. M. Boulanger, de même, n'a pas perdu plus tôt M. Eugène Mayer, de la *Lanterne*, qu'il trouve aussitôt M. Arthur Meyer, du *Gaulois :*

> *... Uno avulso, non deficit Mayer.*

Nos rhétoriciens d'aujourd'hui comprennent encore cette citation ; ceux de l'an de grâce 1898, si Dieu prête vie à M. Lockroy, ne comprendront plus. Profitons de notre dernier quart d'heure de latinité...

Donc, M. Mayer ayant quitté avec armes et lanterne le comité de la rue de Sèze, M. Meyer s'est présenté le soir même à la tête de son journal. M. Ranc demandait l'autre jour à M. Naquet : « Oui

« ou non, M. Arthur Meyer, M. Paul de Cassagnac
« et M. Blanc, rédacteur en chef du *Petit Caporal*,
« sont-ils vos alliés ? — Parfaitement, répondit
« M. Naquet, et j'espère cette fois que la situation
« est nette. » La parole autorisée du rédacteur de
la *Presse* n'avait pas besoin d'être confirmée ; le
rédacteur du *Gaulois* a tenu cependant à la contre-
signer avec.une entière franchise. — « Dans tous
« les départements, écrit-il, où la représentation est
« complètement conservatrice et où elle n'est pas
« menacée par les républicains, pas besoin de l'appui
« du général Boulanger. Dans les autres départe-
« ments, où il peut nous apporter l'appui des voix
« républicaines désabusées ou des voix flottantes,
« qui sont beaucoup plus nombreuses qu'on ne le
« veut croire, nous voterons pour lui. Le général
« Boulanger sera nommé dans un certain nombre
« de départements ; eh bien ! comme il ne pourra
« rester député que d'un seul, il donnera sa démis-
« sion des autres, et *des conservateurs seront nommés*
« *à sa place, comme dans la Dordogne.* Le général
« Boulanger ne fera plus seulement alors dans la
« République le trou dont je parlais l'autre jour. Il
« fera une trouée générale, la trouée après laquelle
« il ne restera plus que des morceaux de la Répu-
« blique ! »

M. Boulanger était hier le chef autorisé de l'intransigeance ; il est aujourd'hui le capitaine de tous
les ennemis de la République. C'est clair et net.

M. Jérôme Bonaparte, qui a les visées hautes et lointaines, compte sur M. Boulanger, dont il a la parole, pour faire mettre l'élection du chef de l'Etat au suffrage universel ; M. le comte de Paris, qui court au plus pressé, compte sur M. Boulanger pour faire nommer à sa place, dans les nombreux départements qui le choisiraient comme député d'une heure, des révolutionnaires royalistes. Nous ne demanderons pas à M. de Rochefort, que M. Camille Pelletan persécute vraiment de ses interrogations, ce qu'il pense d'un pareil rôle pour un général qui se dit républicain ; nous tenons, nous, ce rôle pour parfaitement digne de M. Boulanger.

Non, je ne m'étonne pas de voir M. Boulanger tomber si bas ; je suis persuadé qu'il est homme à descendre encore et toujours. Mais que le parti royaliste, que les amis de M. le comte de Chambord, à l'exception de la *Gazette de France*, que les orléanistes eux-mêmes puissent descendre jusque-là, jusqu'à l'alliance ouverte et déclarée avec l'ancien courtisan devenu l'insulteur public de M. le duc d'Aumale, avec le lieutenant général des bandes jérômistes sur le territoire de la République, cela, je l'avoue, dépasse toute imagination. Que M. le duc de Broglie ait mis sa main, au 24 Mai, dans celle de M. Rouher, qu'il ait accepté la protection de l'Empire, cette protection que son père, comme disait M. Thiers, eût repoussée avec horreur, c'était déjà roide ! Mais M. Boulanger !... Avoir derrière soi, sans parler du conventionnel Philippe-Égalité, près d'un siècle de luttes pour la liberté et contre le despotisme, avoir été la monarchie parlementaire, de 1830 à 1848 et, sous l'Empire, l'Union libérale, et s'accrocher aujourd'hui à la remorque d'un soldat chassé de l'armée comme indigne ; avouer pour alliés, copains et compagnons, M. Laisant, M. de Rochefort et M. Vergoin, ô monsieur Guizot ! que dirait votre grande ombre ! Et vous, monsieur le comte d'Haussonville, n'allez-vous pas vous retourner dans votre tombeau ?

Depuis le jour où le général de La Fayette saluait la monarchie de Juillet comme la meilleure des républiques, le parti orléaniste a commis bien des fautes et il en a été rudement puni. La Révolution de 48, Claremont, vingt ans d'exil, l'humiliant pèlerinage de Frohsdorf, c'étaient des épreuves cruelles. Eh bien, la fuite honteuse du palais des Tuileries, la mort lugubre du vieux roi loin du sol natal, le fils de la duchesse de Berry hautain et superbe, tout cela n'était rien ; voilà le châtiment, le vrai, car il y a quelque chose de pire que la déchéance, de plus cruel que l'exil, de plus affreux que la mort, c'est la honte. Et c'est dans la honte irréparable que le parti royaliste est enlisé jusqu'au cou ! Oui, nous en sommes là : les orléanistes ont oublié tout ce qui était leur honneur devant la France et devant l'histoire, et c'est nous, nous républicains, qui restons seuls à nous en souvenir, la rougeur au front !

Il y a quelques années, le prince de Joinville et le comte de Paris visitaient *incognito* le château de Chambord. Le gardien, vieux carliste incorrigible, qui professait pour Louis-Philippe et sa race la haine féroce des légitimistes classiques d'antan, accompagnait ses explications des commentaires les plus injurieux à l'adresse des princes d'Orléans. Le comte de Paris mordait sa barbiche et le prince de Joinville, aidé de sa surdité, faisait semblant de ne pas entendre. On arrive devant l'emplacement vide d'une grande cheminée en marbre sculpté : « C'est ce vieux scélérat de Louis-Philippe, explique le gardien, qui la fit enlever et transporter chez le duc d'Aumale... » Cette fois, le prince de Joinville entendit et, doucement, frappant son neveu sur l'épaule : « Dis donc, Philippe, je ne me souviens « pas d'avoir jamais vu ça à Chantilly !... » Eh bien ! cela non plus, cette honte suprême de l'alliance avec un soldat rebelle et une bande de démagogues en rupture de ban, cela non plus, on ne l'avait jamais vu ni prévu à Chantilly !

Pendant que la réaction royaliste concluait ainsi un pacte d'alliance avec M. Boulanger, une grève de terrassiers, où il fut aisé, dès le premier jour, de reconnaître la main du chef de la conspiratiom césarienne, éclatait à Paris. La grève, dirigée par un nommé Boulé qui touchait des subsides à l'*Intransigeant* et à la *Cocarde*, prit bientôt une extension considérable. Les terrassiers tinrent des réunions publiques où les discours les plus violents furent prononcés, où les appels les plus criminels purent être proférés impunément ;

la Bourse du travail se transforma en un véritable club de
l'anarchie et de la révolte; les ouvriers descendirent dans
la rue et se livrèrent à des manifestations factieuses, enva-
hissant les chantiers, brisant les outils des travailleurs qui
se refusaient à les suivre et maltraitant ces citoyens. L'émotion fut vive à Paris et dans les départements. Les journaux
boulangistes de gauche excitèrent les grévistes; les journaux boulangistes de droite crièrent que la société était
perdue. La presse républicaine signala aussitôt le double
jeu des conspirateurs césariens et demanda une répression
énergique. Le gouvernement ferma l'oreille et s'obstina à
laisser faire. Pendant que le conseil municipal lui-même
refusait, dans sa séance du 27 juillet, une subvention aux
grévistes, la Société des Droits de l'homme, fondée sous
l'inspiration directe de M. Floquet, et présidée par M. Clémenceau, leur vota, au contraire, un secours de 200 francs.

LA GRÈVE SUBVENTIONNÉE

31 juillet.

Le Conseil municipal de Paris ayant refusé de
voter une subvention à la grève des ouvriers terrassiers, il n'eût pas été, semble-t-il, extrêmement
difficile à la *Société des droits de l'homme et du citoyen* de suivre cet exemple. Il n'en a rien été et la
Société de la rue Cadet a tenu à se placer à la gauche
du Conseil municipal. La *Justice* d'hier, nous apporte le texte de la motion, signée Prevot, qui proposait d'accorder une subvention aux grévistes et

qui a été adoptée par l'assemblée générale que présidait M. Clémenceau. Nous nous permettons de recommander ce document aux méditations des braves gens qui nous affirmaient hier encore, sur la foi de M. Clémenceau, que la Société de la rue Cadet n'avait pas d'autre but que la bataille sans merci contre M. Boulanger, sans préoccupation démagogique d'aucune sorte :

« Voulant, dit la motion Prevôt, *témoigner sa* « *sympathie aux travailleurs victimes de l'exploi-* « *tation patronale,* la Société des droits de l'homme « et du citoyen décide qu'une somme de deux cents « francs sera versée à la Chambre syndicale des « ouvriers terrassiers et puisatiers-mineurs, pour « venir en aide aux familles de ceux de ses mem- « bres actuellement en grève pour la défense de « leurs salaires. » Sur quoi, les citoyens Dalle et Aldabe ayant demandé l'urgence, l'urgence est acclamée et la Société a témoigné ainsi de sa sym- « pathie « aux travailleurs victimes de l'exploita- « tion patronale ». — M. Rochefort appelle les grévistes en question « victimes de M. Floquet, « triste imitateur de son neveu Jules Ferry ». Mais nous préférons la formule de la rue Cadet.

M. Clémenceau avait déclaré que la Société des droits de l'homme avait pour objet la défense de la République contre le césarisme; « témoigner sa » sympathie aux travailleurs victimes de l'exploi- « tation patronale, » proclamer que les terras-

siers, conduits par les meneurs que l'on sait, « sont
« en grève *pour la défense* de leurs salaires, » et
par conséquent que le Conseil municipal a fait acte
d'orléanisme et de bourgeoisisme — c'est bien la
pensée de MM. Dalle et Aldabe — en refusant de
subventionner la grève, c'est une façon évidemment très efficace de combattre les menées de
M. Boulanger. « Pauvre général ! » s'écriait l'autre
jour M. Ranc. Pauvre général, en effet, qui a
rencontré sur sa route d'autres adversaires que
MM. Clémenceau, Prevot et Aldabe !

La *Justice*, sous la signature de M. Camille Pelletan,
proteste contre l'accusation de démagogie ; c'était *par humanité* qu'elle avait voté le subside aux grévistes ! Le mot
démagogue n'appartient pas à la langue républicaine !

DÉMAGOGUES

3 août.

La *Justice*, du vivant de Gambetta, menait le
chœur de la presse intransigeante ; M. Clémenceau,
au lendemain de la mort de Gambetta, déclinait
l'honneur de prendre place dans le comité pour
l'érection d'un monument, par souscription nationale, à la mémoire du patriote républicain. Aujour-
d'hui, tout est changé ; Gambetta est entré défini-

tivement dans la gloire, la démocratie républicaine
reconnaît qu'elle n'a jamais produit de meilleur citoyen : il fallait peut-être quelque courage, en 1881,
en 1882, pour continuer à livrer le bon combat avec
Gambetta contre la coalition des droites, de la
gauche radicale élyséenne et de l'intransigeance;
il est profitable aujourd'hui de célébrer les vertus
de Gambetta, — et, naturellement, la *Justice* célèbre celui dont elle voulait autrefois « l'avènement
» au pouvoir afin de l'en précipiter plus sûre-
» ment... » On sait, d'ailleurs, M. Clémenceau cou-
tumier du fait. Quand les comités électoraux de
Montmartre et des Épinettes ont cessé, un beau
matin, de chanter les louanges du « brav'général »,
l'honorable directeur de la *Justice* a fait, en sens
inverse, la même évolution.

On pourrait se contenter de philosopher en particulier sur l'admiration commode que la *Justice*,
depuis la constitution du ministère Floquet, fait
métier de professer pour la mémoire de Gambetta :
l'hypocrisie politique est, elle aussi, un hommage
rendu à la vertu. On ne saurait tolérer cependant
que le journal de M. Clémenceau pousse le sans-
gêne jusqu'à vouloir nous faire la leçon, sur un ton
rogue, au nom de Gambetta. Nous pouvons con-
sentir à amnistier les détracteurs acharnés de notre
illustre ami, les adversaires irréconciliables de sa
forte et généreuse politique : nous ne permettrons
pas à la *Justice* de faire appel à Gambetta contre

nous, comme il l'a fait hier, parce que nous
avons signalé la subvention votée par la Société de
la rue Cadet à la grève des terrassiers comme un
acte de triple et quadruple démagogie. La *Justice*
plaide l'humanité, la solidarité, la pitié... La pitié
pour qui ? Pour les ouvriers dont les meneurs boulangistes de la grève brisent les outils de travail, le
gagne-pain, ou pour les meneurs qui commettent
ces attentats ? Il nous semble que la préfecture de
police, le parquet, la chancellerie et le ministère de
l'intérieur professent pour ces derniers une indulgence suffisante : le *Mot d'Ordre* lui-même, blâ-
mant avec énergie la circulaire de M. Lozé, trouve
excessive cette indulgence qui devient de la complicité... Et la *Justice*, invoquant Gambetta, déclare
que le mot de « démagogie » est un barbarisme :
Le *Temps* lui-même le laisse à M. Reinach, qui
connaît médiocrement sa langue républicaine. »
Il est possible et même certain que je ne parle
pas la même langue républicaine que M. Clémenceau ; je n'ai jamais salué dans Arabi le rénovateur
de l'Orient et dans M. Boulanger un second Mar-
ceau. Quant au mot de « démagogie », j'ai le regret
d'informer la *Justice* qu'il appartient précisément
au vocabulaire de Gambetta. Je puis donc me résigner à connaître la langue républicaine « aussi
médiocrement » que Gambetta lui-même. La démagogie d'en haut, celle que M. Clémenceau désavoue
depuis quelques semaines à côté de ceux qui l'ont

combattue depuis deux ans, — la démagogie d'en
bas, celle qui brise les instruments de travail des
ouvriers, « ces deux démagogies, s'écriait Gambetta,
je les trouve également haïssables et funestes. » Et
cette démagogie turbulente, intolérante, violente,
sectaire, Gambetta l'a détestée et combattue toute
sa vie. C'est cette tourbe qui le poursuivait à Avi-
gnon, en 1876, de cris de mort ; c'est la même
tourbe qui le huait à Charonne, le 16 août 1881, à
la grande joie de la *Justice*, qui écrivait : « Cela
« s'est passé dans une réunion dont les invités
« avaient été triés sur le volet ; *c'est ce qui donne*
« *une importance particulièrement significative à la*
« *manifestation.* Le député de Belleville émettait
« cette prétention de s'en tenir au monologue ; *les*
« *électeurs du vingtième arrondissement ont voulu*
« *évidemment protester contre un procédé qui faisait*
« *si bon marché de la dignité du suffrage universel.*
« Les amis de Gambetta diront demain qu'il a
« suffi de quelques perturbateurs pour jeter le dé-
« sordre dans la réunion ; *c'est en vain qu'il sessaye-*
« *ront de donner le change.* »

Ainsi parlait M. Clémenceau, le 16 août 1881,
de la poignée de braillards et d'esclaves ivres qui
outrageaient Gambetta. Et Gambetta, le lendemain
de l'élection qui le refaisait député de Belleville,
écrivait aux membres des comités du vingtième
arrondissement : « Cette élection, en dépit de la
« bassesse et de la violence des efforts réunis de

« tous nos ennemis ligués contre nous, est décisive ;
« la preuve est faite ici comme dans le reste de la
« France ; et ce ne sont pas les commentaires d'une
« presse exaspérée, LES CRIAILLERIES FURI-
« BONDES DES DÉMAGOGUES, les sarcasmes
« démodés des vaincus de la réaction, qui pourront
« en affaiblir la portée. »

En dénonçant « les criailleries furibondes des
démagogues », Gambetta, c'est évident, prouvait en
1881, comme en 1869, qu'il connaissait médiocrement « la langue républicaine ». Mais certainement
il pensait aussi à quelques hautes personnalités
intransigeantes. A qui ? Au lieu d'essayer de me
faire la leçon au nom de Gambetta, que M. Clémenceau cherche dans ses souvenirs : il trouvera
peut-être — avec le concours de M. Camille
Pelletan.

La grève ainsi encouragée par les journaux et l'intransigeance grandit encore en violence et s'étendit à la province. A Asnières, une usine fut mise à sac et incendiée.
Le gouvernement s'entêta dans son inaction, sourd à tous
les appels. Bientôt il fit pis : le préfet de police, M. Lozé,
adressa aux commissaires de police une circulaire où il
disait en propres termes :

Par suite de l'abrogation de l'article 416 du Code pénal
par la loi de 1884 sur les syndicats professionnels, les voies de
fait de nature à entraver le libre exercice du travail ne sont
punissables que si elles ont été directement exercées sur les
personnes, et, par conséquent, ne peuvent être poursuivis ceux
qui, comme la plupart des grévistes arrêtés ces jours-ci, se sont

bornés à détruire des outils... sans avoir préalablement menacé ou frappé les ouvriers dont ils cherchaient à interrompre le travail.

La protestation de la presse républicaine contre cet acte incroyable de faiblesse fut telle que, dès le lendemain, 2 août, le préfet de police retira la circulaire. Le désordre cependant continûa, et de nouvelles grèves, notamment une grève des garçons limonadiers, éclatèrent à Paris. La mort de M. Eudes, ex-général de la Commune, fut le signal de nouveaux troubles.

LETTRE A M. LE MINISTRE DE L'INTÉRIEUR.

Divonne, 9 août.

Monsieur le président,

Le journal la *Nation* a publié hier soir l'entre-filet suivant :

« Est-il vrai que le directeur d'un organe républicain très modéré absent de Paris ait télégraphié à son journal : « Ne parlez que de la grève, et rappelez « les journées de juin 1848 ? » Si cela est vrai, que penser de ce genre de patriotisme ? »

Le directeur du journal républicain, c'est moi.

La dépêche ou plus exactement les dépêches dont

la *Nation* divulgue un texte tronqué et falsifié sont
de moi.

Absent de Paris depuis quelques jours, j'ai télégraphié, en effet, à plusieurs reprises au secrétaire
de la rédaction de la *République française* pour
donner mon appréciation sur les récents événements.

Je ne vous dissimulerai pas, monsieur le président, que je savais que ces dépêches vous seraient,
comme de juste, communiquées.

J'ai donc pris plaisir à les écrire avec un soin
particulier.

C'était presque une conversation avec vous.

J'écrivais donc que la tolérance excessive, injustifiable, dont le gouvernement avait fait preuve dans
les premiers jours de crise était d'un fâcheux exemple et pourrait devenir grosse de conséquences re-
doutables.

L'agitation gréviste et révolutionnaire se développant en pleine impunité, gagnant de proche en
proche les départements, la Bourse dite du travail
transformée en un club où se succédaient les appels
à la violence et au crime, le désordre dans la rue,
la liberté des ouvriers menacée par d'insolents meneurs, à qui pouvait profiter cette crise ?

A M. Boulanger seul, à M. Boulanger dont il doit
être aussi facile de retrouver l'intervention active
dans cette détestable entreprise qu'il a été aisé à
l'histoire de reconnaître la main et l'or de M. Louis-

Napoléon Bonaparte dans les troubles systématiques qui ont été la préface des journées de Juin.

Je rappelais ce précédent.

M. Taxile Delord et M. Eugène Ténot rapportent qu'il y avait derrière les barricades de Juin près de cinquante pour cent de bonapartistes; vous avez pu voir, de même, à la tête des troubles de la semaine dernière M. Eudes, que le journal de M. Clémenceau appelle un républicain sincère et courageux, et qui était le chef de ce parti blanquiste qui a achevé de se couvrir de honte en venant, seul du parti ouvrier, offrir son concours à M. Boulanger.

L'histoire est un éternel recommencement.

Après avoir été l'un des instigateurs de l'insurrection de Juin, M. Bonaparte se présente à la France comme le seul sauveur de l'ordre mis en péril par ses propres soldats.

Vous savez avec quelle application jalouse M. Boulanger s'est fait le copiste, le plagiaire de la tactique, des discours, des moindres procédés de l'homme de Décembre.

Rappeler ces précédents instructifs au parti républicain, c'est un genre de patriotisme dont je m'honore et qui peut-être a encore son utilité.

Vous avez mes dépêches entre les mains, monsieur le président : ai-je dit autre chose ?

Maintenant, de quelle façon, par qui le texte falsifié de mes télégrammes a-t-il été communiqué au journal ministériel la *Nation* ?

Je me réserve de saisir de cet incident mes confrères du syndicat de la presse. Vous permettrez cependant, monsieur le président, que je fasse d'abord appel à votre loyauté.

J'ai souvent combattu et je combattrai sans doute encore la politique que vous représentez au pouvoir : à tort ou à raison, je crois en toute sincérité que le radicalisme intransigeant a pour contre-coup inévitable, dans une démocratie comme la nôtre, la réaction cléricale ou l'oppression césarienne que je déteste également. Mais j'ai l'honneur de vous connaître personnellement depuis plus de dix ans, et je vous tiens, vous le savez, pour le plus galant homme du monde, pour un citoyen probe et honnête entre tous.

Communiquer une dépêche privée, en la dénaturant, à un journal est un acte de piraterie dont vous êtes profondément incapable.

Un subordonné qui a voulu faire du zèle peut seul en être l'auteur.

Si j'étais seul en cause, je mépriserais cette vilenie. J'en ai méprisé bien d'autres, mais c'est la sûreté même de la presse et l'honneur même de l'administration dont il s'agit.

J'ai le devoir de protester publiquement.

A la suite de divers incidents, le gouvernement se décida enfin à agir : la Bourse du travail fut fermée, la police défendit de déployer le drapeau rouge aux obsèques de M. Eudes ; des anarchistes qui lancèrent une bombe sur un corps de garde furent arrêtés. Aussitôt, la presse intransigeante, *la Justice* en tête, de protester contre la nouvelle attitude que l'indignation publique avait imposée à M. Floquet.

INGRATITUDE

12 août.

Il y a déjà pas mal d'années que l'on écrivait à cette place : « L'ingratitude, c'est l'intransigeance du cœur. » Comme l'officier nègre, nos bons intransigeants « continuent ».

Il n'y a chose que M. Floquet n'ait faite pour eux en descendant du fauteuil présidentiel, où il avait été porté par une coalition, mais où il avait été maintenu par l'estime de tous. M. Floquet, chargé de constituer un cabinet, avait le droit de compter sur le concours des membres les plus éminents de tous les groupes républicains de la Chambre : il lui suffisait de repousser la revision. Mais M. Clémenceau avait voté la proposition Michelin sur l'injonction de M. Georges Laguerre parlant au nom de M. Boulanger. Faire de la peine à Clémenceau, jamais ! M. Floquet inscrivit la revision sur son programme et, pouvant avoir pour ministre des finances M. Rouvier, il eut M. Peytral ; puis, une fois président du conseil, il n'oublia pas que M. Boulanger, quand il était ministre de la guerre, avait comblé l'extrême gauche de ses faveurs ; M. Floquet l'en accabla. Les moindres vœux de M. Lacroix étaient exaucés sur l'heure et M. Clémenceau n'avait qu'à parler ; M. Floquet tenait à M. Clémenceau le langage exquis de M. de Calonne à la reine Marie-Antoinette : « Si c'est possible, c'est fait ; si c'est impossible, cela se fera. » Cela se faisait toujours.

C'est pour les beaux yeux du comité électoral de M. Camille Pelletan que, dans l'Aude, M. Floquet, l'honnête homme par excellence, a sacrifié le vieux républicain Marcou à M. Jourdanne, toujours maire de Carcassonne.

M. Clémenceau défend à M. Floquet de s'honorer grandement devant le pays en subordonnant des considérations politiques misérables à l'intérêt supérieur de la défense nationale ; M. le président du conseil obéit à M. le président du comité de la rue Cadet, et notre état-major général reste sans chef.

C'est pour retarder d'un jour le départ de M. Joffrin de la rue Cadet, déjà nommée, que M. Floquet a fait preuve, dans le début de la grève, d'une tolérance qui ressemblait à de la complicité et qui lui a été si durement et si justement reprochée.

Pour contenter le cœur de M. Clémenceau, M. Floquet eût fait la guerre aux rois et aux dieux. La liste des sacrifices consentis par M. Floquet à M. Clémenceau remplirait dix colonnes de la *Justice*.

Et voilà que tous ces sacrifices ont été inutiles! Je l'avais prédit dès le début à M. Floquet, mais il ne s'agit pas de mes prévisions... Un beau jour, de vant la marée montante du désordre et de l'anarchie, sous la pression de l'opinion républicaine indignée, M. le président du conseil reprend la conscience de ses devoirs; il déchire, malgré M. Clémenceau, la circulaire Lozé; il traduit en justice les grévistes qui assomment les ouvriers; il interdit de déployer en pleine rue la hideuse loque rouge qui a présidé à l'assassinat de Clément Thomas et de Chaudey; il autorise les agents de l'ordre à ne pas dire merci aux misérables qui leur tirent des coups de revolver en pleine figure; il ne trouve pas de circonstances atténuantes aux bandits qui jettent des bombes de dynamite dans les casernes.

M. Floquet a-t-il droit, pour n'avoir point trahi son devoir, au triomphe? On ne décore pas encore les soldats qui montent leur faction au lieu de remettre leur fusil au premier civil qui passe et d'aller boire au cabaret. Mais M. Floquet n'a pas moins refusé d'incliner le drapeau de la République devant la démagogie de Montmartre et de Charonne. Crime affreux! On supplie en vain M. Clémenceau de ne pas se montrer ingrat pour tant de preuves de déférence et d'amour que lui a données M. Floquet : « Souvenez-vous de Miribel, de Marcou, des plus vieux républicains de la Chambre et du Sénat, du bon sens, de l'équité, que je vous ai sacrifiés, ô Clémenceau ! Sacrifiez-moi en échange une seule courtisanerie populacière, un seul article de M. Camille Pelletan en l'honneur de l'impunité due au désordre dans la rue et à la loque de boue et de sang ! — Non, répond M. Clémenceau, pas même à vous, ô Floquet, je ne sacrifierai une risette à la foule, une courbette devant l'émeute ! » Et la *Justice* traite M. Floquet, pour n'avoir pas manqué à son devoir, comme un simple Waldeck-Rousseau. Elle ne parle pas encore, comme l'*Intransigeant*, de « Rueil plein de roses et de la rue Tiquetonne pleine de cadavres », mais cela viendra.

Je ne blâmerai pas M. Clémenceau ; il fait son métier de démagogue... Il le fait bien, très bien ; on ne l'a jamais mieux fait ! Mais je demanderai à M. le président du conseil s'il entend profiter de la leçon ou s'il préfère, sans gloire pour lui et au grand détriment de la République, recommencer à prendre pour pôle de sa politique le bon plaisir de M. Clémenceau. Le pardon, la tolérance de M. Clémenceau, — jusqu'à la première récidive, — sans doute, c'est fort beau ; c'est même très doux. Les amis de M. Floquet avaient rêvé cependant pour lui un autre rôle. Satisfaire l'intransigeance au prix de concessions et de capitulations, remplir le tonneau des Danaïdes, c'est tout un : M. Floquet se résigne-ra-t-il à le comprendre ?

L'occasion est belle, unique : rompre, non point sur un article du sacro-saint catéchisme électoral, mais sur le drapeau rouge, sur l'ordre dans la rue.

M. Floquet continue à avoir toutes les chances : s'en apercevra-t-il ? Il a bravé les foudres de la *Lanterne* et de la *France* pour donner enfin une compensation méritée à M. Levaillant : était-ce si difficile ? Pour nommer M. de Miribel, il suffirait de braver les foudres de la *Justice*, dont le tirage est, dit-on, bien moindre. M. le président du conseil se décidera-t-il à s'émanciper définitivement ? Il y a encore pour lui une si belle partie à jouer et à gagner ! Et pourquoi, au profit de qui ne pas la jouer ? Cela ne l'empêcherait pas de tomber tout de même un jour ou l'autre, sur la question de la revision, sous les coups de M. Clémenceau !

La fortune de M. Boulanger, vers la fin du mois de juillet, semblait gravement compromise ; dès les premiers jours du mois d'août, les incidents dont nous venons de résumer les principaux avaient permis à M. Boulanger, qui les exploita avec une science consommée, de regagner tout le terrain perdu et de reprendre hardiment l'offensive. Candidat dans les trois départements convoqués pour le 19 août, M. Boulanger mena la campagne avec une audace et une violence sans bornes.

PAROLI

16 août.

Battu dans l'Isère, battu dans la Charente sous les espèces de son autre « Moi », M. Déroulède, battu dans l'Ardèche, M. Boulanger fait paroli. Ce n'est pas la première fois qu'un aventurier aux abois transporte dans la politique ces mœurs de tripot. Dans la Somme, dans la Charente-Inférieure, dans le Nord, paroli ! masse en avant !...

M. Boulanger se présente dans la Charente-Inférieure sous le patronage des bonapartistes ; il y a fait son entrée, cornaqué par M. Roy de Loulay, aux cris de : « Vive l'empereur ! » Sa profession de foi est un acte de trahison : jugeant d'après lui-même les électeurs, même bonapartistes, cet homme qui a porté la plume blanche de général écrit que « nos ports les mieux situés ne sont pas en état de défense ». — Il compte que ce mensonge lui donnera les voix des ouvriers de Rochefort. — Ministre, il est accusé d'avoir payé sur le trésor de la guerre les photographies et les imageries que l'on sait ; candidat, il accuse le gouvernement de la République et les Chambres « d'engloutir arbitrairement « dans le gouffre des fonds secrets des ressources

« dont pas un denier ne devrait être dépensé sans
« une absolue nécessité ».

M. Boulanger se présente dans la Somme sous le
patronage des cléricaux; c'est le journal officiel du
parti monarchiste qui a posé sa candidature. On a
lu sa dépêche au journal *la Croix*. Il a pour amis,
pour lieutenants, à Paris, au comité de la rue de
Sèze, les coryphées de l'intransigeance césarienne
qui réclament la suppression immédiate du budget
des cultes, la suppression des couvents, la dissolution des congrégations, la confiscation des biens
d'Église, « les curés sac au dos. » Mais ses intérêts
électoraux lui commandent de suivre à Amiens,
comme jadis à Belley, les processions de l'évêque
ultramontain; et il rebaise la mule. M. de Rochefort,
absorbé dans la pêche des ablettes, ne voit rien,
n'entend rien que l'eau qui coule.

M. Boulanger se présente enfin dans le Nord,
porté sur le pavois par toutes les réactions coalisées.
En montant à la tribune de la Chambre, le 12 juillet
dernier, il avait dans sa poche sa démission toute
rédigée. L'auteur des lettres au duc d'Aumale n'en
affirme pas moins que, s'il a jeté sa démission à la
face des représentants de la nation, il ne faisait que
riposter à des clameurs et à des injures. Sous
sa plume, comme dans la circulaire de son com-
pagnon de liste, un ancien maire de Paris justement
révoqué par M. le ministre de l'intérieur, les outrages et les calomnies s'accumulent. Il est le can-

didat du parti de Décembre, des royalistes de toutes nuances, des cléricaux de toute robe : il « veut la République sérieuse! » Et dans le Nord, dans la Somme, dans la Charente-Inférieure, partout où il offre à l'admiration des fêtes foraines sa moustache frisée et ses cheveux bouclés au petit fer, il traîne à sa suite l'émeute, le désordre et les pugilats dans la rue.

M. Boulanger, depuis son entrée dans la vie publique, nous a habitués à des indignités et des vilenies de toute espèce. Écœurés, dégoûtés, révoltés, nous avons cru cent fois qu'il nous avait fait toucher le fond de la bassesse et de l'odieux. Chaque fois, nous nous sommes trompés. Avec lui, l'escalier de la honte est sans fin ; on descend toujours.

Eh bien ! nous remercions M. Boulanger. Non, même dans les trois départements qui voteront dimanche et qui avaient donné, au 14 octobre, une majorité redoutable à la réaction, non, il n'est pas possible que le nom de ce soldat factieux, de ce mauvais citoyen, puisse sortir victorieux de l'urne du suffrage universel! Les états-majors des prétendants expulsés ont beau recommander de voter pour lui, de lancer dans la République cette bombe de dynamite. Dans les partis de monarchie, à côté des politiciens sans scrupule ni conscience qui ont bu toute honte, il y a encore des citoyens qui ont le respect d'eux-mêmes, le respect d'un passé d'honneur, et qui hésiteront avant de déposer le bulletin qui leur brûle les doigts. Ils pouvaient, hier encore, avoir quelques illusions : quelle illusion peuvent-ils garder aujourd'hui? Ils détestent la République, soit! La République, peut-être, n'a pas fait toujours ce qu'il était dans son devoir et dans son rôle historique de faire pour ramener à elle tous ces fils égarés de la vieille France. Mais, en nommant M. Boulanger, est-ce à la République seule qu'ils jetteraient l'injure? N'est-ce pas le front de la Patrie elle-même qui rougirait devant le monde, si ce matamore de foire, après une pareille campagne, retrouvait une revanche?

Que feront les républicains dans les trois départements qui voteront dimanche? Dans la Somme, dans la Charente-Inférieure et dans le Nord, je veux espérer qu'il ne se trouvera pas un seul républicain pour déserter le drapeau. En bataillons serrés, la main dans la main, tous unis contre cet ennemi de la liberté, contre cet insulteur de la République, tous, radicaux et modérés, ouvriers, bourgeois et paysans, ont le désir d'aller au scrutin et de voter comme un seul homme. Il n'y aurait pas dans le parti républicain tout entier de flétrissure assez cruelle pour quiconque, dans un vil intérêt de faction ou de coterie, ne ferait pas tout son devoir dans de pareilles circonstances.

Mais ce n'est pas à eux seuls, aux seuls républicains, qu'il faut faire appel. Royalistes qui avez dans votre passé tant de pages glorieuses dont tous

les Français sont fiers avec vous; vous, les légitimistes, qui avez fait si noblement votre devoir sur
les champs de bataille de Bapaume et de Saint-
Quentin dont ce rebelle a le cynisme d'évoquer le
souvenir; vous-mêmes, bonapartistes, dont le chef
portait au moins un nom formidable et glorieux,
est-ce que vous n'avez pas décidément d'autre
moyen de combattre la République que d'infliger
cette honte à la Patrie?

J'entends bien : vos meneurs, vos politiciens dé-
clarent qu'ils se servent seulement de M. Boulanger.
S'ils prennent à leur service, eux dont les candidats
se sont appelés, en d'autres temps, Martignac, Vil-
lèle, Casimir-Perier, Jacques Laffitte, Chasseloup-
Laubat, Dupuy de Lôme, cet homme que la République a rejeté de son sein, à qui les chefs de l'armée
ont arraché son uniforme, c'est parce que sa main
leur paraît de taille à tenir le balai qui doit emporter la *gueuse* : c'est le général Monk... Le général
Monk, cet aventurier louche de la rue de Sèze qui
ne peut présenter aucun certificat de tous ces maî-
tres, le duc d'Aumale, le général Thibaudin, M. de
Freycinet, M. Clémenceau, M. Goblet, qu'il a tour
à tour adulés et trahis! Hé! malheureux que vous
êtes, c'est le général Marchandon!...

CANDIDAT OU RÉVOLTÉ?

17 août.

La promenade de M. Boulanger dans la Charente-Inférieure avait été déjà marquée des plus graves incidents : la proclamation qu'il avait adressée aux électeurs, les paroles de haine et de révolte qu'il prononçait à tous les carrefours n'étaient point tombées en vain sur une foule déjà excitée et nerveuse; des rixes éclatèrent de toutes parts, provoquées par des meneurs grassement payés, et le sang coula.

M. Boulanger est, depuis avant-hier, dans la Somme, et le désordre, la rébellion, y sont avec lui. Mercredi soir, au banquet de la Saint-Napoléon; hier, au pied du monument de l'amiral Courbet, la violence à froid de ses discours a dépassé toute imagination. Il donne le choix au gouvernement de la République entre la revision, dont il a le secret, et une révolution sanglante. Ses adversaires, les républicains de la Charente-Inférieure, tous ceux qui ne crient pas : « Vive Boulanger, sauveur du monde!» sont des « assassins », des « bandits », et « la magistrature est ouvertement avec eux ». Les représentants de la nation sont « des êtres inutiles qui traînent sur les bancs d'une Chambre impuissante une condition misérable ». Ils ont tué Courbet « dans un intérêt électoral... »

Devant de tels discours, de tels outrages à tout ce qui est vérité, justice, honneur, patriotisme; devant les défis de la cohorte hurlante qui acclame ces paroles de guerre civile, comment s'étonner que les têtes les plus froides s'exaspèrent, que l'indignation et la colère fassent perdre la raison aux plus calmes et que les citoyens en viennent aux mains?

« De jour en jour, » vocifère M. Boulanger, « la situation s'aggrave; ce n'est « pas seulement le gâchis, c'est le chaos ». A Rochefort, à l'île de Ré, à Amiens, à Paris, dans cette interminable grève où je ne me lasserai pas de dénoncer la main et l'or de M. Boulanger, qui donc organise le gâchis, si ce n'est ce César d'aventures? Qui donc travaille à créer le chaos?

Dans les pays les plus libres du monde, en Suisse, en Angleterre, aux États-Unis, la main de la justice se serait abattue depuis longtemps sur quiconque député ou non, candidat ou non, aurait, à l'exemple de M. Boulanger, lancé le gant au gouvernement régulier de son pays et pris la campagne comme un *outlaw* des anciens temps...

FIN DE LA GRÈVE

18 avril.

La période électorale finit aujourd'hui dans la Charente-Inférieure, le Nord et la Somme; la grève des terrassiers a fini hier. Il est permis de voir autre chose qu'une simple coïncidence entre ces deux clôtures. L'agitation révolutionnaire de Paris a, sans doute, paru à M. Boulanger avoir été assez violemment exploitée en province; il a jugé inutile d'en continuer les frais.

La grève, l'une des plus longues et des plus violentes que Paris ait connues, est finie : à qui a-t-elle profité? Ce n'est pas aux terrassiers. Ils ont épuisé leurs pauvres économies pendant vingt-cinq jours de chômage; ils sont aujourd'hui plus malheureux et aussi plus aigris qu'il y a un mois. La lourde responsabilité que le conseil municipal de Paris avait encourue, à l'origine, par les fallacieuses espérances qu'il avait fait naître, dans un intérêt électoral, parmi les ouvriers ; la responsabilité, non moins grave, du gouvernement, qui, avec un peu plus d'énergie au début, aurait pu arrêter un mouvement contre lequel il a fallu un peu plus tard, quand l'agitation qu'on avait laissée grandir est devenue menaçante pour l'ordre et la sécurité publique, sévir avec rigueur, sont connues : mais on connaît aussi le résultat de ces lamentables faiblesses : la grève n'a profité qu'à M. Boulanger. Partout, dans les trois départements où il a fait l'odieuse campagne que l'on sait, M. Boulanger s'est présenté comme étant seul de taille à mettre fin « au gâchis et au chaos ». Le gâchis, qui l'avait créé et organisé?

Nous nous permettons d'engager M. le ministre de l'intérieur et M. le directeur de la sûreté générale à se faire présenter le journal la *Patrie* du mardi 14 août. La *Patrie* n'a pas cessé, depuis plusieurs semaines, de faire campagne pour M. Boulanger avec une ardeur qui ne le cède en rien au zèle et à la passion de la *Presse*, de la *Cocarde* et de l'*Intransigeant*. Or, sous la forme commode d'une prétendue conversation avec un diplomate autrichien, que dit le journal boulangiste? « Quelle confiance pouvons-
« nous avoir dans l'avenir? Aucune; et l'Europe ne
« peut avoir ni tranquillité ni sécurité avec les
« hommes qui, présentement, gouvernent la France.
« Depuis dix ans, elle a roulé d'abîme en abîme
« pour aboutir à un ministère dont plusieurs mem-
« bres ont été favorables à la Commune et dont le
« chef est le partisan déclaré et résolu de la mairie
« centrale... M. Floquet, dont les affirmations révo-
« lutionnaires se sont si souvent manifestées, dont
« les sympathies pour la révolution cosmopolite ne
« sont si souvent affirmées, ne pourra rien contre
« les hommes de désordre qui, en 89, viendront de
« l'Allemagne, de l'Autriche, de la Russie, de l'Ita-
« lie, de l'Espagne, de la Belgique, etc., parler, au
« nom de la liberté, dans des banquets ou dans des
« réunions publiques, de la Fédération des peuples
« et de la République universelle! Il ne pourra rien,
« parce que le grand conseil de la Commune qui
« siège à l'Hôtel de Ville prendra sous sa protection

« les socialistes allemands et belges, les nihilistes
« russes, les républicains espagnols et italiens, et
« devant cette attitude, on peut en être certain,
« M. Floquet reculera. »

Un pareil langage est abominable; dénoncer
ainsi à la méfiance et à la haine de l'étranger le
gouvernement de son pays, quel qu'il soit, est un
procédé odieux. Mais la preuve du complot organisé — une preuve de plus entre mille — n'est-
elle pas flagrante, incontestable? On organise
l'émeute et l'on se sert ensuite du désarroi et du
trouble que l'on a créés pour accuser la République
et pour réclamer un sauveur. C'était la tactique
bonapartiste, c'est aujourd'hui la méthode boulangiste. Est-ce clair?

COMPLICITÉ

19 août.

Nous avons dit, dès l'origine, que l'agitation révolutionnaire de la grève des terrassiers avait été
préparée, organisée, soudoyée par M. Boulanger;
chaque jour en apporte une nouvelle preuve.

Trois manifestants arrêtés le 2 août dernier, à la
suite de l'échauffourée de la rue Villedo, où un gardien de la paix faillit être écharpé par la foule,
comparaissaient hier devant la neuvième chambre
de police correctionnelle, présidée par M. Herbout,

sous l'inculpation de violences et voies de fait envers un agent.

Un témoin, M. Victor Messager, employé de commerce, raconte ainsi les faits :

Le 2 août dernier, je me trouvais au coin de la rue Richelieu et de la rue Croix-des-Petits-Champs. Tout à coup j'entendis des cris venant de la rue Villedo. Je regardai de ce côté, et je vis une cinquantaine d'individus environ s'acharnant à coups de gourdins sur un agent qui, après avoir roulé à terre plusieurs fois, était parvenu à se relever le visage tout ensanglanté.

Je m'approchai pour porter secours à l'agent. Trois individus se détachèrent alors du groupe et se sauvèrent. Je courus après eux et, en passant, j'avertis le poste de la rue Louvois. Bientôt. je parvins à rejoindre Mercier, que j'arrêtai.

Le président. — Vous avez, dans la circonstance, agi comme tout bon citoyen doit le faire.

D'autre témoins sont entendus qui confirment la déposition de M. Victor Messager.

Le tribunal condamne Alphonse Mercier, coiffeur, à quatre mois de prison ; Magnière, tapissier, à trois mois, et Audegond, garçon libraire, à deux mois.

Dans les papiers de Magnière, on a trouvé une carte ainsi conçue :

« Général Boulanger vous remercie de vos offres de service, en prend bonne note pour y avoir recours à l'occasion. »

DÉNOMBREMENT.

19 août.

Quand on procède — comme les tribunaux de province se décident enfin à le faire — au dénombrement de l'armée de M. Boulanger, on y trouve d'abord des récidivistes. *Ecce iterum*, vous voilà donc de nouveau, chers anges, deux amis dont d'affreux criminalistes avaient rêvé de peupler les vallées fertiles de Nouméa et les forêts profondes de la Guyane, aimables citoyens que des ministres au cœur tendre s'obstinent à garder sur nos bords! Comme on vous reconnaît! comme c'est bien là votre place!... Vous entendez ces clameurs retentissantes qui montent au ciel, ces cris purs de gosiers que l'aurore aux doigts de rose trouve déjà avinés : « Vive Boulanger! vive l'empereur! vive le sauveur du monde! » C'est eux, c'est les repris de justice qui s'avancent... Entendez-vous ces coups de poing sonores s'abattre sur la face des agents chargés de maintenir ce qu'on est encore convenu d'appeler l'ordre et sur l'échine des gueux qui murmurent : « Vive la République! » C'est eux, c'est toujours eux, nos adorables récidivistes dont M. le garde des sceaux ne se résigne pas à faire cadeau à l'autre hémisphère... Noble et vaillant quintette à qui les juges de Saint-Jean-d'Angély, « complices

des bandits, » comme dit si bien le grand chef,
vient d'octroyer les palmes du divin sacrifice, Elie
Duban, Girard, Pierre Constantin, Jules Fermier,
et toi, Louis Ledré, bon Belge, salut à vous, vierges
et martyrs, repris de justice et boulangistes, salut.

Après les simples récidivistes, — car la hiérarchie
est admirablement réglée, — les racoleurs et em-
baucheurs, sous la conduite de M. la baron de Septenville. Sur la place de la gare ou de la mairie,
pour appuyer les gendarmes éreintés et les agents
de la paix assommés, un bataillon d'infanterie est
massé, l'arme au bras, calme et triste. Cet homme,
pommadé, frisé, ricanant, traîné par des chevaux
de cirque encocardés, dans un landau ouvert où les
filles jettent des œillets rouges, cet homme qui,
au pied du monument d'un soldat mort au champ
d'honneur, lance à jet continu l'outrage et la calomnie contre les lois et le gouvernement de son pays,
il a porté la plume blanche des commandants de
corps d'armée, il a été le ministre de la guerre de la
République, le chef suprême de l'armée nationale,
et les drapeaux frissonnants s'inclinaient devant
lui ! Maintenant, le voilà... Le soldat regarde. Tout
à coup il sent une main dans sa poche : un *pick-
pocket* qui lui prend sa montre?... Non, c'est M. le
baron de Septenville, ancien député, qui lui glisse
20 francs en chuchotant : « Vous ne pouvez pas
« crier : Vive Boulanger! mais voilà un louis pour
« manquer à la discipline, pour violer la consigne,

« pour ménager ceux qui acclament le général... »
Elie Duban, récidiviste, c'est l'article 56 du Code
pénal ; Septenville, embaucheur, c'est l'article 179...
Allons ! allons ! messieurs les juges, vous finirez
bien par découvrir le Code pénal tout entier...

Après les archers et les hoplites, après les récidivistes et les racoleurs, le gros de l'armée : la légion
des camelots, pareille aux nuées de sauterelles, qui
s'abat sur les campagnes et qui laisse la terre non
point nue, mais couverte d'une neige de brochures
et d'images où l'on voit M. Boulanger sous les traits
de Jésus-Christ lui-même ; la cohorte des lutteurs
de foire et les boxeurs de profession « payés, dépose
« un transfuge, M. Henri Catala, pour provoquer
« des bagarres, enrôlés pour susciter des troubles » ;
puis, la vieille garde des bonapartistes, des décem-
braillards, la moustache en croc, le gourdin à la
main, flairant avec délices les parfums de Brumaire ; puis, le bataillon des blanquistes, l'escadron
des mousquetaires gris de M. de Martimprey, la
procession des curés flamands qui chantent hosan-
nah ; puis, le conseil des Dix, les hauts dignitaires,
Naquet qui sautille, Turquet qui collectionne, Thiébaud qui vient de Prangins, Laur qui accourt de
Marseille, Vergoin qui arrive, Laisant qui s'élance,
Laguerre et Roy de Loulay, le baron Haussmann
et le marquis de Rochefort ; enfin, Lui, le général
lui-même, *ecco il vero Pulcinella !*...

Les urnes du scrutin sont ouvertes ; les bulletins

tombent, mystérieux et pliés. Qu'en sortira-t-il ce
soir? Ici, dans la Charente-Inférieure, la liste bonapartiste passait le 4 octobre avec 57,000 voix; là,
dans la Somme, la liste cléricale triomphait avec
70,000 suffrages, et plus loin, dans le Nord, avec
164,000. M. Boulanger, candidat de toutes les réactions, va-t-il retrouver tout à l'heure ces 300,000 bulletins? Les bonapartistes feront leur besogne jusqu'au bout : comment en douter? Les royalistes
auront-ils le courage de se déshonorer jusqu'à la
fin?... Eh bien! soit, ils auront ce courage et M. Boulanger rentrera au Palais-Bourbon. Et après? La
coalition de toutes les haines et de tous les appétits
aurait vaincu; il y aurait, sur les bancs de la
Chambre, un bonapartiste de plus; il y aurait, dans
l'histoire, un parti de plus qui se serait suicidé dans
la honte. Est-ce qu'on s'imagine que nous désar-
merions pour cela? que nous faiblirions seulement
pendant une heure? que nous reculerions seulement
d'une semelle?... M. Boulanger battu, c'est le boulangisme agonisant. Mais la Liberté est immortelle,
et, pareille à Antée, quand elle touche terre, elle se
relève aussitôt plus forte et plus rayonnante que
jamais.

TRIPLE DÉFAITE

20 août.

La réaction bonapartiste et cléricale garde ses positions : M. Boulanger est élu dans la Charente-Inférieure, la Somme et le Nord. Il perd 60,000 dans le Nord sur la majorité qui l'envoyait le 15 avril à la Chambre des députés; dans le Nord comme dans la Somme, comme dans la Charente-Inférieure, les républicains — moins quelques milliers de radicaux intransigeants — ont voté en masse contre le candidat du prince Jérôme et de M. Rochefort; l'effort a été surtout remarquable dans le Nord et il méritait d'être autrement récompensé. Mais le radicalisme a commis trop de fautes, depuis trois ans qu'il est au pouvoir, où il rend tout gouvernement impossible, pour que les républicains aient pu déloger sitôt de leurs positions les réactions coalisées.

Elles étaient, elles restent maîtresses du champ de bataille, avec cette seule différence qu'elles triomphaient honorablement, le 4 octobre, avec des candidats à elles, M. Plichon, M. Deberly, M. Vast-Vimeux, qu'ils'agissait hier de remplacer, et qu'elles triomphent honteusement aujourd'hui avec le plus détestable et le plus grotesque des aventuriers.

Nous ne cherchons pas à dissimuler l'étendue de notre défaite : nous qui avons la conscience d'avoir, les premiers, tout fait pour empêcher cette infamie, nous avons la rougeur au front à la pensée de l'ironie méprisante qui attend en Europe le scrutin d'hier.

Quant au radicalisme intransigeant, il peut être fier de son œuvre : c'est lui qui a inventé M. Boulanger; il a refusé de s'associer à nous, l'année dernière, alors que l'union des républicains eût suffi pour liquider, à son origine, cette misérable entreprise; et quand les écailles lui sont enfin tombées des yeux, qu'a-t-il fait?

Nous commettrions une criante injustice en méconnaissant la propagande énergique, intrépide, loyalement républicaine, que font avec nous, depuis quelques mois, les chefs du parti radical; nous nous reprocherions, comme une véritable ingratitude, de ne pas rendre hommage au courage avec lequel M. le président du conseil s'est jeté dans la bataille. Mais, pendant qu'il cherchait ainsi à réparer les lourdes, les cruelles fautes d'autrefois, le radicalisme intransigeant ajoutait, en même temps, à ses anciennes fautes de nouvelles erreurs, non moins graves, qui ne pouvaient profiter logiquement qu'à M. Boulanger. Il prenait aux pires ennemis de la République et à M. Boulanger lui-même leur programme de revision; il tendait la main, rue Cadet, aux revenants de la Commune; il subissait, alors même qu'il s'agissait, comme dans l'affaire du chef d'état-major général, des intérêts supérieurs de la défense nationale, les plus indignes veto; par ses complaisances pour une agitation révolutionnaire qu'il eût fallu réprimer dès le début avec énergie, il permettait aux factions césariennes d'exploiter au profit d'un prétendu sauveur le trouble qu'elles avaient elles-mêmes organisé; il ne savait même pas être unanime à condamner le désordre dans la rue et le drapeau rouge...

Nous avons la tempête, mais qui donc a semé le vent et qui donc continue à le semer?

SIÉGEZ A DROITE !

21 août.

Les journaux boulangistes nous raillent; ils rappellent que nous écrivions, au lendemain de l'élection de l'Ardèche : « Le venin est mort ! »

La citation est (naturellement) tronquée; j'écrivais, ce qui est fort différent : « La bête vit, mais le venin est mort ! » La bête vit? En effet, M. Boulanger est député de trois départements réactionnaires. Le venin est mort? En effet, M. Boulanger n'a plus qu'une minorité d'électeurs républicains.

Qu'on ne nous fasse pas dire, demain, que la triple élection de dimanche nous laisse indifférents et que nous nous en soucions comme un boulangiste de la République ! Non, cette ignominie au front du suffrage universel ne nous laisse pas indifférents, et, puisqu'ils ne savent plus rougir, ces légitimistes qui avaient reçu de leur roi le drapeau blanc où trois marques de boue remplacent aujourd'hui les fleurs de lis d'or, — puisque ces orléanistes ont perdu toute pudeur, qui faisaient jadis les dégoûtés devant M. Louis Bonaparte, qui s'appelait pourtant Napoléon, et qui baisent aujourd'hui la botte de M. Boulanger, eh bien ! nous rougissons pour eux !... M. le duc de La Rochefoucauld-Doudeauville présente la chemise à M. Boulanger, à qui M. Vergoin tient la chandelle; M. de Fourtou trinque avec M. de Rochefort à la santé du brave général ; quand M. Laguerre dit la strophe dans les *Pioupious d'Auvergne*, M. le marquis de Breteuil dit l'antistrophe; eh bien ! nous avons honte pour les hommes du 24 Mai et du 16 Mai...

Donc l'homme vit, puisqu'il vomit encore l'outrage et l'injure à la République, puisqu'il déshonore les anciens partis, puisqu'il alimente les grèves, puisqu'il soudoie les émeutes; mais le venin est mort, puisque la grande majorité des républicains a ouvert les yeux !

Où était le venin? où avions-nous vu le danger?... Le danger, c'était le parti républicain se laissant corrompre, gangrener par cet aventurier s'obstinant à le prendre pour un des siens, lui faisant cortège, le suivant, les yeux bandés, jusqu'à Brumaire, ne

se réveillant, comme avec l'autre, qu'à l'aube grise
de Décembre. Cela, c'était la perte, la mort de la
République. Oui, tant qu'il s'est trouvé, presque en
majorité, des républicains de bonne foi, naïfs, cré-
dules, pour donner leurs voix à M. Boulanger, pour
voir des ennemis de la patrie dans les patriotes qui
l'avaient flairé et qui le dénonçaient, oui, nous
avons eu peur.

Aujourd'hui, il n'en est pas de même : les républicains ont compris; sans doute, une minorité, encore trop considérable, intransigeants socialistes de
Rochefort, radicaux aigris de la Somme, a trahi le
devoir. Et M. Boulanger est le chef de la réaction qui
s'estime assez bas, qui se méprise assez elle-même
pour mettre à sa tête ce soldat chassé de l'armée, ce
mauvais citoyen répudié par la République. Sans
doute, ce n'est pas une quantité négligeable qu'une
coalition assez forte pour entraîner le suffrage universel, qu'on commençait à croire mûr, raisonnable et
sensé, en de pareilles aberrations. Mais enfin cette
coalition de toutes les réactions, nous l'avons déjà
vaincue; si la mauvaise fortune voulait, pouvait nous
ramener un rayon de sagesse, nous en triomphe-
rions encore, si nous savions revenir à la politique
qui a fondé la République et qui l'avait faite si forte,
à la politique des Thiers et des Gambetta, aussi prudente, aussi généreuse, aussi heureuse que celle du
radicalisme intransigeant est folle, étroite et funeste,
le parti républicain ne se contenterait pas de garder

péniblement ses positions; il enlèverait encore de haute lutte celles que la réaction a conservées.

Dans quels départements M. Boulanger gagne-t-il la bataille, à la tête des réactionnaires coalisés qui se servent de lui comme d'une cartouche de dynamite pour faire le trou, qui l'emploient pour élever le lit où ils imaginent, les malheureux, qu'il ne coucherait pas lui-même si sa victoire pouvait devenir définitive, où les royalistes rêvent qu'il ferait monter M. le comte de Paris, où les jérômistes sont persuadés qu'il installerait le prince Napoléon, où les victoriens sont assurés qu'il porterait leur jeune homme?... M. Boulanger n'est vainqueur que dans les départements inféodés déjà à la réaction : il remplace M. Brame, bonapartiste, M. Vast-Vimeux, bonapartiste, M. Deberly, royaliste, M. Plichon, royaliste. Mais qu'il se présente dans un département républicain, alors il est battu, écrasé ; l'Isère le chasse, l'Ardèche le lapide, les Bouches-du-Rhône le dédaignent; il n'ose même pas affronter la lutte.

La situation est donc claire et nette : M. Boulanger n'est plus que le chef de la réaction. Elle n'est pas fière, la réaction, qui se repaît de nos restes, qui met à sa tête le soldat factieux dont l'intransigeance elle-même ne veut plus ! Il n'est pas fier, le chef qui sait qu'on se sert de lui seulement comme d'un outil de destruction, qu'on le jetterait au rebut le jour où son fétiche serait usé, qu'on le briserait le jour où il se mettrait en mesure de croquer lui-même les marrons ! Mais il s'agit bien de fierté, il s'agit bien de probité et d'honneur ! Il s'agit de tuer la *gueuse*, et M. Boulanger est le spadassin élu !...

M. Boulanger va rentrer le mois prochain au Palais-Bourbon ; sa stalle, toujours vide aux jours de travail, occupée seulement les jours de « boucan », était, pendant la dernière session, sur l'un des bancs les plus élevés de l'extrême gauche. Pour peu qu'elle comprenne son devoir, pour peu que certains contacts lui répugnent, l'extrême gauche, à la rentrée, défendra à ce renégat de s'asseoir au milieu d'elle, de souiller plus longtemps des bancs républicains. Va-t'en parmi les Volsques, Coriolan ! Général de la réaction, siégez à droite !

M. Boulanger, à la suite de sa triple élection, fit une excursion à Lisieux, où M. Georges Laguerre faisait un stage de 28 jours dans un régiment d'infanterie et où l'autorité militaire permit à l'ex-général de réunir dans un dîner un certain nombre de sous-officiers en uniforme ; il partit ensuite pour l'Espagne, en compagnie de Mme de ***, de sa fille, Mlle Marcelle Boulanger, et du capitaine Driant. L'agitation boulangiste continua en son absence, enhardie par les succès du Nord, de la Charente-Inférieure et de la Somme et par l'obstination du cabinet à poursuivre la préparation d'un projet de loi sur la revision. Les relations avec les prétendants exilés furent activement poursuivies ; la présence de M. Thiébaud fut signalée au château de Prangins, chez M. Jérôme Bonaparte.

Les conseils généraux, réunis pour la session d'août, émirent, à une immense majorité, hors séance, des vœux

pour le rétablissement du scrutin uninominal. La plupart
des journaux républicains s'associèrent à cette campagne.

PRIMO VIVERE

25 août.

Il faut vivre d'abord, nous philosopherons après.
Philosopher, c'est chercher, par exemple, une
Constitution idéale. « Nous reviserons, disait
« M. Floquet en prenant le pouvoir, quand la re-
« vision aura cessé d'être le manteau troué de la
« dictature ou un piège monarchique. » On ne pense
généralement pas que les dernières élections aient
écarté le piège ou reprisé le manteau. Le piège est
toujours là et le trou s'est élargi. M. le président
du conseil manquera-t-il à la promesse solennelle
qu'il a faite au parti républicain ?... Heureux
homme ! La fortune, la mauvaise fortune elle-
même de la République lui vient en aide pour l'empêcher de se perdre. Il prend l'engagement de
commettre une lourde faute, la plus lourde des
fautes, à une échéance qu'il précise. Et la date fuit
devant lui comme une ombre ou comme une femme
qu'on suit ! Plus M. Floquet précipite sa poursuite,
plus la date recule. La voilà derrière les saules,
après lui avoir jeté une pomme, hélas ! cuite ! Le
malheur est donc vraiment bon à quelque chose ?...

Quand c'est des boulangistes ou des bonapartistes
qui la réclament, la revision est un guet-apens ;
quand c'est des républicains, c'est une bêtise. Vous
voilà libre de ne la point proposer ! Je comprends
que cela vous désole, dans l'austère pureté de vos
principes, de ne point commettre une énorme faute.
On est radical ou on ne l'est pas. Mais avez-vous le
droit, homme d'honneur que vous êtes, de manquer à la parole donnée, au serment prêté ? « Nous
reviserons, avez-vous dit, quand la revision aura
cessé d'être le manteau troué... »

M. le président du conseil et le parti radical dont
il est le chef veulent-ils philosopher ? préfèrent-ils
vivre ? « Il faut, dit le journal de M. Clémenceau, enlever au boulangisme ses prétextes. » C'est
tout à fait notre avis. Seulement, quels sont les
prétextes du boulangisme ? M. Clémenceau estime
que ce sont les grandes « réformes » radicales qui
sont inscrites au programme de la rue Cadet et qui
n'ont pas encore trouvé de majorité dans le parti
républicain. Supprimez le Sénat, supprimez la présidence de la République, supprimez le budget des
cultes, donnez à Paris un maire élu, établissez l'impôt sur le revenu ou sur le capital : alors le boulangisme n'aura plus de prétexte et il s'évanouira
comme un vibrion. A gauche, encore à gauche et
toujours à gauche !... C'est à la *Justice* et à la
Lanterne, non pas à Charenton, comme on pourrait croire, que des républicains raisonnent ainsi.

Eh bien ! il faut dire la vérité tout entière : les prétextes que le boulangisme exploite et qui entretiennent cette maladie honteuse, mais nullement secrète, ce ne sont point les « réformes » que l'extrême gauche prétend nous imposer, c'est le mal qu'elle a déjà fait et qu'elle n'arrête pas de faire. Dans l'opposition, l'intransigeance n'a travaillé qu'à détruire, non pas les abus, mais les hommes qui avaient fondé la République en son absence et qui refusaient de recevoir les sommations des démagogues. C'est la main dans la main de la réaction que l'intransigeance a lancé les calomnies les plus atroces contre les meilleurs des républicains, Gambetta accusé d'aspirer à la tyrannie, Ferry accusé de poursuivre en Tunisie et au Tonkin des ambitions inavouables. Au pouvoir, l'intransigeance n'a travaillé qu'à désorganiser et, quand elle se heurtait à des institutions trop solides et trop fortes, à inquiéter. A son dossier, cinquante destructions et une seule création : M. Boulanger, œuvre commune de M. Clémenceau et de M. de Freycinet. — De là, de ce rôle néfaste de l'intransigeance dans l'opposition et au pouvoir, ce malaise, ce mécontentement qui se sont traduits une première fois par les élections du 4 octobre 1885, où les masses flottantes qui venaient, depuis quinze années, à la République, s'en sont détachées brusquement, non point pour aller à la monarchie, mais parce que l'élection de députés orléanistes ou bonapartistes leur paraissait le moyen le plus efficace de protester. Le moyen choisi était mauvais, mais la protestation, dans un pays de suffrage universel, méritait peut-être d'être entendue... Qu'a-t-on fait au lieu de l'entendre? On a donné le fameux coup de barre à gauche, on s'est cabré contre le verdict de trois millions et demi d'électeurs, et nous nous sommes élevés, par degrés successifs, jusqu'au ministère d'un radicalisme immaculé que M. Floquet préside et qui, sauf les jours où il empêche le désordre dans la rue, jouit de la précieuse confiance de M. Clémenceau. Alors, ce sont les trois millions et demi d'électeurs, qu'on s'obstinait à traiter comme des parias à l'intérieur, qui se sont cabrés à leur tour. On avait refusé de les entendre quand ils se contentaient de protester sur les noms des candidats de droite. Ils ont élevé la voix, ils protestent aujourd'hui sur le nom de M. Boulanger. Sans doute, c'est une manière de protester encore plus détestable que la première. Mais ce n'en est pas moins une protestation, et il serait criminel et fou de ne pas l'entendre.

M. Boulanger n'est rien par lui-même qu'un mauvais soldat et qu'un mauvais citoyen : ce qui est grave, ce qui doit s'imposer aux réflexions des hommes qui n'ont point perdu toute clairvoyance, c'est le boulangisme, qui n'est point du tout, chez la plupart, le désir d'élever cet aventurier à la dictature qu'il convoite, mais un moyen comme

un autre d'exprimer un mécontentement qui, sur
trop de points, est excusable et même légitime.
Nommer M. Boulanger député est un pitoyable
moyen d'exprimer ce mécontentement : les républicains l'ont reconnu, puisqu'une minorité radicale continue seule à en user contre le gouvernement radical lui-même ; les royalistes commencent à le reconnaître ; les bonapartistes eux-
mêmes finiront par s'en apercevoir. Mais vous
supprimeriez M. Boulanger que vous n'auriez pas
supprimé pour cela le mécontentement et le malaise qu'on désigne, par abréviation, sous le nom
de boulangisme. L'épée de M. Floquet eût pénétré,
ce que personne au monde ne souhaitait, de quelques centimètres de plus dans la gorge de M. Boulanger, que la situation de la République n'en serait pas meilleure. Les mécontents eussent été,
sans doute, quelque temps à trouver un cri de protestation aussi sonore et aussi éclatant que celui
qui aurait été étouffé par M. Floquet. Mais le mécontentement ne se fût pas apaisé ; les fautes commises eussent continué à porter leurs fruits ; elles
en auraient même porté d'autant plus qu'à la faveur du silence provisoire qui se serait fait, les
radicaux eussent poursuivi leurs expériences de
plus belle ; et le réveil, aux élections de 1889,
aux élections générales du Centenaire, n'en eût
été que plus effrayant.

Nous avons rougi assez publiquement des élections du 19 août pour avoir le droit de dire que, si honteuses qu'elles soient, elles n'en comportent pas moins un enseignement. Le parti républicain aura-t-il la sagesse de le comprendre? de s'arrêter sur la pente où l'entraînent les métaphysiciens politiques? Il en est temps encore pour les radicaux de bonne foi qui ont été trop longtemps les dupes de leurs prétendus principes, comme pour les modérés qui ont été trop longtemps les dupes des radicaux. C'est aux uns et aux autres que nous faisons donc appel. Nous philosopherons plus tard sur la meilleure des Constitutions : retenir les sources de vie qui échappent doit être aujourd'hui notre unique préoccupation, notre pensée dominante. Qu'à ce pays, le plus facile à gouverner qui soit au monde et qui ne demande que la paix, le repos, le travail, l'ordre dans la rue, l'économie dans ses finances et dans son administration, la fin d'un insupportable et méprisable système de tracasseries, on offre demain pour seul remède à ses maux la revision de la Constitution, ce ne sera plus seulement trois départements qui acclameront, en réponse, le premier saltimbanque venu ; ce sera la majorité du suffrage universel qui, élevant encore d'un ton sa protestation, vous enverra, pour célébrer le Centenaire de 1789, une chambre où les républicains seront en minorité.

Il s'agit bien des sacro-saints programmes, de la table des matières des sottises démagogiques ! Il s'agit de la République elle-même. Si vous ne tenez pas à ce que l'année du Centenaire voie le triomphe de la contre-révolution, retournez la vapeur. Pour les radicaux intransigeants, ceux qui n'ont rien appris ni rien oublié, il y a toujours des fautes à commettre. Mais il n'y a plus une minute à perdre pour les républicains de raison et de sens qui ont fondé la République et qui ne veulent pas la voir sombrer une fois de plus, dans le sang et dans la boue.

LE TRAITÉ DE PRANGINS

30 août.

M. Georges Thiébaud adresse à la *République française* « un démenti total sur les prétendus voyages » qu'il est accusé d'avoir faits à Prangins depuis un mois.

Je donne acte bien volontiers à M. Thiébaud de son démenti, tout en l'engageant, au risque de paraître indiscret, à se défier du Sosie qui faisait l'été dernier la navette entre Clermont-Ferrand et Prangins.

Est-ce le même Sosie dont notre correspondant de Genève signalait l'autre jour la visite assez mystérieuse à la résidence du prince Napoléon? Un abonné du *Matin*, dans une lettre datée de Montreux, le 25 août, affirme que c'était M. Boulanger lui-même qui aurait débarqué ce jour-là à Nyon,

à deux kilomètres de Prangins, « pour y puiser les
« conseils républicains d'après lesquels il veut gou-
« verner la France ». M. Boulanger est trop malin,
M. le prince Napoléon-Jérôme est trop rusé pour
que je puisse admettre la version de l'abonné du
Matin. Sauf pour les négociations poursuivies l'été
dernier, alors que M. Boulanger commandait encore
le 13ᵉ corps d'armée, il me paraît d'ailleurs inutile
de chicaner sur la date exacte des visites faites au
château de Prangins par les intermédiaires habituels de M. Ernest Boulanger et de M. le prince
Jérôme Bonaparte. On doit observer cependant que
les récentes visites à Prangins n'ont été démen-
ties, «en total, » qu'APRÈS le scrutin. Il y a trois
semaines, AVANT l'élection du 19 août, le correspondant de la *Justice* à Genève télégraphiait à ce
journal que M. Thiébaud venait d'avoir un long
entretien avec le futur beau-père du duc d'Aoste.
Les journaux du monde entier ont reproduit cette
dépêche. Pourquoi M. Thiébaud n'a-t-il pas démenti
à ce moment-là ?

Autre observation : l'ancien candidat bonapartiste dans les Ardennes ne déclare point qu'il n'a
jamais servi d'intermédiaire entre le prince Napoléon et le « général » Boulanger. C'est toujours
l'histoire des lettres au duc d'Aumale. Notre correspondant ou celui de la *Justice* télégraphient que ce
personnage est allé le lundi à Prangins ou le mardi ;
sur quoi, M. Thiébaud triomphe : il jure qu'il n'a

vu le prince ni le lundi ni le mardi. Mais il ne jure pas qu'il n'est *jamais* allé à Prangins pour le compte de M. Boulanger.

Est-ce le mardi, est-ce le lundi que M. Thiébaud a vu le prince Jérôme? Évidemment, il importe peu. Le fait important, capital, celui dont la révélation gêne et embarrasse si fort toute la bande, c'est le traité même de Prangins. Comme notre correspondant de Turin l'écrivait le 29 juillet, comme de nouvelles investigations me permettent de le confirmer, il est avéré que M. Thiébaud, faisant la navette l'été dernier entre Clermont-Ferrand et Prangins, a servi d'intermédiaire à cette époque, comme par la suite, entre M. Boulanger et le prince Jérôme Bonaparte pour la conclusion du pacte suivant : *agitation revisionniste ayant pour objet final l'élection du Président de la République par le suffrage universel; jusqu'au jour où ladite réforme constitutionnelle aura été réalisée, les journaux jérômistes feront campagne pour M. Boulanger et feront voter partout pour lui; — au jour de l'élection du Président de la République par le suffrage universel, M. Boulanger et le prince Jérôme reprennent leur liberté entière d'action...* On pourrait ajouter de nombreux détails sur les autres clauses politiques et financières du pacte et sur la façon dont il a été renouvelé, depuis quelques mois, à plusieurs reprises ; mais, comme ces détails n'ajouteraient rien d'essentiel au pacte lui-même, je préfère m'en tenir, pour le moment, au pacte même, et je défie M. Boulanger de le démentir.

Oh ! j'entends bien ! je sais M. Boulanger parfaite-ment capable de faire dire demain, par la *Presse* ou par la *Cocarde*, en plein accord d'ailleurs avec M. le prince Jérôme, que la *République française* a révélé un prétendu complot bonaparto-boulangiste qui n'a jamais existé que dans son imagination scé-lérate.... Une affirmation de ce genre n'aurait rien d'un démenti sérieux : ce serait, tout au plus, une pirouette, une turlupinade.

Un démenti sérieux serait une lettre ou un dis-cours où M. Boulanger dirait à peu près ceci : « Pour répondre aux calomnies dont je suis l'objet, « je déclare non point que je suis partisan de la « suppression de la présidence de la République, « car cette déclaration serait une calembredaine, « mais que je considère l'élection du chef de l'État « par le suffrage universel comme l'idée la plus « funeste et la plus détestable qui puisse passer « par un cerveau républicain, et que je la répudie « de toutes mes forces, comme je suis résolu à la « combattre à la tête de toutes mes troupes. Je « proteste, en outre, que je reste le partisan ré-« solu, obstiné, de la loi de précaution qui interdit « à tout jamais le territoire de la République à « MM. les princes Jérôme et Victor Bonaparte « ainsi qu'à M. le comte de Paris, et de la disposi-« tion constitutionnelle qui interdit l'élection d'au-

» cun des membres des anciennes familles régnantes
« à une fonction publique quelconque, présidence
« de la République, Chambre, Sénat, etc. Maudit
« soit le jour où je changerai d'avis sur ces trois
« questions ! »

Eh bien! je défie M. Boulanger de dire ou d'écrire
lui-même — oh ! sans doute, en bien meilleur style !
— une déclaration de ce genre. M. Laguerre,
M. Rochefort, voire M. Turquet, peuvent faire ces
déclarations : cela ne compte pas, c'est la comédie
qui continue. Mais M. Boulanger *lui-même* ne le
fera pas. S'il le faisait, il serait lâché le jour même
par les chefs de ses gros bataillons, MM. Maurice
Richard, Lenglé, Cunéo d'Ornano, Roy de Loulay, etc., et les vivres lui seraient immédiatement
coupés.

L'ENQUETE

2 septembre.

La presse césarienne n'a point trouvé de son goût
l'idée d'une enquête sur la conspiration boulangiste,
que plusieurs de nos confrères de province ont pris
la liberté de soumettre aux méditations des députés
en vacances.

L'élection de M. Boulanger dans la Charente-
Inférieure a été marquée par les faits de la plus
ignoble corruption ; l'or a été (littéralement) jeté par
les fenêtres à la foule avinée et hurlante. L'élection

de la Somme n'a pas été illustrée par de moindres exploits : la tentative d'embauchage, savamment organisée par MM. les barons de Watteville et de Septenville, n'a été qu'un épisode entre cinquante scandales... M. Boulanger imaginait qu'il lui suffirait de présenter à la commission de validation l'acte de naissance de sa barbe blonde et les chiffres officiels du recensement ; la Chambre l'admettrait aussitôt, il pourrait aussitôt recommencer la comédie de la démission... Non ! non ! Il est bien, très bien, de rechercher avec un soin jaloux quelle est la modalité électorale qui permettra au suffrage universel de rendre ses verdicts avec le plus de sincérité et de franchise ; il est bien aussi, croyons-nous, de défendre le suffrage universel contre ceux qui travaillent, quelle que soit la modalité électorale, à introduire dans la pratique du scrutin des mœurs plus qu'américaines. Mais il est surtout nécessaire que la Chambre ordonne, dès la rentrée, une enquête spéciale sur les élections du 19 août ; il est indispensable que cette enquête s'étende à toute la conspiration.

D'où vient l'argent ? Plusieurs de nos confrères, le *Parti ouvrier*, le *Parti national*, la *Justice*, sont partis récemment, à la manière de Baker et de Livingstone, à la découverte des sources mystérieuses du Pactole boulangiste. C'est là, sans doute, une « question » pour le public ; l'on ne fera point à la direction de la sûreté générale l'injure de supposer que ce soit là une question pour

M. Gragnon. Une police qui n'aurait point, après
six mois de conspiration en plein air, la clef de
ce petit secret financier serait dupe ou complice.
Or l'une et l'autre hypothèse sont également inad-
missibles. Il n'est pas possible que M. le ministre de
l'intérieur, que le gouvernement, ne soient pas
depuis longtemps fixés et édifiés.

Ce n'est pas une question de savoir d'où vient
l'argent; c'est une question de savoir comment il
est employé, comment il l'a été depuis les temps les
plus reculés, ceux où M. Boulanger était ministre
de la guerre, jusqu'aux jours plus rapprochés où les
agents de l'ex-général glissaient des pièces de vingt
francs dans la poche des soldats de la ligne. Nous
sommes déjà plusieurs à savoir ces choses et
quelques autres; il ne serait pas inutile de les
établir dans un document officiel et public, pour
l'éducation du scrutin d'arrondissement, le futur
Dauphin.

L' « enfant de chœur » a raconté l'autre jour, de
lui-même, avec un délicieux cynisme, comment
le comité de la rue de Sèze organise une tournée en
province : le préfet et les sous-préfets *in partibus*, les
camelots parisiens, la femme-colosse, les hommes-
affiches, les montreurs d'ours, les marchands d'amu-
lettes. On s'en est indigné; on a trouvé que Barnum
et Géraudel étaient trop vaincus. Cependant tout
cela n'était que la devanture de la baraque foraine.
Entrez, messieurs les représentants du peuple,

entrez ! C'est à l'intérieur, c'est dans la caisse ou dans la grosse caisse — l'un et l'autre se disent — qu'il faut regarder.

Quel est le plan de M. Boulanger? Le plan *officiel* a été révélé par M. de Rochefort. Après avoir vomi contre le régime parlementaire toutes les injures du répertoire des Halles et du dictionnaire de Vadé, M. Boulanger se contente de réclamer la présidence du conseil. Le balai terrible, taillé par M. Thiébaud dans la forêt des Ardennes, le balai qui devait emporter le parlementarisme avec toutes ses hontes et toutes les libertés publiques, le rédacteur en chef de l'*Intransigeant* en fait un modeste plumeau pour emporter M. Charles Floquet. Le régime représentatif est celui de toutes les infamies quand le président du conseil s'appelle Rouvier, Tirard, Floquet, Freycinet, Ferry ; il aura toutes les vertus quand M. Ernest Boulanger tiendra l'assiette au beurre. En ses heureuses mains, le cuivre vil devient de l'or pur... Qui trompe-t-on ici? A quel badaud de Fouilly-les-Oies espère-t-on faire prendre cette vessie pour une lanterne, et cette pantalonnade, conseillée, dit-on, par M. Naquet, pour le véritable plan de M. Boulanger?

De deux choses l'une — le dilemme est invincible : ou M. Boulanger ne dénonce le régime parlementaire que pour renverser M. Charles Floquet et se mettre à sa place, et alors l'ami de M. de Rochefort n'est qu'un farceur ; ou M. Boulanger dénonce le

régime parlementaire avec l'intention arrêtée de le
détruire et de lui substituer la dictature d'un chef,
président ou consul, élu par le suffrage universel,
et alors nous nous trouvons en présence d'un véritable complot pour changer la forme du gouvernement.

Où, quand, comment, avec quelles complicités le
complot a-t-il été formé ? Voilà la question, voilà
l'enquête. La revision *en blanc* n'est pas un programme, et, si c'est un programme, il n'appartient
pas davantage à M. Boulanger qu'à MM. Floquet
et Clémenceau. A quelques mois de la fin de la
législature, la dissolution n'est plus qu'une formule
vide de sens. Que veut donc M. Boulanger ? Car il
veut quelque chose ; on ne bouleverse pas un grand
pays, on ne répand pas d'un bout à l'autre du territoire le trouble, la confusion, la haine, la corruption,
tous les préludes d'une guerre civile, si l'on ne
poursuit pas un but précis : quel est ce but ? Quel
est votre nom, Cromwell ou Monk ? Est-ce que vous
travaillez pour vous-même avec l'argent des autres ?
êtes-vous plus simplement, plus honnêtement,
peut-être, le factotum du César déclassé qui vous a
prêté son armée et qui parle en maître dans votre
maison ? Voilà l'enquête.

Nous avons porté un défi catégorique à M. Boulanger ; nous l'avons défié de se déclarer *lui-même*
l'adversaire de l'élection du chef de l'État par le
suffrage universel, c'est-à-dire du prétendu appel

au peuple, le défenseur irréductible des lois qui
ont interdit les fonctions publiques et électives
aux membres des familles ayant régné sur la
France et qui ont proscrit les prétendants eux-
mêmes. M. Boulanger relèvera-t-il ce défi ?... On
répond que l'honorable député prend ses vacances
et qu'il voyage en Suède (drôle de saison, soit dit
en passant, pour voyager en Suède !). Eh bien !
M. Boulanger ne relèvera pas le défi. Quand il reviendra de Suède... ou d'ailleurs, il alléguera qu'il
est au-dessus des soupçons, qu'il compromettrait sa
dignité — la dignité de l'ancien courtisan du duc
d'Aumale ! — en répondant aux questions d'un vil
opportuniste. Il ne répondra pas. Pourquoi ?...
Parce qu'il ne peut pas répondre ; parce que le
pacte de Prangins le tient... Voilà l'enquête !

Ne nous arrêtons pas aux bagatelles de la porte,
à la question : « Cherchez les bailleurs de fonds, »
qui remplacera, cet hiver, la question démodée du
Bulgare, au roman chez la portière que l'auteur de
la *Vieillesse de Brididi* a contresigné dans l'*Intransigeant,* aux invitations à la grande réconciliation
que fredonne M. Francis Laur : ce n'est pas là que
gît le lièvre. Républicains, mes amis, nous avons
déjà perdu trop de temps à battre d'inutiles buissons,
à tirer notre poudre aux moineaux, à contempler la
parade des quelques intransigeants qui font le boni-
ment devant la baraque ! C'est dans la baraque même
qu'il faut entrer : au nom de la Loi, ouvrez !

II

DUPES ET COMPLICES

La conspiration boulangiste s'étale avec un peu plus
d'audace tous les jours : comment la combattre ? Il n'y a
pas d'autre question pour les républicains. M. Floquet met
la dernière main au projet de revision ; M. Jules Ferry prononce, à Remiremont, le 2 septembre, un discours où il se
prononce pour l'union loyale des républicains, sur un programme exclusif de la revision constitutionnelle.

Le discours de Remiremont fut l'objet de nombreux
commentaires et d'une polémique qui obligea chacun à
prendre nettement position.

Les ministres et les amis se cantonnèrent sur le terrain
des prétendus principes et des prétendues réformes (la revision, l'impôt du revenu) ; les royalistes resserrèrent les
liens de leur entente avec M. Boulanger ; enfin M. Boulanger,
groupant derrière lui, en bataillons confus et compacts, les

conservateurs effrayés du programme radical et les intransigeants mécontents des désillusions radicales, continue à donner l'assaut au régime parlementaire.

AU « JOURNAL DES DÉBATS »

7 septembre.

Le *Journal des Débats* s'étonne que M. Jules Ferry ait terminé son beau discours de Remiremont par une nouvelle invocation à l'union de tous les républicains; j'admirerais plutôt. — Il est vrai qu'admirer et s'étonner se disent en latin du même mot. — Comment! voilà un homme qui a rendu à son pays et à son parti les plus éclatants services, qui était des premiers sur la brèche aux jours sombres de l'Empire, qui est le vrai fondateur de l'instruction primaire obligatoire, gratuite et laïque, qui a augmenté le patrimoine national de deux colonies admirables; cet homme, en échange d'une vie tout entière vouée à la Liberté et à la Patrie, est traité, depuis je ne sais combien d'années, non seulement par les monarchistes et les cléricaux, mais par toute une fraction du parti républicain, comme un véritable malfaiteur, abreuvé de calomnies stupides et d'ignobles outrages : et quand ce bon citoyen, sans haine au cœur, sans rancunes, devant le péril commun, chasse de son souvenir toutes ces vilenies qu'il a toujours été en droit de mépriser; quand il offre la paix, l'oubli, l'amnistie à ses insulteurs, vous vous étonnez ! Hé ! sans doute, le spectacle est rare; je le trouve même assez beau.

Après s'être fâché, le *Journal des Débats* se divertit à railler : « Vous parlez d'union, de concorde républicaine, dit-il à l'éminent orateur; hé ! voyez quelle réponse on vous fait ! » Notre confrère n'a d'ailleurs qu'à se baisser pour ramasser dans la presse intransigeante une nouvelle brassée d'injures : « Ce n'est pas seulement « l'impuissance, écrit la *Justice*, que le ferrysme (?) « a engendrée, c'est le discrédit, la désaffection, le « dégoût. » — C'est l'inventeur de M. Boulanger qui parle ainsi. — Et la *Justice* poursuit : « Si les « radicaux, qui représentent l'idée de progrès poli- « tique, démocratique et social, abdiquaient ou *se* « *laissaient absorber par les modérés*, ce qui revient « au même, on peut dire que la partie serait « perdue. » Sur quoi, le *Journal des Débats* triomphe et trouve que « la logique est du côté de la *Justice* ».

M. Jules Ferry a-t-il eu tort ou raison d'adresser aux républicains de toutes nuances l'appel chaleureux qui lui vaut les fines épigrammes du *Journal des Débats* et les grosses rebuffades de la *Justice ?* Il faut, je crois, distinguer. Si M. Ferry a cru que son discours de Remiremont trouverait vers le cœur de M. Clémenceau, la raison de M. Camille Pelletan

et le désintéressement du radicalisme des chemins
jusqu'alors inconnus aux géographes, assurément
M. Ferry aurait mieux fait de donner à sa harangue
une autre péroraison; l'oubli des injures, la confiance, l'obstination à croire au bien, c'est assurément des vertus, de belles et touchantes vertus : un
homme politique ferait mieux, cependant, de n'en
pas abuser; en user est déjà bien gentil. Mais
M. Ferry a peut-être voulu autre chose : tout en
offrant la paix avec une sincérité absolue, il a peut-
être voulu montrer, une fois de plus, que l'égoïsme
intransigeant est incapable de désarmer, fût-ce pendant une minute, devant le plus grand péril qui
ait jamais menacé la République. Dans ce cas, a-
t-il échoué? N'a-t-il pas, au contraire, pleinement
réussi dans sa démonstration ? Sans doute, notre
distingué confrère M. Dietz n'avait pas besoin que
le théorème du carré de l'hypoténuse lui fût dé-
montré une fois de plus: nous non plus, nous n'en
avions pas besoin. Mais tout le monde n'a pas fait
ses études.

Que demandait M. Ferry au radicalisme intransigeant ? De renoncer à cette folie coupable : la revision; de repousser, au lieu de s'approprier, l'article premier et, bientôt, unique du programme de
M. Boulanger. La *Justice* répond par l'expression
attique de son dégoût. C'est une réponse dont le suffrage universel saura peut-être tirer quelques mora-
lités.

Quant à la politique même de l'union des républicains, hé! mon Dieu! pourquoi n'en pas dire une bonne fois toute ma pensée? Je n'en connais qu'une qui soit plus belle, c'est la politique qui a pour ambition l'union de tous les Français, la politique de Henri IV quand il fit l'édit de Nantes, celle de Gambetta quand il rêvait de l'édit de Nantes des partis. Seulement, le malheur, l'infirmité misérable des choses humaines, veulent précisément qu'il en soit de cette politique comme de tout ce qu'il y a de plus beau au monde : elle n'est pas moins passagère et fugitive de sa nature que l'azur immaculé du ciel le calme harmonieux des mers, la fraîcheur embaumée des roses et, dit-on, la constance en amour. Il faut y croire un peu, parce que cela est bon et consolant : ne nous ôtons pas à nous-mêmes notre Jérusalem céleste! Mais il n'y faut pas trop croire, parce qu'il est toujours fâcheux d'être dupe, même en politique... Sans doute, je voudrais que le ciel fût toujours bleu, mais comment supprimer les vents, les neiges, les orages, les grêles et les cyclones? Sans doute, je voudrais que tous les républicains s'unissent fraternellement, mais il y a la revision, la séparation des Églises et de l'État, l'autonomie communale, l'impôt progressif, l'intolérance religieuse, dont les uns veulent et dont les autres ne veulent pas!... Si les radicaux intransigeants avaient pour trois grains de bon sens dans la cervelle, ils renonceraient évidemment à ces ca-

lembredaines ou à ces utopies. Mais s'ils n'y renon-
cent pas, faut-il que *nous* y adhérions, *nous*, pour
réaliser sur la terre et sous le ministère Floquet
l'union des républicains ?... Eh bien ! j'aime encore
mieux dire adieu à mon rêve ! Cette union-là des républicains perdrait à jamais la République. Eh bien !
j'aime encore mieux la République, la réalité que le
rêve !

La concentration dénoncée, est-ce forcément la
guerre au couteau entre les républicains qui ne
pensent pas de même sur les problèmes variés dont
se compose la politique? Pourquoi cela? Ne pou-
vons-nous, les uns et les autres, défendre nos idées
et travailler à leur victoire sans nous déchirer et
sans nous vilipender? Serait-il impossible de ne pas
oublier tout le temps qu'à une certaine heure ce n'est
pas seulement l'union des républicains, mais l'union
même de tous les Français, qui sera le plus impé-
rieux devoir, le seul devoir? Il faut qu'à cette heure-
là nous puissions tous, sans distinction de parti, républicains et royalistes, bonapartistes et radicaux,
nous donner fraternellement la main. Ne rendons
pas d'avance ce devoir-là trop difficile ou trop pé-
nible. Mais, ceci dit, restons fermes, solides, iné-
branlables, sur le terrain de nos convictions et n'en
sacrifions plus une seule à aucune chimère. Nous
avons, nous, républicains progressistes et modérés,
les seuls vrais conservateurs de ce pays, nous avons
un admirable drapeau qui a été porté autrefois par

Thiers et par Gambetta. Ne le cachons point;
déployons-le franchement. Ah ! c'est sous le spé-
cieux prétexte de mieux combattre le César d'aventure que vous avez construit et créé de vos propres
mains, c'est sous ce prétexte ridicule que vous nous
conviez à commettre avec vous les pires folies et à
jeter irrévocablement dans les bras de la réaction
toutes ces masses flottantes qui s'apeurent ! Eh
bien ! nous dirons toute la vérité : le boulangisme, si
détestable qu'il soit, n'est qu'un effet; c'est le radicalisme qui est la cause.

DÉCONCENTRATION ·

11 septembre.

Il paraît que j'ai dénoncé la concentration et que
je suis un grand criminel. Du moins, les journaux
de la rue Cadet le proclament en chœur. Je m'étais
laissé dire que la concentration — rien que la pauvre petite concentration électorale devant M. Boulanger — avait été légèrement ébréchée par les
radicaux de l'Isère, qui avaient maintenu leur candidat au second tour, et par les intransigeants de la
Somme, qui avaient refusé, dès le premier, leurs

voix au candidat républicain. Ce sont des calomnies. Ce n'est pas non plus M. Camille Pelletan qui a répondu au discours de M. Jules Ferry, à Remiremont, par une invocation au dégoût public ; c'est un Sosie qui s'était méchamment introduit dans le journal de M. Clémenceau : M. Camille Pelletan lui-même eût répondu à l'éloquent appel de M. Ferry par des effusions de tendresse.

Ce qui semble avoir principalement mécontenté les journaux de la rue Cadet et l'ancien moniteur de la rue de Sèze qui fait campagne avec eux, c'est que je me sois permis de traiter les principaux articles du programme intransigeant de calembredaines et d'utopies. L'un crie au complot orléaniste, l'autre affirme avec autorité que nous reculons au delà du 16 Mai... Eh bien ! je viens de relire le programme intransigeant : que vous dirai-je? Oui, j'ai eu certainement tort de parler d'utopies et de calembredaines. L'autonomie communale et l'élection des juges ne sont pas de simples sottises ; en bon langage révolutionnaire, c'est le crime de fédéralisme dans toute sa beauté : mettons délit, et que tout soit dit. Au lendemain des élections d'octobre 1885, qui ont envoyé deux cents monarchistes au Palais-Bourbon, réclamer la séparation immédiate des Églises et de l'État par la dénonciation *hic et nunc* du Concordat, ce n'est pas non plus une simple utopie : si l'on voulait sciemment tuer la République, comment s'y prendrait-on pour procé-

der autrement? J'accorde que l'impôt progressif
n'est qu'une simple réclame démagogique, mais la
suppression du Sénat, mais l'abolition de la présidence de la République, sont-ce de simples calembredaines? Vous vous rappelez qui a porté la
revision à la tribune : M. Laguerre, au nom de
M. Boulanger. Immédiatement, M. Clémenceau a
dit : *Amen !* et l'on voudrait que nous répétions :
Amen ! à notre tour, car la revision sera radicale ou
ne sera qu'une farce !

Conclusion : refuser de concentrer plus longtemps
avec les inventeurs et avocats de cet aimable programme, c'est trahir la République .. Hélas! je
m'obstine, et, nonobstant, je crois, au contraire,
rendre à la République, dans la mesure de mes
faibles forces, un véritable service... Vous mainte-
nez votre programme? — Oui ! — Eh bien ! déconcentrons, déconcentrons !

Et qu'il ne s'agisse pas d'une déconcentration
pour rire, comme était la concentration que les radicaux intransigeants n'ont voulu pratiquer qu'à
leur profit exclusif. Non, je parle, quant à moi,
d'une belle et bonne déconcentration, d'un *veto* catégorique, définitif, irréductible, aux folies coupables
du programme de la rue Cadet. Il ne s'agit pas de
faire une fausse sortie, de s'arrêter, de se retourner.
Je ne prétends point que qui se retournera sera
changé en statue de sel, mais qui se retournera ne
fera que la compromettre en pure perte, — car le

radicalisme intransigeant est, lui, irréductible, — et qu'ajouter, sans gloire, au trouble et au désarroi des esprits.

Le radicalisme, cause première et principale du boulangisme, a le grand mérite d'être quelque chose de très net, de très clair. Est-ce une politique vague et indécise qu'il faut lui opposer, si l'on a réellement l'intention de vaincre, c'est-à-dire de sauver la République? Non, cent fois non. Il faut opposer au radicalisme intransigeant, qui est clair et net, quelque chose qui ne soit ni moins net, ni moins clair ; à la politique de M. Clémenceau et de M. Floquet, la politique des Thiers et des Gambetta. Sans cela, le pays, qui est d'abord simpliste, ne comprendra pas — et il faut qu'il comprenne.

Nous concentrerons, non pas avec les royalistes et les bonapartistes, comme le disent ces mêmes plaisantins de l'extrême gauche qui, la main dans la main avec les meneurs les plus enragés de la droite, ont renversé le ministère Gambetta, le ministère Ferry, le ministère Duclerc, le ministère Freycinet, le ministère Rouvier, le ministère Tirard, ont voté de compagnie l'abandon de la Tunisie et l'évacuation du Tonkin, ont accumulé de concert les fautes sur les fautes et les ruines. Mais nous concentrerons avec ces grandes masses laborieuses, paisibles, vraiment conservatrices, que la sagesse des premières années avait amenées à la République, et que le radicalisme effraye et rejette vers l'inconnu.

Politique de coterie, disent les grands-prêtres de la rue Cadet. Hé ! cette coterie est tout bonnement l'immense majorité du pays !...

LA RÉPONSE DU BERGER

12 septembre.

Le *Temps* avait entrepris, depuis quelques jours, une sainte campagne. S'élançant sur la trace des plus illustres missionnaires, il s'était aventuré au pays intransigeant pour prêcher l'union, la concentration et la concorde de tous les républicains sur le programme d'une république sage, juste et prudente. « Abjurez, disait notre confrère, ou tout au moins ajournez la revision de la Constitution, la séparation des Églises et de l'État, l'autonomie communale, l'élection des juges, l'impôt progressif, et rien ne nous empêchera d'aller ensemble, la main dans la main, au bon combat. »

Voici la réponse du berger à la bergère :

La *Justice*, journal de M. Clémenceau : « Quelle « est la concentration dont le *Temps* nous parle, « qu'il veut et *dont nous ne voulons pas ?* C'est celle « qui lui fait combattre toutes les propositions « réformatrices du ministère, soit qu'il s'agisse

« d'améliorations financières, *soit qu'il s'agisse de*
« *revision républicaine...* Nous la connaissons, et
« autant nous en voulons une autre, *autant d'elle*
« *nous ne voulons pas.* »

Le *Radical*, par la plume de M. Tony Révillon,
au nom de MM. Sigismond Lacroix et Maret :
« Quant à l'union comme la comprennent les op-
« portunistes, ce serait l'abdication du parti répu-
« blicain entre leurs mains. *Nous n'en voulons pas .*»

Le *XIXe Siècle* répond du même ton et la *Lanterne* décline les avances de M. Hébrard comme s'il
s'agissait des offres trébuchantes d'Artaxercès.

Est-il permis d'espérer que notre éminent confrère en a assez? Tendra-t-il la joue gauche?

J'ose croire que la démonstration paraîtra suffisante au *Temps;* il est plus douteux qu'elle paraisse
telle à M. Ranc qui m'accuse d'avoir dénoncé la
concentration à la façon de M. Crispi dénonçant le
traité de commerce franco-italien. Le programme
de la rue Cadet que nous repoussons, que nous
sommes résolus à combattre de toutes nos forces,
M. Ranc l'a combattu et repoussé autrefois. C'est
égal : M. Ranc réserve toute son indulgence aux
radicaux intransigeants et il nous accable sous une
sévérité impitoyable. Nous refusons de concentrer
sur un programme qui est un tissu d'insanités,
d'abdiquer notre dignité, de renier notre passé, de
renoncer à tout crédit en acceptant l'inepte syllabus
de l'intransigeance. Cela s'appelle, je crois, faire son

devoir. M. Ranc appelle cela « aller à Canossa »

Aller à Canossa? faire pénitence aux pieds de M. Jules Simon? Comment? Pourquoi?

Voyons, Ranc! Défendre contre les attaques furieuses de l'intransigeance — et elles se produisent à quel moment! — le Sénat, le grand conseil des communes de France que Gambetta appelait l'ancre de salut de la République; répudier l'autonomie communale, que Gambetta appelait l'autonomie parcellaire, « théorie qui a été jugée à la lumière des plus cruels événements; » — vous savez lesquels! — maintenir le budget des cultes, que Gambetta a toujours voté et que vous-même, quand vous étiez député, vous avez voté : est-ce là, vraiment, comme vous avez le courage de l'écrire, « renier la politique du parti républicain depuis 1879 jusqu'en 1885? » N'est-ce pas, bien au contraire, y rester fidèle?

Le *Mot d'Ordre* connaît-il un autre terrain d'accord et d'union que celui qui a été proposé par le *Temps*, par M. Ferry, par M. Develle, par M. Steeg?

S'il le connaît, qu'il parle! qu'il l'indique nettement, en mettant les points sur les i, non point en termes généraux, équivoques et vagues! Dire que c'est « la politique du progrès continu et de la tradition républicaine » ne serait rien dire, bien que M. le président du conseil pense que « cela s'entend assez ». Il faut dire franchement, résolument, si cet accord comprend ou ne comprend pas la suppression du Sénat, l'abolition de la présidence de la République, l'impôt progressif, le refus du budget des cultes, l'autonomie, l'élection des juges.

Et, quand cela sera fait, — à supposer que M. Ranc n'ait point changé d'idées depuis la dernière législature, — l'extrême gauche repoussera la concentration de M. Ranc comme celle d'un simple Ferry. Elle la repoussera parce que, d'un bout à l'autre de ce parti qui s'appelle l'intransigeance, il n'y a pas un homme, pas un, dont la préoccupation unique, perpétuelle, dominante, ne soit d'être toujours le *plus avancé*. M. Floquet court après M. Clémenceau, qui ne se lasse pas de poursuivre M. Joffrin. S'arrêter dans ce *steeple-chase* de folies et d'utopies, c'est s'exposer à être traité de modéré; fi donc! Sur cette pente, on ne désavoue pas le drapeau rouge; on n'a que des paroles de blâme pour la police qui ne se laisse pas assommer; on couvre de sa protection les grévistes, quels qu'ils soient, sans se demander si l'or de M. Boulanger ou de l'étranger n'a pas soudoyé l'émeute; mais quoi! ce sont des révoltés : comment ne serait-on pas avec les révoltés? Et voilà comment on discrédite un régime, on apeure un pays et l'on rouvre la porte aux plus détestables aventures!

Nous avons fait à l'union des républicains les plus lourds, les plus pénibles sacrifices; nous sommes parfaitement résolus à ne pas lui sacrifier la République. Ce sont les utopies et les extrava-

gances de la démagogie qui ont perdu par deux fois
en ce pays la plus noble forme de gouvernement
qui soit au monde ; nous ne voulons pas la laisser
perdre une troisième fois.

L'ARTICLE DU « RADICAL »

14 septembre.

Il paraît qu'on commence à réfléchir à l'extrème
gauche.

Il y a huit jours, la presse intransigeante répondait par un concert d'injures au discours de M. Ferry
à Remiremont et à son appel à l'union par une invocation au dégoût public.

Elle répondait de même aux discours de MM. Develle, Dubost, Jules Steeg.

A l'offre du *Temps* de faire l'accord de tous les
républicains sur une politique de transaction, de
modération et de justice : « Nous ne voulons pas de
concentration opportuniste, » écrivait le journal de
M. Clémenceau ; « de cette concentration, écrivait
M. Tony Révillon dans le *Radical*, nous n'en vou
lons pas. »

Devant ce parti pris d'outrager et de calomnier
les meilleurs citoyens, de préférer à l'intérêt le plus
certain de la République les utopies les plus péril-

leuses de l'intransigeance, nous avons riposté catégoriquement : « Déconcentrons ! »

Ce « Déconcentrons ! », semble-t-il, n'était pas attendu.

Après avoir pris la précaution oratoire de traiter
de « funeste » la campagne que je viens de commencer et qui a déjà eu le mérite de faire faire à
M. Sigismond Lacroix les déclarations qu'on va lire,
l'honorable rédacteur du *Radical* s'exprime en ces
termes, s'adressant à ma personne :

Ce n'est pas pour notre plaisir, soyez-en sûr, que nous prê-
chons la concentration entre républicains de toutes nuances ;
c'est uniquement parce que nous sentons qu'en dehors de cette
concentration sur une politique moyenne, qui ne soit ni la politique opportuniste proprement dite, ni la politique radicale
proprement dite, qui soit tout simplement la politique républicaine, il n'y a, pour la République, qu'aventures, crises con-
tinues. impossibilité de fonctionner, désaffection du peuple
finalement chute imminente.

L'heure est venue, pour les républicains, des grands devoirs
et des grandes responsabilités. Le temps des fantaisies est passé;
il faut songer à défendre la République, et ne songer qu'à cela.
Pour la défense de la République, nous sommes prêts à pratiquer
la concentration, même avec ceux qui, aujourd'hui, la combattent
imprudemment.

M. Lacroix écrit ces lignes excellentes à la même
place où M. Révillon répondait aux avances du
Temps : « Nous n'en voulons pas. »

Nous avons toujours considéré M. Sigismond Lacroix comme l'homme, le politique de l'extrême
gauche, dont M. Clémenceau n'est que le ténor et

M. Camille Pelletan le cymbalier. Nous ne nous étions pas trompés.

Entendons-nous bien cependant. Nous ne sommes pas des enfants, nous sommes parfaitement résolus à ne pas donner dans un piège même inconsciemment tendu, nous sommes décidés à ne pas prendre des paroles pour des actes et de bonnes intentions pour des engagements.

M. Lacroix écrit qu'il est prêt à concentrer, même avec nous, pour la défense de la République, sur le terrain *d'une politique qui sera tout simplement républicaine.*

Qu'entend-il par là ?

Nous avons posé la même question à M. Ranc qui nous a répondu par des « tangentes » éloquentes sur M. Boulanger.

Nous demandons aujourd'hui à M. Lacroix la réponse nette, précise, claire, devant laquelle M. Ranc s'est dérobé et que nous n'avons même pas jugé utile de demander à M. Clémenceau.

Cette politique *simplement républicaine* comprend-elle ou exclut-elle la revision de la Constitution, la séparation des Églises et de l'État, l'autonomie communale, l'élection des juges, l'impôt progressif?

Si elle les exclut, on peut causer.

Si elle les comprend, il n'est pas digne de M. Lacroix de mettre à la politique intransigeante une étiquette qui ne lui appartient pas.

SIMPLEMENT RÉPUBLICAINE...

18 septembre.

M. Sigismond Lacroix ne s'est laissé intimider ni par les menaces de la *Lanterne* ni par le silence de la *Justice*. Il maintient qu'il est nécessaire, indispensable, « de faire la concentration sur une poli- « tique moyenne qui ne soit ni la politique oppor- « tuniste proprement dite ni la politique radicale « proprement dite, qui soit tout simplement la po- « litique républicaine. »

Je disais l'autre jour, je répète aujourd'hui avec un nouveau plaisir à M. Lacroix : Voilà de sages paroles, voilà un excellent langage auquel nous n'é- tions pas accoutumés depuis longtemps ! Vous recon- naissez, vous déclarez qu'en dehors du sacro-saint dé- calogue de la rue Cadet il existe, il doit exister quelque part une politique *simplement républicaine* qui ferait peut-être mieux les affaires de la République et du pays. Voilà qui est parler net et franc, et vous avez droit à la même franchise de notre part. Certes, oui, en dehors de « la politique opportuniste proprement » — ou improprement — « dite », on peut imaginer une politique dont l'étiquette serait moins défraîchie et qui aurait ce premier avantage de représenter une doctrine moins controversée que la parole de Gambetta interprétée par douze docteurs différents.

6

Seulement, cela ne suffit pas. Un intransigeant qui proclame la nécessité de la transaction, ce n'est plus un intransigeant, c'est tout le contraire, c'est un homme de sens et de raison ; et l'exception sans doute vaut qu'on l'admire. Mais à supposer, ce qui n'est malheureusement pas, que vous parliez au nom de l'extrême gauche tout entière, recommander l'union des républicains sur une politique simplement républicaine n'est pas assez : il faut encore définir cette politique. Comprend-elle ou non les utopies dangereuses qui effrayent les masses profondes du pays et qui les rejettent vers le boulangisme ou la réaction ?

L'A B C de l'art, en diplomatie et en scolastique, est de répondre à une question par une question. Je demande à M. Lacroix : « Cette politique simplement républicaine exclura-t-elle la revision, l'autonomie, l'impôt progressif, la séparation des Églises et de l'État ? » M. Lacroix répond naturellement à mon point d'interrogation par un double point d'interrogation, « question préliminaire, » dit mon confrère : « 1° Croyez-vous que les circons- « tances soient assez graves pour imposer aux ré- « publicains une action commune, en vue de la « défense de la République ? 2° Oui ou non, croyez- « vous que le parti auquel vous appartenez doive . « faire certaines concessions pour faciliter cette « action commune ? »

Pour arrêter ce jeu de propos interrompus, je

réponds *oui* aux deux questions de M. Lacroix.

Oui, à l'intérieur et au dehors, les circonstances sont assez graves pour imposer à tous les bons citoyens, sur le terrain de la République, une action commune contre le détestable aventurier qui est, à la fois, une menace pour la liberté et une menace pour la paix.

Oui, cette action commune n'est réalisable que par des concessions réciproques entre tous les soldats de la même cause.

Seulement, quelles seront ces concessions ?

Il faut dire honnêtement et sérieusement les choses : tout est là.

Proclamer, la main sur le cœur, que l'union fait la force, c'est très gentil ; mais enfin les pièces de monnaie belge l'avaient découvert avant nous. Tous les autres proverbes, même contradictoires, sont également vrais. Quelle union ? Voilà le proverbe. L'Union en soi, l'Union-Entité est admirable. Mais il ne s'agit pas, hélas ! de l'Union-Entité ; il s'agit d'accords, de conventions plus pratiques, plus étroitement délimités. Or, dans la réalité des choses, il y a des unions, des alliances, même momentanées et fugitives, qui sont pires que les plus profondes et les plus cruelles divisions. Le salut peut jaillir de certaines divisions ; il est, au contraire, des alliances qui ne peuvent conduire qu'à la ruine. Je ne parle pas de certaines promiscuités d'où ne peut sortir que le déshonneur.

Après avoir posé les deux questions qu'on a lues plus haut : « Si M. Reinach répond : Oui, écrit « M. Lacroix, je lui dirai immédiatement comment « je conçois, pour ma part, l'entente possible en « vue d'une action républicaine commune. » J'ai répondu : Oui, mais je ne veux pas, voulant faire la partie encore plus belle à M. Lacroix, me contenter de cette réponse. Il ne me suffit même pas d'avertir M. Lacroix qu'à une entente qui impliquerait des concessions que nous jugerions à tort ou à raison, mais dans le fond de notre conscience, périlleuses ou injustes, je m'obstinerais, pour mon humble part, à préférer la déconcentration la plus radicale, qui offrirait, au moins, une chance de salut et qui sauverait certainement l'honneur politique. Je veux encore indiquer à M. Lacroix sur quel terrain l'entente me paraît possible non seulement entre les tenants de la politique « radicale ou opportuniste proprement » — ou improprement — « dite », mais, en passant sur la tête des politiciens de profession, entre l'immense majorité des bons citoyens.

Le problème est double. Il s'agit, d'une part, de rassurer les intérêts conservateurs alarmés. (Je ne parle pas des monarchistes ; ce ne sont point des conservateurs : ce sont des révolutionnaires.) Et il est impossible de les rassurer si l'on n'écarte pas résolument les questions de métaphysique politique. Il s'agit, d'autre part, de ramener à la République les populations laborieuses des villes et des

campagnes qui souffrent, qui ont l'habitude de
rendre responsable de leurs mau-. le régime existant
et qui s'en vont par bandes au César d'aventure qui
exploite cyniquement leur misère. Eh bien ! moi, qui
ne pose pas pour le socialiste, j'ose croire que ce
n'est point la viande creuse des programmes qu'il
leur faut !... Tenez, monsieur Lacroix, il me revient
un souvenir. Dans l'année qui précéda la Révolution, — cette Révolution dont il ne faudrait point
cependant, l'année prochaine, célébrer le centenaire
par une faillite, — une famine avait éclaté à Paris :
les malheureux affamés erraient par les rues, sur
les places publiques ; le cœur de Marie-Antoinette
s'émut :

« Ils n'ont pas de pain, lui dit un courtisan.

— Les pauvres gens ! répondit la reine, qu'on
leur donne de la brioche !... »

De Marie-Antoinette qui leur offrait de la brioche,
du radicalisme intransigeant qui leur offre la revision de la Constitution, qui donc tient le propos le
plus frivole ?

AU PIED DU MUR

22 septembre.

Ce qui caractérise le radicalisme intransigeant,
c'est le besoin et le désir de se soustraire à la responsabilité dès qu'il s'agit d'un acte qui ne soit pas
de triple démagogie.

6.

Il y a huit jours, M. Sigismond Lacroix écrivait dans le *Radical* : « Si M. Reinach reconnaît qu'il est « nécessaire de faire la concentration sur une poli- « tique qui soit tout simplement la politique répu- « blicaine, je lui dirai aussitôt comment je conçois, « pour ma part, l'entente possible en vue d'une ac- « tion républicaine commune. »

Un sentiment, qui n'était pas celui d'une banale curiosité, me fit répondre aussitôt : « Je reconnais tout ce que voudra M. Lacroix pourvu qu'il me fasse part , clairement, nettement , des conditions de l'extrême gauche. Il ne suffit pas de crier que la discorde est le plus grand des maux : il faut montrer par des actes qu'on désire sincèrement la concorde. Oui, l'union fait la force. Je ferai observer seule- ment à M. Lacroix qu'il est permis de distinguer entre l'union et la concentration. Ainsi le mariage d'une carpe et d'un lapin, de la République de Ve- nise et du grand Turc, c'est de la concentration. Mais ne chicanons pas sur ces misères, puisqu'il paraît rester une dernière chance d'union entre les républicains. Jouons cartes sur table. Votre poli- tique simplement républicaine comprend-elle la revision, l'impôt progressif, la séparation des Églises et de l'État, l'élection des juges, l'autonomie com- munale ? »

M. Sigismond Lacroix avait promis de me dire immédiatement comment il concevait l'entente. Au bout de trois jours, M. Lacroix se décide à parler.

Et voici la réponse, la réponse, notez-le bien, de l'esprit le plus libre, le plus indépendant, le plus solide de toute l'extrême gauche :

« Entre les deux fractions de la majorité républi-
« caine, divisées sur beaucoup de points, il y a un
« arbitre tout indiqué : c'est le ministère, composé
« de représentants de ces deux fractions. »

Je n'insiste pas sur la plaisanterie qui consiste à présenter comme un cabinet de concentration un ministère où deux portefeuilles seulement, ceux du commerce et des travaux publics, n'ont pas été adjugés à des radicaux. C'est bagatelle en comparaison du reste. Mais la voyez-vous, la marque caractéristique du radicalisme intransigeant, le besoin de se soustraire à la responsabilité ? Les concessions qu'il est nécessaire, indispensable, de faire à l'esprit de justice, de modération et de bon sens, M. Lacroix les aperçoit sans doute. Mais les formuler, les proposer lui-même ! Juste ciel, qu'en dirait-on à Charonne ? « Mon bon Floquet, dit-il au président du conseil, accrochez-donc vous-même la sonnette à la queue de Rodilard ! »

Je ne sais si vous entendez d'ici la réponse de M. le président du conseil... Il y a un joli conte de Voltaire où la fille, qui a surpris sa mère dans un kiosque avec un amant, est surprise à son tour par sa mère avec un amoureux. « Hé ! dit la fille, vous avez saint André comme moi saint Denis ! » M. Floquet répondra de même à M. Lacroix : « J'ai les

Épinettes ou Picpus comme vous avez Charonne ! »
Et vogue la galère radicale !

Prendre pour arbitre entre les deux fractions du
parti républicain le ministère radical, le ministère
qui a promis la revision, qui a dicté au préfet de
police la circulaire sur le bris « autorisé » des
instruments de travail, qui a humilié la justice devant un pipeur d'urnes, qui livre les finances de la
nation aux fantaisies brouillonnes de M. Peytral,
qui permet à la conspiration boulangiste de s'étaler
en plein air et de gangrener impunément l'administration !... Un arbitre, ce ministère qui s'enor-
gueillit tous les jours, et qui ne s'en vantera jamais
assez pour l'édification du suffrage universel, d'être
le radicalisme dans toute sa beauté aux affaires,
voyons, monsieur Lacroix, vous voulez rire !
M. Ferry, ou M. Rouvier, ou M. Tirard, serait président du conseil : que diriez-vous si je vous propo-
sais leur arbitrage ?

La vérité, c'est que la démagogie vous tient les
uns et les autres, les meilleurs, dont est M. Lacroix, et les pires, et qu'elle vous interdit, sous
peine de n'être plus, de faire une seule concession
à l'esprit de justice et de sagesse. Tenez, nous ac-
cepterions votre arbitre, cet arbitre qui a emprunté
à M. Boulanger l'article premier et principal de son
programme, *Revision :* il n'y aurait encore rien de
fait. Pourquoi ?... Parce que, sur les plus simples
questions, vous ne lui ferez, vous, vous-mêmes, au-

cunc concession. Le jour, par exemple, où le cabinet arbitre, dans la discussion du budget, vous demandera de voter le budget des cultes, vous, monsieur Lacroix, et tous vos amis, M. Maret, M. Clémenceau, M. Pelletan, M. Guyot, M. Labordère, vous voteriez quand même *contre* le cabinet, vous lui refuseriez le crédit des cultes : le cabinet ne serait sauvé, sur cette question, que par le vote de la droite et du centre. Et si la droite, pour s'amuser, pour augmenter le gâchis, — ce qui paraît aujourd'hui toute sa politique, — votait avec vous la suppression du budget des cultes, — ce qui ne serait pas plus extraordinaire après tout, de sa part, que de voter avec vous l'évacuation du Tonkin ou de lécher les bottes de M. Boulanger, — le cabinet serait par terre, n'ayant avec lui que les voix de nos amis...

Pourquoi? Parce qu'un Bolski est toujours un Bolski, comme dit M. Cherbuliez dans son immortel roman de *Ladislas*, parce que l'intransigeance est toujours l'intransigeance, c'est-à-dire une faction politique qui est incapable de faire un sacrifice à la raison et au bon sens. Vos prédécesseurs disaient : « Périssent les colonies plutôt qu'un principe ! » — Vos prédécesseurs se souciaient encore des colonies. — Vous dites, vous : « Périsse la République plutôt qu'une seule formule de mirliton de notre-sacro-saint programme ! »

Eh bien ! nous, nous voulons d'abord que la Ré-

publique vive, cette République que les Thiers et
les Gambetta ont fondée sans vous et qui n'a jamais
été mise en péril que par vos fautes !

DES ACTES !

23 septembre.

Par cette fin de vacances où les événements font
défaut, où les feuilles boulangistes sont réduites à
en inventer, l'article du *Gaulois* et la lettre de
M. de Martimprey (1) font couler des flots d'encre.
La lettre ni l'article ne nous apprennent cependant
rien de nouveau. Nous savions, avant la lettre, que
la réaction considère M. Boulanger comme le syndic de la faillite républicaine, et que les orléanistes,
qui ont toute honte bue, continuent à se coaliser
sur son nom avec les bonapartistes, qui ont, eux du
moins, le mérite de faire leur métier. De même nous
n'avions pas besoin du dernier article de M. de
Rochefort pour soupçonner que ceux des radicaux
intransigeants qui s'obstinent à faire la majorité de
M. Boulanger n'ignorent point qu'ils jouent la République aux dés et qu'ils la mettent à l'encan.

(1) M. de Martimprey, dans sa lettre, et le journal le *Gaulois*
se prononçaient pour l'alliance intime des royalistes avec
M. Boulanger.

La lettre de M. de Martimprey, les articles de MM. Meyer et de Rochefort, ont provoqué, dans le camp républicain, de vives et éloquentes réponses. Nous les avons reproduites et on les a certainement lues avec beaucoup de plaisir. On ne flétrira jamais assez les royalistes qui se mettent à la remorque du lieutenant général de M. Jérôme Bonaparte. On ne répudiera jamais avec assez de mépris les républicains qui, sachant ce qu'ils font, forment l'état-major de Soulouque IV. Plus on dira à ces royalistes qu'ils se déshonorent et à ces républicains qu'ils sont des traîtres, mieux on fera. Mais après?... Nous sommes en présence d'un véritable complot contre la République : suffit-il de dire que ce complot est scélérat, que M. Boulanger est un détestable aventurier, qu'il n'a jamais ouvert la bouche que pour mentir, que ses moindres actes sont des vilenies et que ses complices sont des criminels? Voilà des gens qui agissent, qui marchent en bandes contre la Constitution, qui organisent des comités dans tous les départements, qui débitent la corruption sous toutes ses formes, qui ont essayé d'embaucher des militaires sous les armes, qui ont des agences à l'étranger, qui vomissent la calomnie et l'outrage contre le chef de l'État et la représentation nationale, qui se font des intelligences dans l'administration, qui fomentent des grèves, qui soudoient des émeutes, qui ne se cachent pas d'avoir payé d'un or de provenance plus que suspecte une

agitation dont nos campagnes sont encore effrayées.
Et l'on se contenterait de dialoguer avec M. Arthur
Meyer et de faire appel à ce qui peut rester de pu-
deur à M. Alfred Naquet !

M. le président du conseil a beaucoup voyagé
pendant ces vacances et il a bien fait de voyager.
Cependant, au lieu de répandre le flot de son éloquente parole parmi les préfets, les sous-préfets,
les maires et les tout-puissants présidents des cer-
cles et comités radicaux, combien M. Floquet eût
employé plus utilement ses loisirs en allant causer
incognito avec quelques paysans ! Ils lui eussent dit
d'abord quelles erreurs de conduite et quelles fautes
ont créé cet état d'esprit qu'on appelle le boulangisme. Ils lui eussent dit encore que ce qui fortifie
le plus le boulangisme, ce qui lui amène aujourd'hui
le plus de recrues, pleines de confiance et d'une
insolente ardeur... Oh ! rassurez-vous, je ne vais
point nommer une fois de plus le radicalisme intransigeant... Non, c'est l'invraisemblable mansuétude
avec laquelle le gouvernement de la République se
laisse braver, insulter, diffamer par toute cette
bande. Nos paysans ne sont pas radicaux : le radicalisme, puisqu'il les effraye, n'échappe point à leur
compréhension. Mais ce qu'ils ne comprennent
point, ce qui ne leur peut entrer dans la cervelle, ce
qu'ils se refusent à admettre, eux à qui l'on ne
marche jamais impunément sur le pied, c'est qu'un
gouvernement qui se respecte ne se fasse pas res-

pecter. On bafoue ce gouvernement, on l'outrage, on le traîne dans la boue : donc ce gouvernement est faible ; donc la République n'est pas un gouvernement… Et l'on va tâter du Boulanger. M. Boulanger, après avoir été le *trou* et le *lit*, est aujourd'hui le pont qui va de la République à la monarchie. On passe le pont.

Je vous entends : ces paysans, dites-vous, raisonnent comme des paysans ; ils ne sont point allés à l'école de la rue Cadet… Soit ! passez donc la frontière, je vous prie. Oh ! je ne parle pas des Allemands, des Russes, des Turcs, de tous les peuples qui vivent sous des monarchies plus ou moins absolues ! C'est entendu : eux aussi, ils ne savent pas, ils n'ont pas vu la lumière. Non, mais demandez au plus radical des Anglais, au plus démocrate des Américains, au plus libéral des Suisses, au plus révolutionnaire des Espagnols, si une équipée pareille à celle de M. Boulanger, si un complot à ciel ouvert comme celui qui s'étale depuis six mois, aurait été seulement toléré pendant cinq minutes dans un seul de ces pays, pourtant constitutionnels, libéraux ou mêmes républicains ! Ces nobles étrangers vous répondront comme nos paysans.

La vérité, c'est que nous avons, depuis quelque temps, perdu jusqu'aux notions les plus élémentaires du gouvernement et que l'on ne sait plus, du moins dans les sphères gouvernementales, ce que c'est que le pouvoir. L'Assemblée nationale, qui

ordonnait, en 1874, la fameuse enquête sur les bonapartistes, le savait ! Le Sénat, qui a mis à l'étude la
procédure pour les crimes de haute trahison, le sait
aussi ! Mais voilà, peut-on, sans déchoir, prendre
modèle sur l'Assemblée qui a fait la Constitution
du 24 février ou sur le Sénat qui fait quelques difficultés à s'offrir en sacrifice sur l'autel de la Revision ?

TRAITE IMPAYÉE

24 septembre.

M. Sigismond Lacroix m'accuse « d'intransigeance
opportuniste » parce que j'ai répondu que sa proposition d'arbitrage était une plaisanterie indigne de
lui, une manière pitoyable de rompre les chiens...
M. Lacroix commence par déclarer publiquement
que, si je veux bien reconnaître la nécessité de
l'union des républicains sur le terrain d'une politique
simplement républicaine, il me dira immédiatement,
lui Sigismond Lacroix, comment il entend cette
politique moyenne. Je fais à M. Lacroix les déclarations qu'il sollicite et M. Lacroix me convie alors
à aller demander à M. Floquet les conditions de
cette politique simplement républicaine. C'est M. Lacroix qui a signé la traite ; c'est à M. Floquet, qui
ne l'a même pas acceptée, que me renvoie le mauvais payeur du *Radical*. Il me sera permis peut-
être d'ajouter que, de la *Lanterne* à l'*Autorité*, la
presse est unanime à constater que M. Lacroix s'est

dérobé tout le temps à l'argumentation et qu'il a toujours refusé de dire catégoriquement quelle part de sacrifice il apportait à l'œuvre commune.

M. Sigismond Lacroix ne se contente pas d'avoir manqué à un engagement formel ; il écrit encore, sans rire, qu'il a indiqué une concentration, « la seule possible, » et qu'il a « la conscience d'avoir fait son devoir de républicain en offrant une entente acceptable ». Il est difficile de badiner plus gentiment avec la concentration. Une proposition d'arbitrage, l'arbitre étant juge et partie, — car j'imagine que M. Lacroix ne conteste pas le radicalisme immaculé de M. Floquet, — ce n'est pas une offre d'entente, c'est une défaite, une triste défaite. J'ai déjà demandé au rédacteur du *Radical* ce qu'il eût répondu si je lui avais offert l'arbitrage de M. Ferry ou de M. Rouvier. Mais je proposerais un arbitrage sérieux, par exemple celui des présidents des deux Chambres, que j'entends d'avance la réponse de M. Lacroix. Je ne parle pas du Président de la République, puisque c'est un dogme pour l'extrême gauche que le citoyen qui a été jugé digne du poste le plus élevé de l'Etat a perdu, en montant à ce poste, jusqu'au droit de dire son avis sur les affaires de son pays.

Je ne permettrai donc pas à M. Lacroix de dire qu'il a offert une entente acceptable que j'aurais refusée. M. Lacroix avait promis des offres sérieuses;

il a apporté une proposition saugrenue ; voilà la vérité...

Moralité : les radicaux intransigeants ont de la concentration plein la bouche ; mais ils sont incapables de faire à l'union des républicains, au bon sens, à l'esprit de justice et de sagesse, le sacrifice d'une parcelle homéopathique de démagogie.

A L'ASSAUT

29 septembre.

Il faut avoir le courage d'ouvrir les yeux, de voir les choses comme elles sont et de dire hautement ce qu'on voit :

On monte de toutes parts à l'assaut de la République.

« Nous sommes prêts et la France est pressée, » dit M. Édouard Hervé. La France, dans le langage monarchique, c'est le roi. « Hé ! la France, criait la Dubarry à Louis XV, ton café f... le camp ! » La France, aujourd'hui, c'est Philippe VII, et Philippe VII est pressé, si pressé qu'il met la main dans la main de M. Boulanger, et, ouvertement, lui, fils de France, lui, le fils du duc d'Orléans, le neveu du duc d'Aumale, se réclame de l'alliance de ce reître, de ce soldat rebelle chassé de l'armée par ses pairs,

de ce mauvais citoyen, du protégé de M. Rochefort,
du fourrier de M. Jérôme Bonaparte ! Ah ! non, *la
France !* ce n'est pas seulement ton café, cette fois,
qui f... le camp, c'est ton honneur, l'honneur de ton
père et de ton aïeul, l'honneur d'un parti qui fut celui
de la Liberté et qui mérita, presque au même titre
que le parti républicain, la haine et les persécutions
de l'Empire !

Ce chef qui s'avilit à ce point, qui inflige à M. le
duc d'Audiffret-Pasquier le châtiment d'être le con-
fident public de son apostasie, vous vous imaginez
que ces soldats, écœurés, vont l'abandonner ?... Ils
l'acclament, ils sont pleins d'entrain, débordants
d'espoir ; même au 24 Mai, ils n'ont jamais été mieux
organisés, ils n'ont jamais volé avec plus de confiance
à la bataille.

« La prochaine Chambre, » dit M. Hervé, « fera
« la monarchie sans essayer d'une combinaison in-
« termédiaire. » La « combinaison intermédiaire »
rit dans sa barbe blonde, mais ne souffle plus mot.
M. Boulanger traité de pair et d'égal, d'intime allié
et de bon ami par M. le comte de Paris : quel pendant à Mme la marquise de Pompadour, née fille
Poisson, recevant la première lettre de Marie-Thé-
rèse, impératrice d'Autriche ! Ce n'est pas la fille
entretenue qui a sujet de s'enorgueillir le plus...
Tout le monde a besoin de lui, maintenant, du
courtisan méprisé, de l'insulteur détesté d'autrefois : lui, fièrement, se sert de tout le monde.

Allez, mes enfants, et croyez, ô doux innocents !
que le four chauffe pour la royauté ou pour l'empire !

Il n'a jamais employé contre la *Gueuse* des
moyens plus hideux et plus répugnants que ceux
d'aujourd'hui : la calomnie immonde, la diffamation
anonyme et collective ; il puise à pleines mains dans
l'égout collecteur, il éclabousse de boue, en grima-
çant de joie, la liberté, la République, la nation
elle-même : ce n'est pas de mélinite qu'il a chargé
ses obus, c'est de fange...

Alors ce détestable aventurier, ce plagiaire éhonté
de Décembre, qui ne se donne même plus la peine
de cacher son jeu, vous croyez que le suffrage universel tout entier va s'en écarter avec dégoût ?...
Dénombrez ses bataillons, ils croissent d'heure en
heure. Vous dites : il n'a plus avec lui un républicain
digne de ce nom. Oui, mais il a tous les mécontentements, toutes les rancunes, tous les appétits, toutes
les ambitions déçues, toutes les haines, toutes les
convoitises.

C'est tout ?... Hé ! sans doute, il ne faut pas
prendre au tragique ces grèves qui éclatent comme
des mines sur toute la surface du territoire, qui né-
cessitent l'intervention de la force armée, où l'on
trouverait partout, si l'on se donnait la peine de
chercher, l'excitation césarienne. Il faut les prendre
au sérieux cependant, comme il ne faut pas dédai-
gner non plus ni cette marée montante de calomnies
et de mensonges qui salit l'âme du peuple, y met le

trouble, le désarroi et la suspicion, ni ce redoublement d'outrages et de défis à la République et à la représentation nationale dont l'impunité étonne et fait conclure à l'impuissance républicaine, ni le travail patient de longues menées démagogiques qui finit par ébranler les bases mêmes de l'édifice. Tout cela, qu'est-ce donc, si ce n'est la République en danger ?

Et cependant, assemblés dans le Capitole, sourds au bélier qui bat les murs, les grands prêtres délibèrent gravement sur la lumière créée du Thabor. Les sages inclinent à remettre le grand débat aux ides de janvier : « Il sera toujours temps, » disent-ils, « au lendemain des Saturnales, de décider si la lu-« mière sera créée ou incréée. » — « Que faites-« vous des principes ? répondent les purs ; il n'y a « rien de plus urgent que de reviser la Constitution. « Nous avons ici un boulevard fortifié qui s'appelle « le Sénat et là une tour crénelée qui s'appelle la « présidence de la République ; tous deux s'élèvent « trop haut au-dessus de la plaine nue... Ce n'est « pas conforme à l'égalité : nivelons d'abord ! Nous « combattrons mieux en rase campagne... » Et le cercle des assiégeants se resserre toujours.

Conspirez en paix, césariens ! Formez en paix vos bataillons, royalistes et bonapartistes coalisés ! Qu'avez-vous à craindre ? Ceux qui devraient la garder démantèlent la citadelle et ils ont donné à leurs avant-postes, pour que les vôtres puissent

avancer plus facilement, le même mot d'ordre « Revision ! »

PROPOS JUDICIEUX

1er octobre.

J'ai rencontré hier un vieux libéral de mes amis ;
il portait le diable en terre ; je lui serrai la main
avec sympathie.

« Ah ! dit-il, vous me comprenez, au moins, vieux
don Diègue de l'orléanisme d'autrefois... N'ai-je
donc tant vécu que pour cette infamie ? Hé ! sans
doute la monarchie de Juillet avait commis bien des
fautes. Mais enfin nous les avions rachetées, ces
erreurs, pendant les dix-huit années d'Empire...
Vous étiez jeune, vous, à ce moment, mais vous
connaissez cependant ces choses. Il y a eu des légitimistes qui sont allés aux Tuileries et même au
Sénat ; il y a eu des radicaux qui sont allés au Pa-
lais-Royal, chez le prince Jérôme. Mais nous, nous
avons tenu bon jusqu'au dernier jour de ce régime
de boue et de sang. A peine deux ou trois défections
dans nos rangs, comme dans les vôtres. Il y a des
Ollivier toujours, même dans les partis les mieux
constitués. Ah ! la belle haine généreuse que nous
avions alors du despotisme, du mensonge césarien,
du charlatanisme où le suffrage universel s'était

laissé prendre comme un pauvre touche-bœuf aux hâbleries d'un dentiste de foire !... Demandez à Ranc : il était du *Journal de Paris* avec nous, avec Weiss, avec Hervé, avec Razoua, ce pauvre Razoua qui a fini dans la Commune... Eh bien ! voulez-vous que je vous dise ? il a mieux fini que M. Hervé, que M. Lambert de Sainte-Croix... Finir dans l'alliance boulangiste, avoir entraîné dans un pareil bourbier le fils de la duchesse d'Orléans !

— Le fait est, dis-je en manière de consolation, que l'honneur, cette fois, est bien perdu.

— Et c'est au duc d'Audiffred-Pasquier qu'il a écrit sa lettre pour recommander le système du *trou* et du *lit*, l'entente sur un terrain commun avec l'ami de M. Rochefort ! Vous rappelez-vous le beau discours du duc à l'Assemblée de Versailles, dans l'enquête sur les actes du gouvernement impérial, le cri superbe : « Varus, Varus, rends-moi mes légions ! » Mais ce Boulanger, dont on se fait l'allié, il est autant au-dessous de l'homme de Décembre et de Sedan que Napoléon le Petit était au-dessous de Napoléon le Grand, Monstre Premier ! Et maintenant, tous compères et compagnons, le duc d'Audiffred et M. Rochefort, M. Bocher et M. Vergoin, Lambert Sainte-Croix et Laguerre ! »

Je me permis une méchanceté : « Y a-t-il longtemps que vous n'avez vu Limbourg ?

— Ah ! Limbourg, le duc d'Aumale ! Voilà : depuis la donation de Chantilly à l'Institut, cette donation que l'un de vos cabinets radicaux, je ne sais plus lequel, a cru pouvoir accepter sans rouvrir les portes de France au vieux soldat qui la faisait, il a perdu toute autorité, toute influence sur son neveu... Un oncle d'Amérique qui s'est dépouillé, jugez donc !... Et l'on tend la main au cabotin qui avait été le plus plat de tous les courtisans du duc d'Aumale, qui est devenu le plus grossier de ses insulteurs !... Encore si Boulanger travaillait pour le comte de Paris ! Mais il ne travaille même pas pour M. Jérôme Bonaparte, dont il a, cependant, accepté les subsides et le concours le plus actif ! Il trompe tout le monde et il ne travaille que pour lui.

— Je suis bien de votre avis. Vos amis se déshonorent pour le roi de Prusse. Ils se salissent inutilement.

— Et ces boulangistes, continua mon vieil ami, qui ne se tenait plus, quelle race ! quelle engeance ! .. Un tas d'hommes perdus de dettes et de crimes, comme disait Salluste des complices de Catilina et Gambetta des brigands du 2 Décembre ! J'en ai connu quelques-uns de près... Et ils marchent, ils marchent, ces Morny de carton, ces Persigny de pacotille, ces Chaix d'Est-Ange du barreau de Pontoise, avec des Beauvoir, des Ferdinand Duval et des d'Haussonville pour leur aplanir la voie !... Quelle bande ! Tous, dans leur carrière, quelle qu'elle soit, avocats suspendus ou rayés !... Je parle de l'état-major : 'ai beau chercher, je n'y trouve même pas un illuminé. Tous des gaillards qui savent à merveille de quoi il retourne, des envieux, des jaloux, des mécontents, des ratés. On leur a refusé un ministère, une ambassade, une préfecture, un consulat, une trésorerie, un sous-secrétariat, où ils avaient droit, cependant, ma foi ! autant que bien d'autres. Et, du jour au lendemain, boulangistes ! Voilà les nouveaux alliés de mon prince... Les boulangistes ? Voulez-vous que je vous dise comment je les classe ? Ceux que je méprise et ceux que je plains. Ceux-ci sont les braves gens des campagnes à qui l'imagerie d'Épinal et la presse à un sol ont fait croire que ce Mandrin est le Messie... Et encore !...

> Prince qu'aucun de ceux qui te donnent leurs voix
> Ne voudrait rencontrer le soir au coin d'un bois !...

Ah ! si les républicains se résignaient à lâcher l'ombre pour la proie ! Vous croyez que je suis une exception, une vieille relique d'un passé mort, bonne à montrer dans un musée d'antiquailles ? Mais il y a des centaines et des centaines de milliers de conservateurs qui pensent comme moi, qui se souviennent de l'Empire, du commencement et de la fin, qui ne veulent pas revoir, sur leurs vieux jours, l'invasion à nos portes, qui ont le dégoût du boulangisme encore plus que du Boulanger lui-même, que la palinodie du prétendant a déliés de tout engagement, qui ne demandent qu'à entrer dans une République sage, tranquille, libérale, ferme contre l'émeute ou la conspiration... Nous aimons la France de toutes les forces de notre être, nous aimons la liberté ; est-ce que vous avez besoin d'un autre *Schiboleth ?*... Parmi les chefs de votre radicalisme, je vois des gens qui ont été candidats officiels sous l'Empire... Vous n'avez qu'à vouloir, qu'à parler haut, qu'à conformer résolument vos actes à vos paroles ! »

Et, au risque d'être traité demain d'orléaniste, je répondis à mon vieil ami : « Vous avez raison ! »

3 octobre.

Le *Gaulois* consacre quatre grandes colonnes au compte rendu dithyrambique d'une réunion que les députés réactionnaires de l'Orne ont tenue à Alençon. M. de la Sicotière y a tonné sur la démocratie ; M. de Mackau a fait pleuvoir quelques injures sur la représentation nationale ; M. de Lévis-Mirepoix, patriote délicieux, a proposé de se liguer aujourd'hui contre la République comme on s'est uni, il y a dix-huit ans, contre l'Allemagne ; enfin M. Dugué de la Fauconnerie « a mis les pieds dans le plat sans faire déborder la sauce et en inspirant à tout le monde l'envie de goûter le ragoût... » Et le *Gaulois* nage dans la joie. C'est surtout M. Dugué qui le remplit d'une béate admiration ! Comme le gaillard a crié : « Vive Boulanger ! » Et M. Cornély conclut : « A l'heure qu'il est, M⁰ˢ le comte de Paris est, on peut le dire, le guide de tous les conservateurs de France. Or, être guide, qu'est-ce, en réalité, sinon être le roi ? »

Les Machiavels d'autrefois criaient, selon les temps: « Vive le roi ! » et « Vive la Ligue ! » Aujourd'hui, ils crient d'une haleine: «Vive Boulanger ! vive le roi ! » Ainsi se poursuit l'honnête coalition. Le duc de Clarence se noya dans un tonneau de malvoisie; le comte de Paris préfère aujourd'hui un tonneau d'un autre genre. Il doit suffire de constater ces choses répugnantes et il nous sera permis de ne pas plus discuter des couleurs et des goûts avec M⁰ˢ le comte de Paris qui envoie sa bénédiction apostolique à MM. de Lévis-Mirepoix et Dugué de la Fauconnerie, boulangistes, qu'avec M. Naquet, boulangiste, s'écriant à Carpentras, au cercle des Arts : « Je suis fier d'être avec les bonapartistes ! »

                              4 octobre.

A propos de l'abjection césarienne, nous lisons sous la signature de M. Henri Rochefort:

« Quant aux citoyens de toute classe qui gémis-
« sent si amèrement, dans les lettres qu'ils m'en-
« voient, de la prostitution morale à laquelle la
« patrie se livre quotidiennement, qu'ils se rassurent
« un peu. La France est déjà tombée, je ne dis pas
« plus bas, parce que personne ne me croirait, mais

« aussi bas ou à peu près. Toutefois notre pays,
« qui, dit le poète,

Mesure, en ces ardentes luttes,
A la hauteur des bonds la profondeur des chutes,

« n'a pas muscles si usés qu'il ne puisse se remettre
« sur ses jambes. En attendant, comme dit encore,
« avec quelques variantes, le même poète,

« Répétons tous : Laguerre est grand, Naquet est beau!
« Et laissons la pudeur au fond du lavabo. »

L'*Intransigeant* peut contrôler l'exactitude de cette
citation du numéro 11 de la *Lanterne*, dernier alinéa.

LA REVISION ET LE PRÉSIDENT

4 octobre.

Les ministres se sont réunis avant-hier à l'Élysée,
sous la présidence de M. Carnot; ils se sont occupés
d'affaires sérieuses. Ils se réunissent ce matin au
ministère de l'intérieur, sous la présidence de
M. Floquet; ils vont s'occuper de la revision.

Ce ne sera pas la première fois, malgré les dé-
mentis de l'*Agence libre*, que le conseil de cabinet
s'occupera de la casserole que M. Clémenceau a
attachée à la queue du ministère. Si nos renseignements sont exacts, le conseil, au lendemain de la
triple élection de M. Boulanger, avait déjà consacré

une importante séance à cette question. M. le ministre de l'intérieur apporta ce jour-là à ses collègues une lettre d'un député de l'extrême-gauche que nous aurons suffisamment désigné en le définissant le plus fin, le plus spirituel, le plus sensé et le plus courageux des journalistes radicaux et anticésasariens. La lettre disait : « La triple élection de M. Boulanger doit dessiller les yeux des plus aveugles. Devant le péril qui menace la liberté, il est coupable de diviser plus longtemps les républicains sur la revision de la Constitution. Il faut laisser la revision aux ennemis de la République ; il faut ajourner la revision que nous avons rêvée. Que le ministère radical, qui a la confiance de tant de républicains, biffe la revision de son programme ; il aura rendu à la République un inappréciable service et nous serons plus d'un, à l'extrême gauche, qui aurons le courage de partager cette responsabilité patriotique avec lui. »

M. le président du conseil avait lu la lettre du Sage de l'extrême gauche sans l'accompagner de commentaires. Cependant, au ton grave dont il l'avait lue, il paraissait évident que son avis personnel ne différait pas beaucoup de celui du journaliste qui lui écrivait. Mais quoi ! M. Floquet avait commencé son gouvernement par livror le portefeuille des affaires étrangères à M. Goblet et celui des finances à M. Peytral. « Manquer aux serments que nous avons prêtés sur l'autel de l'intransi-

geance! s'écria M. Goblet ; jamais! Périsse la République plutôt qu'une promesse de radical ! » Et le
grand électeur de M. Pyat, l'éminent successeur du
baron Louis, offrit son tablier.

M. le président du conseil repoussa le tablier de
M. Peytral — le vrai peut quelquefois n'être pas
vraisemblable — et l'on se remit à piocher la revision.

Quelle revision ?... M. Floquet, dit-on, débutera par proclamer la souveraineté absolue du
Congrès de revision... J'attends, sur ce point de
droit constitutionnel, M. Ranc, M. Deluns-Montaud,
M. Pierre Legrand, M. Goblet lui-même, tous ceux
qui, le 26 janvier 1882, repoussaient, avec Gambetta, cette hérésie politique... Puis, ayant ainsi
ouvert la brèche, M. le président du conseil suppliera le Congrès de limiter la revision aux droits
financiers du Sénat et à son droit de dissolution.

Si M. Floquet espérait désarmer M. Clémenceau
et M. de Rochefort par un pareil projet, il a été vite
détrompé. La *Justice* et l'*Intransigeant* n'ont pas
fait attendre leur réponse. La *Justice* a été terrible :
elle n'a même pas reproduit la note presque identique du *Temps,* du *Journal des Débats,* du *Siècle,*
de la *République française,* annonçant le projet du
gouvernement; elle a, purement et simplement, retourné à M. Floquet sa livraison. Combien ont été
plus douces aux oreilles de M. le président du conseil les injures et les imprécations de M. de Roche-

fort attestant le dieu Boulanger que cette revision
est une fumisterie !

C'est une fumisterie pour les revisionnistes « pour
de vrai », pour les boulangistes, bonapartistes et
royalistes, qui se moquent bien des droits financiers
du Sénat et qui ne demandent à la République
que sa peau, comment en douter? Mais que
faire? M. Floquet s'est remis au travail. Il renonce,
le cœur serré, au voyage de Lyon; il n'accompa-
gnera pas le chef de l'État dans sa visite à la
deuxième cité de la République. Il eût été heureux
de faire ce voyage aux côtés de M. Carnot. Il laissera cette joie à M. Pierre Legrand. Lui, il restera
à Paris, enfermé jour et nuit à l'hôtel de la place
Beauvau, travaillant la rev'sion, la polissant et la
repolissant, étudiant au tome X des discours et
plaidoyers politiques de Gambetta comment tombent
les hommes d'État. Pour toute distraction, il dînera
quelquefois avec M. Sabatier, M. Pelletan et M. Paul
Strauss; il n'aura pas de passetemps plus doux. Il
usera, à ce labeur ingrat, les belles journées d'au-
tomne où il fait si bon guetter, sous le ciel clair, le
passage des bécassines et poursuivre au bois un
lièvre roux qui bondit dans les hautes herbes. Il y
consacrera ses veilles. Il y perdra son grec et son
latin, les ressources de l'esprit le plus ingénieux,
tournant en vain dans le manège, toujours ramené
à un projet qui sera repoussé par M. Clémenceau
avec dédain et qu'aucun de nous n'acceptera.

Que voulez-vous qu'il fasse, en effet, puisqu'il veut à toute force, contre vents et marées, contre la raison et le bon sens, faire quelque chose?

Un projet portant abolition, comme M. Clémenceau le demande, de la présidence de la République?

J'imagine que M. de Freycinet y regarderait à deux fois.

Un projet portant suppression du Sénat?

M. Ferrouillat demanderait peut-être à réfléchir.

Alors quoi?

Forcément, nécessairement, fatalement, logiquement, inéluctablement, l'autre projet, la Revision Floquet ne trouvera pas une voix parmi les républicains sérieux, mais qui, toute folle et coupable qu'elle soit, ne désarmera ni les ennemis de la République, qui sont insatiables, ni les intransigeants.

Vous n'avez encore, dites-vous, rien préparé, rien délibéré, rien arrêté. C'est entendu, puisque l'*Agence libre* le déclare. Mais pouvez-vous préparer, délibérer, arrêter autre chose qu'un projet inacceptable pour tout le monde?

Vous pouvez — il en est toujours temps — faire un acte intelligent : enterrer la revision.

Mais si vous vous obstinez à tenir une promesse dont la gravité des circonstances vous délie, vous assumez la plus grande responsabilité.

A M. Floquet de choisir.

S'il se décide à sacrifier à l'intérêt manifeste, in-

contestable, de la République, un misérable point
d'honneur, à suivre le conseil qui lui était donné à
la fin du mois d'août par un de ses amis radicaux
les moins suspects, il peut lui être encore beaucoup
pardonné, parce qu'il aura porté à l'entreprise césarienne un coup qui vaudra les plus beaux coups
d'épée.

Si, au contraire, le président du conseil s'obstine,
s'il s'arrête définitivement au projet qui a été
annoncé, alors une question plus haute encore se
posera :

Reconnaître la souveraineté illimitée du congrès,
ce n'est pas seulement ouvrir la porte à la revision,
mais, dans une Assemblée où la République compte-
rait 300 adversaires irréconciliables et 200 défenseurs prédestinés à la mener en perdition, c'est ouvrir les portes à la révolution.

Remettre en question les droits financiers du
Sénat, à cette heure où la revision n'est réclamée
par aucune majorité ni dans le pays ni dans les
Chambres, c'est détremper ou déconsidérer l'arme
dont le chef de l'État peut avoir besoin quelque
jour pour résister à une majorité réactionnaire.

Porter la main au droit de dissolution, c'est commettre un acte de véritable trahison, c'est abandonner d'avance la République et la liberté aux bonapartistes et aux boulangistes.

Or, comme le Président de la République a été
nommé pour défendre et non pour livrer la Consti-

tution, nous demanderons alors si M. Carnot peut
penser, devant sa conscience et devant l'histoire,
que la fiction constitutionnelle puisse aller jusque-
là, — jusqu'à couvrir ce jeu impie d'une signature
que la Constitution, même revisée par M. Floquet,
ne l'obligerait pas à donner.

ENCORE LA REVISION

6 octobre.

Ceux qu'on appelle aujourd'hui les officieux,
qu'on appelait autrefois les courtisans, et qui sont
restés le

présent le plus funeste

Que puisse faire aux rois

ou aux présidents du conseil

la vengeance céleste,

s'efforcent par tous les moyens de faire croire aux
badauds que la bande opportuniste se réunit tous
les soirs dans un souterrain et qu'à la lumière des
torches elle y conspire la chute du ministère Floquet.

Ce sont là des niaiseries qui ne méritent pas un
démenti. Personne ne conspire, en dehors de
M. Boulanger, et le devoir de tout le monde est de
jouer cartes sur tables.

Il y a trois manières de renverser un cabinet :

On peut le renverser le jour même de sa formation, non point parce que son nez déplaît, mais
parce que sa composition ou son programme paraît
un danger pour la cause que l'on sert.

C'est une politique bonne ou mauvaise, mais c'est
une politique. On sait que nos amis, à tort ou à raison, ne l'ont pas pratiquée contre le cabinet Floquet; qu'ils ont préféré tenter un essai loyal du
radicalisme.

On peut renverser un cabinet sur une grande
question politique, par exemple la revision.

C'est une politique bonne ou mauvaise, mais c'est
encore une politique. Renverser, avec le concours
de la droite, le ministère Tirard qui, repousse la revision, c'est de la mauvaise politique. Renverser le
ministère Floquet, qui présenterait la revision aux
applaudissements des boulangistes et des royalistes,
serait tout le contraire.

On peut enfin renverser un cabinet sur une question quelconque, sur un accident de séance, le faire
choir sur une pelure d'orange adroitement glissée
sous ses pas.

Cela — j'en appelle au maître de l'art, à M. Clémenceau — est une façon comme une autre de provoquer une crise ministérielle. Mais ce n'est pas de
la politique, c'est du gâchis.

Eh bien! nous avons horreur du gâchis, d'abord
parce que c'est le gâchis; ensuite parce que l'indication nette, précise, qui n'est pas moins nécessaire au

chef de l'État qu'à l'opinion républicaine, ne saurait sortir d'une crise ministérielle provoquée sur un incident quelconque, sur une question de détail.

On raconte que, devant les difficultés croissantes de la situation, M. Floquet désire se dérober à la responsabilité des affaires et que, voulant rester le chef du parti radical, il veut tomber à gauche.

Nous sommes persuadés que ceux qui prêtent à M. le président du conseil des ambitions aussi basses et un aussi méprisable égoïsme le calomnient. M. Floquet peut être pour nous un adversaire politique, mais nous le tenons pour un bon citoyen.

Quant à nous, notre parti est pris :

Le moment est passé de renverser le cabinet sur sa constitution ou sur son programme initial.

Le moment est venu de dire que les républicains refusent de livrer la République à la coalition de ses ennemis et que, sur la revision, quelle qu'elle soit, ils ne transigeront pas.

LE DISCOURS DE PÉRIGUEUX

7 octobre.

On annonce pour la semaine prochaine un grand voyage, un grand banquet et un grand discours de M. Boulanger à Périgueux. L'indiscrétion d'une somnambule extralucide nous permet de donner par avance à nos lecteurs la primeur de cet événement.

M. Boulanger ne marche pas : il vole. Il arrivera donc à Périgueux, comme à Paris, trois heures avant l'heure officiellement communiquée aux boulangistes de seconde classe. Cela fera une déception amère aux camelots qui l'attendront à la gare avec des bouquets et la petite fille vêtue de blanc. Mais il y aura compensation. M. Boulanger se rendra à la salle du banquet sur son cheval noir, loué spécialement pour l'occasion au manège Latry. Enthousiasme débordant sur tout le parcours; cris répétés : « Vive Boulanger! vive l'empereur! vive Soulouque! » L'ami de M. Thiébaud s'arrêtera un instant devant la statue du général Daumesnil; on l'entendra murmurer à M. Maurice Vergoin : « Sol-« dat discipliné, mauvais exemple, statue à débou-« lonner! »

Banquet magnifique; tout est truffé; depuis le sacre de Napoléon III, on n'aura point vu tant de bonapartistes ensemble. Sur les tables, de vrais parterres de roses, d'œillets et de violettes. Sur les murs, d'immenses écussons avec le portrait du général à tous les âges et dans tous les costumes. A la table d'honneur, l'élite de la coalition du *trou* et du *lit*. A droite du général, M. Vergoin, M. le duc d'Audiffred-Pasquier, M. de Cassagnac, M. Laisant, M. de Loqueyssie, M. Bocher, M. le marquis de

Rochefort, M. le comte d'Haussonville, M. Michelin; à gauche, M. Georges Laguerre, M. Dugué de la Fauconnerie, M. Numa Gilly, M. Arthur Meyer, M. Alfred Naquet, M. de Lévis-Mirepoix, M. Andrieux, M. Édouard Hervé; en face du général, Mlle Séverine. Au dessert, l'air national *En r'venant d'la r'vue*, et grand discours :

« Messieurs (*tonnerre d'applaudissements*), je
« lève mon verre pour vous proposer un toast qui
« réunira, j'en suis persuadé, l'unanimité de cette
« assistance : au ministère radical, à M. Charles
« Floquet ! (*Sensation profonde.*)

« Oui, messieurs, mes chers amis, compagnons
« et honorables complices, je suis revenu d'Espa-
« gne... C'est pour ne pas perdre l'habitude de
« dire la vérité que j'avais déclaré dans mon journal
« officiel, j'ai nommé l'*Intransigeant*, que je voya-
« geais en Norvège... Je suis donc revenu d'Es-
« pagne avec la conviction que la reconnaissance
« est le premier devoir de l'homme politique. (*Mou-
« vement d'attention.*)

« Au cours de ma longue et glorieuse carrière
« (*acclamations*), il m'est arrivé de commettre quel-
« ques menus actes d'ingratitude. (*Très bien ! très
« bien !*) Oui, j'ai été ingrat, ingrat pour le duc
« d'Aumale, qui m'avait fait général de brigade,
« ingrat pour Thibaudin, qui m'avait nommé à un
« poste de confiance, ingrat pour Clémenceau, qui
« m'avait fait ministre de la guerre, ingrat pour

« Freycinet, ingrat pour Goblet. Eh bien ! j'ai eu
« tort... (*Dénégations*) Quand je dis que j'ai eu tort,
« je n'admets pas qu'on me contredise ! (*Bravo !*
« *bravo !*) Et je veux réparer, je veux être désor-
« mais le modèle, le prototype de la reconnaissance
« comme je le suis déjà de la sincérité, de la loyauté
« et de la simplicité. Donc je bois au ministère ra-
« dical ! (*Applaudissements prolongés.*)

   « Et comment ne lèverais-je pas ce verre, désor-
« mais historique, au ministère qui a doublé, que
« dis-je, doublé ? qui a décuplé le nombre de mes
« troupes et qui proclame le républicanisme imma-
« culé de ma politique en venant, lui radical entre
« les radicaux, pur entre les purs, m'emprunter
« l'article premier de mon programme : Revision !
« (*Salve d'applaudissements.*) Je n'étais que le chef
« d'une petite troupe de partisans quand mon ami
« Laguerre a culbuté le ministère Tirard. (*Huées.*)
« Je suis le chef, aujourd'hui, d'une armée immense.
« (*Oui ! oui ! Vive Boulanger !*) Il me manquait la
« consécration républicaine : elle ne me manque
« plus. Mon programme ? Il ressemble comme deux
« gouttes d'eau à celui de M. le président du conseil.
« Savez-vous ce que c'est que M. Floquet ? Non,
« vous ne le savez pas ! (*Hilarité.*) Je vais vous le
« dire : c'est mon écho. Je dis : Revision ! Floquet-
« Echo répond : Revision ! (*Bravo ! Vive la revision !*
« *A bas la Constitution ! à bas le Sénat !*) Messieurs,
« béni soit le jour où M. Charles Floquet est monté

« à la présidence du conseil ! (*Toute la salle est debout : Vive Boulanger ! vive l'empereur ! vive la revision !*)

« Oh ! je sais : il y a le coup d'épée du 13 juillet...
« (*Attendrissement général ; M. Naquet pleure à*
« *chaudes larmes.*) Eh bien ! je pardonne. J'ai as-
« sisté, l'autre soir, à la Comédie-Française, à la
« représentation de *Cinna*, tragédie de M. Pierre
« Corneille, que, moi aussi, j'aurais fait sénateur...
« Ce sera pour M. Paul Déroulède... (*Oui ! oui !*
« *Très bien!*) Eh bien ! je veux que la clémence
« d'Ernest dépasse la clémence d'Auguste ! (*Nou-*
« *velle salve d'applaudissements : Vive Ernest* [er !])
« Soyons amis, Floquet, c'est moi qui t'y convie!
« aimons-nous les uns les autres en la revision !
« Quand M. le président du conseil déposera son
« projet de revision, quand il montera à la tribune
« du Palais-Bourbon (*cris : Il faut l'appeler le Palais-*
« *Boulanger !*) pour porter le premier coup de pioche
« à l'infâme Constitution de 1875, source de tous
« nos maux (*bravo !*), la cause unique et véritable
« du phylloxera, des accidents de chemins de fer,
« des inondations, de la grêle et du choléra tonki-
« nois (*hilarité*), messieurs, mon bulletin de vote
« lui est acquis ! (*Acclamations redoublées.*) Le mi-
« nistre ouvre la brèche : où Floquet a passé, pas-
« sera bien Boulange ! (*Rires et applaudissements.*)

« Oui, mes amis, quand je me souviens de ce que
« j'étais au mois d'avril dernier, quand je fais en-

« suite le dénombrement des légions de citoyens
« mécontents, inquiets, apeurés, affolés, désorientés
« dont le ministère radical a grossi ma petite armée
« d'alors, mon âme, messieurs, déborde de grati-
« titude et d'inexprimable reconnaissance. (*Triple
« salve d'applaudissements.*) Je l'exprimerai cepen-
« dant ! (*Nouvelle sensation.*)

    « Messieurs, un journaliste dont le nom ne souil-
« lera pas mes lèvres, le directeur politique de la
« *République française (Huées)*, a dit un jour, il y
« a déjà bien longtemps, — j'ai retenu la date,
« c'était le 8 juillet 1882, j'étais alors opportuniste
« (*mouvement d'incrédulité*), — ce folliculaire donc,
« s'adressant aux radicaux intransigeants, qui
« commençaient leurs farces, a dit une parole qui
« ne manquait pas de vérité : « Prenez garde ! un
« pommier porte des pommes ; le fruit de la déma-
« gogie, c'est le caporal ! » Eh bien ! le caporal,
« petit Caporal II, le voilà ! (*Rires et applaudissements. — Vive Boulanger ! Vive le Petit Caporal !*)

    « Oui, me voilà fortifié et grandi, au delà de toute
« espérance, par six mois de gouvernement radi-
« cal, par le projet de revision, par les grèves, par la
« circulaire Lozé, par l'anarchie administrative, par
« l'affaire Jourdanne, par le ministère Floquet enfin.
« Et mon premier devoir, en remettant le pied sur
« ce vieux sol bonapartiste (*applaudissements*) ne
« serait pas de le remercier publiquement, de lui

« adresser ici, à ce banquet fraternel, l'expression
« de ma gratitude et de ma satisfaction! Pour qui
« me prend-on? Messieurs, je vous invite à boire
« avec moi au ministère radical, à son gouverne-
« ment paternel et à son projet de revision! (*Triple
salve d'applaudissements. — Sensation prolongée.
— Cris innombrables : Vive la revision! à bas la
Constitution! Vive Boulanger! — MM. Bocher,
d'Audiffred-Pasquier, Hervé et d'Haussonville féli-
citent le général; MM. Paul de Cassagnac et Dugué
de La Fauconnerie l'embrassent; M. Thiébaud lui
remet une dépêche de remerciements du prince
Jérôme.*)

J'ai demandé la suite à ma somnambule; sa vision
l'avait fatiguée : elle a eu tout juste la force de me
répondre : « M. Floquet déposera quand même son
« projet de revision! » et de me demander le prix de
la consultation, 40 francs, comme pour un abonne-
ment d'un an à la *Justice*. Je n'ai point été volé ;
j'en ai eu, cette fois, au moins, pour mon argent...

LA PETITE BALLE

8 octobre.

Le *Parti ouvrier,* moniteur du socialisme révolutionnaire, a-t-il passé au service de M. Boulanger?
On le croirait à lire les paraphrases de l'*Ode à la*

petite balle que publie le chansonnier Jules Jouy, et que la presse césarienne reproduit avec bonheur.

Bien que M. Jules Jouy écrive en vers, ce qui diminue évidemment le sérieux de ses invocations, il nous est impossible de laisser passer, sans une protestation énergique, de pareils appels, d'abord parce qu'ils sont odieux, ensuite parce qu'ils ne peuvent profiter qu'à M. Boulanger.

L'assassinat politique n'est pas seulement un crime, c'est encore une sottise. Manquez cet homme : il sera consacré, du coup, roi, consul, empereur, tout ce qu'il voudra. Tuez-le : mais avez-vous oublié Octave succédant à César et Hébert à Marat? « Non, liberté! non, peuple! il ne faut pas qu'il meure! » Vous voulez défendre la République : quand vous l'aurez déshonorée, l'aurez-vous sauvée?...

ENTRE REVISIONNISTES

12 octobre.

Nos bons revisionnistes m'ont reproché, on sait avec quelle urbanité, le néologisme *déconcentrer :* les voilà qui déconcentrent entre eux. Ils n'avaient jamais été bien d'accord que sur le principe (prononcez étiquette). Sur le fond comme sur la forme, il y avait eu, dès le premier jour, autant de revisions que de revisionnistes : M. Portalis tient, par exemple, pour le Président de la République et pour le Sénat, que M. Pelletan veut supprimer. Or, voici maintenant que, sur la question de savoir à quel moment il convient de commettre cette insigne et coupable folie, un désaccord bruyant éclate entre la *Justice* et le *Mot d'Ordre*, le président et le vice-président de la rue Cadet, le nominatif Ranc et son génitif.

M. Ranc estime que la revision doit être seulement la plate-forme des futures élections : « Jamais de la vie ! riposte M. Durranc ; il faut que M. Floquet dépose immédiatement son projet. »

Écoutez plutôt les injonctions du journal de M. Clémenceau à M. le président du conseil :

« Le gouvernement a promis solennellement à
« la Chambre de lui apporter un projet de revision.
« Les députés radicaux se sont engagés envers
« leurs électeurs à faire tous leurs efforts pour sor-
« tir de la Constitution détestable où nous a ver-
« rouillés l'Assemblée nationale. Eh bien ! députés
« radicaux et cabinet progressiste en seraient quittes
« pour faire comme les opportunistes ! Ils mettraient
« leur programme dans leur poche avec leur mou-
« choir par-dessus. Après quoi, bien fin qui distin-
« guerait entre un opportuniste endurci et un
« farouche radical. » Ne pas affronter la revision promise, ce serait « une sottise et une mauvaise action ».

Que si, par impossible, M. Floquet se permet de
désobéir à M. Clémenceau et ne dépose pas immédiatement, eh bien ! on l'interpellera, au risque, la
mort dans l'âme, de le culbuter. « Ce serait provo-
« quer de gaieté de cœur une demande publique
« d'explications qui, pour courtoise qu'elle serait,
« venant du parti radical, ne risquerait pas moins
« de mettre le cabinet dans une fausse situation... »
On annonce déjà que M. Gellibert des Seguins,
député jérômiste de la Charente, s'apprête à épargner à M. Clémenceau la moitié du chemin et qu'il
interpellera, dès la première séance, sur la revision.

Nous qui, dans toute cette affaire, nous obstinons
à préférer l'intérêt de la République à un misérable
intérêt électoral, — qui n'est même pas un intérêt,
— nous tenons le système Ranc pour cent fois plus
dangereux que le système Clémenceau. Réserver
la revision pour en faire la plate-forme des prochaines élections serait tout simplement le suicide
pour le parti républicain. Mais comme ce système
permet évidemment au ministère de ne pas mourir tout de suite, il semblerait, à première vue, que
M. Floquet dût préférer la revision du *Mot d'Ordre*
à la revision de la *Justice*. Eh bien ! vous verrez
que le cabinet préférera obéir aux injonctions de
M. Clémenceau. Contrarier M. Ranc, la belle affaire.
Mais faire froncer le sourcil à M. Clémenceau,
perdre le droit de se dire le grand-prêtre du radica-

lisme, être blâmé par M. Camille Dreyfus, — ah!
détournez ce calice des lèvres de M. Floquet! Il
obéira, vous dis-je, il déposera tout de suite pour
faire plaisir à M. Clémenceau, et, par la même occasion, — cela lui fera beaucoup de peine, mais
les plus beaux discours n'y changeront rien, — à
M. Gellibert des Seguins.

M. le président du conseil se fera-t-il, en déposant
son projet, quelque illusion sur le sort qui lui est
réservé? Il ne s'en fait aucune. Il sait d'avance qu'il
ne trouvera pas de majorité républicaine au Palais-
Bourbon pour son projet, quel qu'il soit. Si, par
impossible, il trouvait une majorité de quelques
voix, il sait que les sénateurs républicains seront
unanimes à repousser la revision. Le conflit entre
les deux Chambres à la veille des élections générales, en plein boulangisme, en face de la coalition
de tous les ennemis de la République, cela vaudrait
peut-être la peine qu'on y réfléchît. Hé! sans doute!
mais il s'agit d'abord de tomber à gauche. Ce n'est
pas M. Floquet qui raisonne ainsi : je ne lui fais
pas cette injure. Mais c'est le conseil que lui donnent
ses amis et ses clients ; c'est à cette politique-là
qu'on l'accule. Et M. Floquet tombera à gauche.

Cela ne fera pas l'affaire de M. Clémenceau, mais
cela mettra M. Clémenceau dans l'impossibilité
d'excommunier M. Floquet. Être excommunié par
M. Clémenceau!... Et nos bons revisionnistes se ren-

contreront tous pour crier : « Sus au Sénat ! Sus à la Constitution ! »

Boulangistes, conspirez en paix ! L'imbécillité intransigeante, sentinelle visible, vous protège !

LA FOLIE DU SUICIDÉ

13 octobre.

M. Clémenceau poursuit dans le Var sa campagne contre la Constitution, source de tous nos maux, « organe dont la vitalité est épuisée, » et contre le Sénat, « qui ne représente rien ». D'après la *Justice*, les déclarations de l'honorable député du Var sont fort applaudies ; à en croire d'autres assistants plus désintéressés, elles seraient reçues avec une fraîcheur qui n'a d'égale que celle des convives de M. le président du conseil pour la revision.

Car M. Floquet a beau faire, il a beau tirer au sort ses convives dans la liste des députés républicains : sauf au premier dîner de la place Beauvau, la majorité de ses invités se déclare résolument contre tout projet de revision. M. le président du conseil épuise, dans ses propos de table, les raisonnements les plus stupéfiants et les plus naïfs : 1º la revision enlève leur plate-forme aux adversaires de la République... Supposons l'impossible, la revision Floquet votée par les deux Chambres : est-ce que vraiment M. Floquet imagine que M. Boulanger, M. Philippe d'Orléans et M. Jérôme Bonaparte vont se déclarer contents ?... 2° le Sénat ne repoussera pas la revision... Mais il n'y a plus un enfant au biberon qui ne sache que la revision n'aura pas dix voix républicaines au Sénat !... 3° M. le président du conseil se croit assuré d'une majorité républicaine à la Chambre... Mais est-ce que M. Floquet a donc oublié, l'ingrat, le vote qui a renversé M. Tirard et qui l'a fait premier ministre, le vote sur l'urgence de la revision, adopté par 268 voix de droite et d'extrême gauche contre 237 voix toutes républicaines ? Il y a six mois, les deux tiers du parti républicain repoussaient la revision. Sur quelle opération du Saint-Esprit compte donc M. Floquet ?... Et les dîners se succèdent, et M. le président du conseil s'obstine dans sa folie de suicide.

Car c'est le suicide, la mort certaine, inévitable. « Nous ne discuterons le fond qu'après le vote du budget, dit M. Floquet ; je repousserai toute demande de discussion immédiate... » On dirait le chant de la jeune captive qui demande un sursis pour voir rougir les derniers pampres :

Je ne veux pas mourir encor !

Eh bien ! soit ! d'abord le budget, d'abord les af-

faires sérieuses si M. Gellibert des Seguins vous le
permet ! Mais après ?... 268 coalisés de droite et
d'extrême gauche contre 237 républicains, voilà les
chiffres, les chiffres inflexibles du vote qui ren-
versa M. Tirard. Nous accordons à M. Floquet que
son éloquence, le jour où il défendra son détestable projet, sera plus persuasive que celle de feu
Orphée. Elle charmera les tigres, les lions : M. Ri-
vet, M. Guillot (de l'Isère), M. Viger... Mais c'est
les deux tiers du parti républicain qu'il s'agit de
faire passer de gauche à droite, du bon sens à la
folie ! Guzman lui-même hésiterait... Et M. Floquet
déclare que, si la proposition de revision est votée
par une majorité de coalition, si le projet ne réunit
pas une majorité républicaine, il s'en ira, il remet-
tra à M. le Président de la République la charge
trop lourde du pouvoir.

Si M. le Président de la République, qui a clairement manifesté son opinion, si les sages du conseil des ministres, car il y en a, ne réussissent pas
ce matin à faire revenir M. Floquet sur la résolution que lui ont imposée son amour-propre et
M. Clémenceau, c'est une affaire réglée. Le lendemain du vote du budget, M. Floquet sera
devenu ancien ministre... « Ce n'est rien d'être
ministre, disait M. Thiers, le tout est de l'avoir
été... » M. Floquet l'aura été. Seulement il n'aura
pas été renversé : il se sera précipité lui-même, la
tête la première, malgré les avertissements de tous

ceux qu'il aura passé ses six mois de pouvoir à traiter d'adversaires systématiques parce qu'ils lui déconseillaient le suicide.

LE RUBICON

14 octobre.

Les dés sont jetés! Le conseil des ministres a approuvé le projet de revision qui lui était soumis par M. Floquet. C'est M. Clémenceau — comme il était facile de le prévoir — qui l'emporte sur toute la ligne, non pas seulement contre la majorité républicaine, mais contre M. Ranc lui-même. M. le président du conseil ne réserve pas la revision pour la prochaine période électorale : il la présente tout de suite, dès la rentrée, comme le lui avait enjoint la *Justice*, dès demain, si M. Gellibert des Seguins maintient son interpellation. « Le dépôt de la revision sera dans ce cas, a fait observer M. Floquet, la sanction de l'interpellation du député de la Charente. » Ce n'est pas seulement, comme on voit, aux sommations des républicains intransigeants que M. le président du conseil s'empresse d'obéir.

Quelle est exactement la revision qui a été adoptée hier par les ministres? L'analyse que les informateurs les mieux renseignés en donnaient dans les couloirs du Palais-Bourbon dépasse tout ce que M. le comte de Paris, M. Boulanger et M. Jérôme Bonaparte pouvaient attendre de l'imprévoyance, de la frivolité et de l'impéritie du cabinet radical. On nous fera observer, sans doute, que M. Floquet ne supprime pas le Sénat et que nous sommes vraiment bien difficiles. Ah! non, M. le président du conseil ne tue pas le Sénat! Il fait mieux : il le châtre. Nous avions le grand conseil des communes de France, l'ancre de salut de la République, selon la parole de Gambetta. M. Floquet propose d'en faire le grand conseil des Eunuques d'Occident.

Nous attendons désormais, sans impatience, le texte exact du chef-d'œuvre dont M. Floquet a été heureusement délivré hier matin; nous en savons assez. M. le président du conseil a refusé d'écouter les avis les plus désintéressés, les plus sincères, les plus pressants : soit! Nous savons, nous, ce qu'il reste à faire à la majorité républicaine qui repoussait, il y a six mois, la revision et à qui il est interdit, sans une véritable trahison, de se déjuger aujourd'hui. Ce sera pour le lendemain du vote du budget, puisque M. le président du conseil accorde ce délai. Ce jour-là, M. Floquet retrouvera devant lui les 237 républicains qui refusaient, le 30 mars dernier, l'urgence sur la proposition de MM. Michelin et Laguerre.

Nous avions le guillotiné par persuasion; nous

allons avoir le guillotiné par amour-propre. Que le
saint nom de M. Clémenceau soit loué !

LES DROITS DU PRÉSIDENT

14 octobre.

Le correspondant du *Siècle* a raconté que le Président de la République, au cours des conversations
qu'il a tenues à Lyon, pendant un récent voyage,
n'avait point caché sa désapprobation de la politique
revisionniste. Les journaux ministériels se sont naturellement gardés de reproduire la lettre du *Siècle*.
Seulement, comme M. le Président de la République
a ajouté que, quel que fût son sentiment à cet égard,
il ne refuserait pas son contreseing au projet qui
lui serait présenté par M. Floquet, le *Mot d'Ordre*
et le *XIXᵉ Siècle* se sont jetés sur cet extrait choisi
des conversations de M. Carnot et s'efforcent, depuis
quarante-huit heures, de nous en accabler.

J'ai beau faire, hélas ! je ne me sens point accablé :
d'abord parce qu'il est permis au plus humble citoyen de ne pas partager sur toutes les questions le
sentiment du chef de l'État : c'est un droit que l'on
reçoit avec sa carte d'électeur ; ensuite, parce qu'il
faudrait savoir si M. le Président de la République

a simplement dit qu'il contresignerait le projet
Floquet, bien qu'il ne fût point partisan personnellement de la revision, ou si M. Carnot a dénié au
chef de l'Etat, dans notre organisation constitutionnelle, le droit de refuser son contreseing à tout
projet qui lui serait présenté par le conseil des ministres, quelque détestable et périlleux pour la République qu'il le jugeât.

Dans la première hypothèse, qui nous paraît la plus
vraisemblable, c'est affaire d'appréciation : le projet
Floquet est mauvais, mais il pourrait, bien que cela
puisse paraître invraisemblable, être encore pire; donc
M. le Président de la République le contresignera.
Nous avons dit une fois notre sentiment ; il ne serait
pas « loyal », au sens anglais du mot, d'insister.
Dans la seconde hypothèse, au contraire, nous nous
inscrivons en faux contre la thèse des journaux
ministériels ; n'en déplaise au *Mot d'Ordre* et au
XIX Siècle*, le Président de la République a parfaitement le droit de refuser son contreseing, sans
doute à ses risques et périls, à une proposition que
sa conscience lui interdit de ratifier. Nous connaissons assez la Constitution pour savoir qu'elle ne
lui donne pas ce droit en termes formels, mais nous
savons qu'elle ne le lui refuse pas non plus, et le
bon sens le lui donne. « Le Président, dit M. Portalis, a des conseils à recevoir, il n'en a pas à
donner. » C'est une erreur. L'Assemblée nationale
ne juge pas un citoyen digne de la première magis-

trature de l'État pour en faire une simple machine à signature. Le prétendre, c'est prêter gratuitement aux constituants de 1875 de véritables âneries.

Aussi bien les précédents ne manquent-ils pas. Au lendemain des élections du 14 octobre 1877, le ministère Rochebouët proposa, comme on sait, au maréchal de Mac-Mahon, alors Président de la République, de demander au Sénat une seconde dissolution de la Chambre des députés, ce qui était insensé et coupable, mais rigoureusement licite. Le maréchal de Mac-Mahon refusa son contreseing, et le ministère Rochebouët, qui ne s'était pas cru atteint (à tort) par le vote des 363 dans l'interpellation du comité des Dix-Huit, se retira devant le refus qui lui était opposé par le Président de la République. Le *XIXe Siècle* et le *Mot d'Ordre* estiment-ils que le maréchal outrepassa son droit ce jour-là, et qu'il viola la Constitution ?

Or, il y a évidemment tel projet de revision ou d'autre chose qui, le cas échéant, pourrait être aussi ou plus dangereux pour la République et pour la liberté que ne l'eût été, en 1877, une seconde dissolution qui eût ramené les 363 à leurs bancs.

LA DROITE TRIOMPHE

13 octobre.

Nous attendrons, pour apprécier en détail le projet de revision que M. Floquet a fait adopter hier par le conseil des ministres, qu'il ait été officiellement déposé ; il est équitable de laisser à M. le président du conseil le loisir de reviser — même en pire — cet incroyable projet de désarmement de la République. Nous pouvons, en revanche, constater dès aujourd'hui, à la gloire du ministère radical, que les réactionnaires les plus fervents, les royalistes et les bonapartistes les plus déclarés n'en peuvent croire leurs yeux : M. Floquet, ministre républicain, dépose un projet — et quel projet ! — de revision. Écoutez Saint-Genest ; nous en sommes là que c'est Saint-Genest maintenant qui défend la République contre M. Floquet :

Je me demande comment des hommes doués de raison peuvent se lancer dans une entreprise dont ils ne peuvent ignorer les conséquences.

Que les partisans de la monarchie et de l'empire, exaspérés par les persécutions et les abominations dont ils sont victimes depuis dix ans, se laissent entraîner à jouer une partie pareille, je l'admets à la rigueur.

Mais que des ministres tels que MM. Floquet, de Freycinet, Goblet, qui savent mieux que nous la situation européenne, se jettent dans une aussi terrible aventure, au moment même où l'empereur Guillaume va d'Autriche en Italie pour resserrer contre nous la triple alliance ;

Qu'ils choisissent précisément ce moment-là pour jouer sur un coup de dé la fortune de la France, cela ne semble véritablement pas croyable.

Il paraît que, comptant sur le Sénat pour arrêter leur folle revision, ils disent allègrement qu' « au moins, s'ils tombent, ils tomberont à gauche ».

Et si le Sénat est emporté, la France, où tombera-t-elle?

Peu importe, n'est-ce pas ? Et dire qu'ayant tant maudit les régimes passés, ils font cela !

Le *Moniteur universel*, moins indigné, mais plus ironique, appelle la revision Floquet « la revision selon la méthode Pasteur », et félicite M. le président du conseil d'inoculer à la République, comme à un simple cobaye, le virus revisionniste, sur lequel les royalistes comptent bien pour tuer le régime actuel.

On peut annoncer dès aujourd'hui à M. Floquet qu'il ne manquera pas une voix de droite à son élucubration.

LA BRÈCHE

16 octobre.

La brèche de la République a été ouverte hier à
deux heures et demie. Seulement, ce ne sont pas
les assiégeants qui l'ont ouverte, ce sont les assiégés. Le général en chef des assiégés en personne, la
pioche à la main, a porté le premier coup à la mu-
raille qui résiste depuis treize années aux assauts
des royalistes coalisés.

La session était à peine commencée depuis vingt
minutes que M. Floquet, obéissant au doigt et à
l'œil à M. Clémenceau, a déposé le chef-d'œuvre
qui était annoncé depuis six mois.

Voici les principales dispositions du projet que
M. le président du conseil appelle la revision républicaine et que nous appelons le désarmement, le
démantèlement de la République.

Le ministère radical décapite la présidence de la
République.

Il lui enlève :

Le droit de dissolution, c'est-à-dire le droit d'appel à la nation, qu'il partageait avec le Sénat;

Le droit d'ajournement;

Le droit de nommer les conseillers d'État.

Il décapite le Sénat en lui enlevant :

Le droit de dissolution, qu'il partageait avec le Président de la République;

Le pouvoir législatif.

Il décapite la Chambre des députés en lui enlevant l'intégralité de son pouvoir législatif actuel.

En revanche, la Chambre et le Sénat, renouvelables par tiers tous les deux ans, nommeront le Conseil d'État, qui aura désormais la préparation des lois.

L'extrême gauche, comme il fallait s'y attendre, a applaudi à la lecture de ces coupables inepties et à l'exposé des motifs qui les précède.

Le Président de la République ne sera plus qu'une vaine et ridicule machine à signature : bravo !

Le Sénat ne sera plus qu'une assemblée d'enregistrement : bravo !

La Chambre ne sera plus... Eh bien ! l'extrême gauche a continué à applaudir. Que signifie cette disposition qui donne au Conseil d'État, assemblée élue au troisième degré, le pouvoir législatif ! Elle est un non-sens, comme le reste du projet, ou elle signifie que M. Charles Floquet professe pour la démocratie républicaine, pour les nouvelles couches sociales dont Gambetta saluait l'avènement, un si profond et si souverain mépris qu'il croit les représentants du suffrage universel incapables de légifé-

rer. Les sénateurs, désormais, contrôleront, — c'est
une manière comme une autre de démontrer l'utilité
d'une seconde Chambre; — les députés interpelle-
ront, renverseront les ministères, — à moins toutefois qu'une autre disposition, annoncée seulement,
ne donne une durée normale de deux ans aux ministères de l'avenir, qui seront tous radicaux, et supprime ainsi ce qui restera du régime parlementaire;
— les députés pourront même occuper leurs séances
à jouer à la raquette ou aux billes; mais ils ne lé-
giféreront plus. Légiférer est une besogne sérieuse;
M. Floquet juge les représentants de la nation
d'après lui-même et d'après ses amis radicaux; il
ne les croit pas capables de légiférer sérieusement.
C'est le Conseil d'État qui légiférera à leur place.

Oui, voilà ce qu'un ministre qui se dit radical et
qui croit incarner la République a l'audace de proposer !

M. le président du conseil a naturellement ajouté,
avec sa pompe habituelle, que ce projet avait pour
objet d'ôter aux partis de monarchie et de dictature l'arme de la revision, qu'ils ont dirigée contre
la République.

Néron n'osa pas se tuer de sa propre main;
M. Charles Floquet ne veut pas ressembler à Néron;
il prend à ses ennemis leur dague empoisonnée et
il s'en perce lui-même le sein gauche.

Et l'extrême gauche applaudissait toujours.

9.

La droite rayonnait de joie; M. le duc de La Rochefoucauld-Doudeauville a donné, en son nom, une formule de revision qui restera :

« Nous avons toujours été revisionnistes, s'est écrié le noble duc; nous avons toujours voulu la mort de la République ! »

Reviser, tuer la République, sont, en effet, deux vocables absolument synonymes.

M. Boulanger rayonnait aussi, la moustache en croc, la figure épanouie; il ricanait et se frottait les mains. De temps à autre, il envoyait M. Laguerre porter à M. Andrieux un mot d'ordre qui était aussitôt exécuté.

Pardonnez-leur, mon Dieu ! ils ne savent pas ce qu'ils font, car, s'ils le savaient, leur trahison, leur forfaiture envers la République et la liberté, seraient au-dessous de tout châtiment parlementaire.

Non, ce sont de bons républicains; seulement, ils ne savent pas ce qu'ils font : ils jouent la République en cinq sec.

RAPPEL A LA QUESTION

17 octobre.

On raconte que M. le président du conseil a brûlé avant-hier soir un cierge gros de cent livres devant le portrait, grandeur nature, de M. Ribot. Nous présumons que l'Agence Havas démentira le fait; il n'en est pas moins vraisemblable. Sans le cavalier seul de l'éminent député du Pas-de-Calais, M. Floquet serait resté en tête à tête, ce qu'il eût trouvé moins gai, avec son projet de revision.

L'adroite manœuvre de M. Ribot (1) permet aux journaux ministériels de reléguer l'énorme et difforme machine au second plan : « La revision, qu'est-ce que c'est que ça ?... Le lourd attrape-nigauds que M. Boulanger a inventé et que M. Clémenceau a proclamé la clef de toutes les réformes ? Vous trouvez cela intéressant, la revision?... Urgent, oui; intéressant, non... Ce qui est intéressant, c'est M. Ribot... Parlons de M. Ribot... » Et quand on a bien admiré l'habileté incomparable avec laquelle M. Ribot a dépêtré M. Floquet embourbé dans son projet, on admire la dextérité non moins remarquable avec laquelle M. Floquet fait prendre une vessie pour un vote de confiance.

Les journaux ministériels sont dans leur droit et M. Floquet se ferait tort à lui-même en désavouant son cierge : la reconnaissance — demandez plutôt

----

(1) M. Floquet, dans la séance du 15 octobre, avait demandé le renvoi de son projet de revision à la commission chargée des propositions antérieures sur le même sujet. M. Andrieux avait demandé le renvoi à une commission spéciale. M. Ribot était intervenu pour refuser d'attacher le sens d'un vote de confiance au renvoi demandé par le président du conseil. M. Floquet avait maintenu sa demande, et cette demande avait été votée.

à M. Boulanger — est la plus touchante des vertus. Cependant les cierges les plus longs ont leur fin ; celui que M. le président du conseil vient d'allumer a la longueur, dit-on, du saint en l'honneur de qui il fond goutte à goutte, embaumant le Palais-Bourbon tout entier ; mais il finira par fondre, lui aussi, et quand il sera fondu, quand le souvenir seul nous en restera parfum, — qui rappellera aux générations futures que les plus illustres stratèges ne sont pas infaillibles, — il faudra pourtant parler d'autre chose : pendant que la Chambre discutera tranquillement le budget, de quoi parler, sinon de la revision ? Il faudra bien que nos bons radicaux disent ce qu'ils pensent des mutilations, truculentes mais encore incomplètes, que M. Floquet propose de faire subir au chef du pouvoir exécutif, au Sénat et à la Chambre des députés.

Il faudra aussi que les députés du centre, de l'union des gauches et du groupe indépendant disent ce qu'ils entendent faire. Ils ont le choix entre deux partis : rester fidèles à leurs doctrines, faire preuve d'énergie virile et sauver la République ; ou se déshonorer aux pieds du radicalisme intransigeant, se déshonorer en pure perte et aider à détruire la République avec la liberté. Combien seront-ils qui préféreront le lit moelleux de la honte? Combien aimeront mieux faire leur devoir de citoyen ?

Nous n'avons point qualité pour engager M. Ribot à se pénétrer un peu plus profondément, dans l'avenir, des doctrines de Polybe et des préceptes de Jomini sur la grande guerre. Nous prendrons, en revanche, la licence de dire, une fois de plus, aux chefs, aux orateurs du parti républicain de gouvernement, que le temps est passé, s'il a jamais existé, où leur silence était d'or. Ces hommes, les vrais fondateurs de la République, ne sont pas députés pour méditer sur la fragilité des grandeurs humaines et sur l'imbécillité de l'intransigeance.

Pour méditer sur ces choses, on est aussi bien dans son fauteuil, chez soi, qu'à son banc de législateur. S'ils sont députés, c'est pour agir, pour reformer les troupes qu'ils ont abandonnées depuis trop longtemps à elles-mêmes, pour les mener à la bataille, pour dire hautement à la tribune ce qu'ils murmurent depuis trois ans dans les couloirs.

On ne pèche pas seulement en ce bas monde par l'action malfaisante, on pèche encore, et plus gravement peut-être, par l'inaction devant le mal. Que les républicains qui n'ont pas le bonheur d'être radicaux laissent faire M. Floquet : l'histoire les tiendra avec raison, les complices et les dupes, pour aussi coupables les uns et les autres.

Les députés républicains sont gens modestes, trop modestes et trop doux ; ils se pénétreront cependant de l'idée que le sort de la République, de la liberté et, par conséquent, de la patrie est entre leurs mains. Quant à la revision, nous comptons sur M. le duc de La Rochefoucauld, M. Andrieux et l'honnête Labordère pour empêcher M. Floquet, maintenant qu'il s'est payé sa manifestation, d'enterrer son projet dans l'hypogée où M. Achard garde déjà les ossements desséchés des revisions Michelin, Boulanger et Jolibois.

CITATIONS

18 octobre.

M. le président du conseil a cité à plusieurs reprises, dans l'introduction à son projet de revision, l'exposé des motifs du projet de revision présenté, au mois de janvier 1882, par Gambetta.

J'ai été fort flatté, dans mon amour-propre d'auteur, de ces citations. Loin de moi la parole de Phocion : « On applaudit : ai-je donc dit quelque sottise ? » Je regrette seulement, puisque M. le président du conseil était en veine de relire, qu'il n'ait relu que l'Exposé dont j'ai été le modeste rédacteur et qu'il n'ait pas eu l'inspiration de se reporter aux discours prononcés par Gambetta lui-même sur la revision, à Tours, le 4 août 1881, et à la Chambre des députés, le 26 janvier 1882.

Si M. le président du conseil avait relu le discours de Gambetta à Tours, il y aurait trouvé l'épi-

graphe du projet qu'il a déposé lundi dernier : « Il
y a des revisions que l'on demande, » disait Gambetta, « comme si l'on tenait à ne pas les obtenir. »

Si M. le président du conseil avait relu le discours du 26 janvier 1882, il y aurait trouvé la pensée de Gambetta sur la formule de revision :
*Article unique : La Chambre des députés déclare qu'il
y a lieu de reviser les lois constitutionnelles,* que
M. Floquet a cru devoir emprunter à la commission
des 33 et que Gambetta repoussait, condamnait, dénonçait en ces termes :

Messieurs, puisque la commission maintient, encore bien que
ce ne soit plus à l'état de déclaration manifeste et catégorique,
le droit pour ainsi dire organique du Congrès de mettre en dé-
libération toutes les matières qu'il peut rencontrer dans l'examen des lois constitutionnelles, je dis que je me trouve en présence d'une théorie au moins aussi étendue et — permettez-moi
de le dire au point de vue politique — aussi subversive que les
théories que vous venez de condamner.

Oui, je dis subversive, et je ne le dis pas pour jeter le discrédit sur les auteurs de cette proposition, je le dis parce que,
dans un pays à peine échappé aux difficultés politiques et sociales, qui s'est donné, il y a six ans à peine, les institutions
qui abritent sa fortune, assurent la paix et la destruction de
toutes ses richesses, *il est subversif de remettre tout en question*
et de livrer à la discussion publique, ardente, des ennemis de
toutes nos institutions ce qui est le fond même de la sécurité
publique du pays...

Et plus loin :

Savez-vous pourquoi on a voulu cet accord préalable ? C'est
que, messieurs, quand on va à un Congrès, si ce Congrès, comme

vous le soutenez, n'a absolument ni frein, ni règle, ni limite, s'il peut se mouvoir dans l'espace et donner à toutes ses entreprises constitutionnelles ou extraconstitutionnelles le développement qu'il lui plaît, évidemment, vous me permettrez bien de croire que lorsque vous y convierez une assemblée à peu près de moitié inférieure en nombre, elle refusera de s'y rendre si vous ne l'appelez pas à délibérer sur des points déterminés, et c'est ce qu'on fait quand on présente des propositions qui sont vraiment menaçantes quand elles sont aussi peu réglées.

La Constitution l'avait prévu, car le sens de cet accord préalable, c'était de protéger l'Assemblée qui était le plus exposée et qui avait la moindre grande force numérique contre les entreprises irréfléchies qui pouvaient se produire.

Enfin, si M. le président du conseil, au lieu de s'amuser à chercher dans l'exposé des motifs de 1882 des citations, que je me garderai d'ailleurs de désavouer, avait eu l'idée de relire au livre IV de mon histoire du ministère Gambetta le chapitre de la Revision, il y eût trouvé utilement, à la page 533, l'opinion de M. Ranc sur la fumisterie qui consiste à proposer la revision sans la limitation des pouvoirs du Congrès :

Veut-on la revision ? écrivait M. Ranc dans le *Voltaire*, la veut-on sincèrement, réellement ? Oui. Eh bien! alors, il faut s'entendre avec la majorité républicaine du Sénat, il faut son adhésion. Espère-t-on par hasard arriver à une entente, espère-t-on amener cette majorité à accepter le Congrès, si on ne limite pas d'avance la revision ? Imagine-t-on que le Sénat est disposé à voter sa condamnation à mort ? Imagine-t-on qu'il se résoudra à prendre part à un Congrès où son existence même serait en jeu ? Non, et tout homme de bonne foi en conviendra, il n'y a de possible en fait de revision qu'une revision limitée, qu'une revision déterminée à l'avance par des engagements formels...

Les revisionnistes qui demandent la revision totale et qui n'admettent pas que le Congrès puisse être lié par les délibérations préalables des deux Chambres sont des revisionnistes platoniques, des revisionnistes pour rire, des revisionnistes qui ne veulent pas de revision.

M. Ranc, rédacteur en chef du *Mot d'Ordre*, n'a certainement pas oublié ce vigoureux et puissant article de M. Ranc, rédacteur au *Voltaire :* comment a-t-il négligé de le faire relire à M. Floquet?

« Les revisionnistes qui n'admettent pas que le
« Congrès puisse être lié par des délibérations préa-
« lables » — par exemple : M. Floquet, M. Goblet,
M. Ferrouillat, M. Lockroy, M. de Freycinet,
M. Peytral — « sont des revisionnistes plato-
« niques, des revisionnistes pour rire, des revision-
« nistes qui ne veulent pas de revision ».

Ce n'est pas moi qui porte ce jugement implacable, c'est M. Ranc.

M. Ribot considère la revision de M. Floquet comme un acte de forfaiture contre la République.

M. Ranc considère la revision illimitée comme une comédie, une simple farce.

Me sera-t-il interdit par M. Ranc, rédacteur en chef du *Mot d'Ordre*, de partager au moins le sentiment de M. Ranc, rédacteur au *Voltaire ?*

M. Ranc écrivait hier, dans le *Mot d'Ordre*, que si j'avais été député, M. Ribot et moi, nous aurions été au moins deux à dénoncer le projet du cabinet, dans la séance de lundi.

Connaissant la fixité des opinions de M. Ranc, je puis bien ajouter, après la citation qu'on vient de lire, que, si M. Ranc avait été, lui aussi, député, nous aurions été trois.

UN DISCOURS

20 octobre.

Il y a deux parties dans le discours que M. Clémenceau a prononcé hier en prenant possession de la présidence de l'extrême gauche.

Dans la première, le député du Var se prononce avec une vigueur et une éloquence qu'on ne saurait trop louer contre l'entreprise césarienne. M. Clémenceau est, avec M. de Freycinet, le principal auteur de la fortune de M. Boulanger; il s'en repent aujourd'hui avec franchise et courage; il montre à la démocratie le piège où un détestable aventurier prétend l'entraîner : nous ne pouvons pas oublier le passé, car rien ne s'efface, mais refuser de constater le dévouement que M. Clémenceau apporte aujourd'hui à notre cause commune serait une injustice; nous ne la commettrons pas.

Dans la seconde partie de son discours, le président de l'extrême gauche indique, avec une netteté qui n'est pas moins appréciable, les plus sûrs moyens en son pouvoir et au pouvoir de ses amis pour aggraver la crise césarienne.

La cause de la crise, selon M. Clémenceau, c'est « la politique d'ajournement et de temporisation ». Nous serions fort obligés au député du Var de nous dire quel est le cabinet, quel est le parti qui, depuis quinze années, a pratiqué cette prétendue politique.

Un personnage éminent dans le parti radical, le second après M. Clémenceau, — on a nommé M. Floquet, — confessait l'autre jour que, sauf une seule, toutes les réclamations du programme qu'il avait présenté en 1876 à ses électeurs — des électeurs parisiens, s. v. p. — se trouvent aujourd'hui réalisées, alors qu'il croyait, au moment où ils les formulait, qu'il faudrait au moins trente années pour en assurer le bénéfice au parti républicain. Réalisées par qui ? Évidemment par ces affreux opportunistes, par les Ferry, les Waldeck-Rousseau, les Rouvier et *tutti quanti*. Car les radicaux ne sont aux affaires que depuis six mois, et, depuis ces six mois, ils n'ont apporté à la Chambre que l'Almanach réformé de M. Peytral et au Conseil d'État que l'invraisemblable projet de M. Floquet sur la préfecture de police.

Quant au remède, — on l'a deviné, — c'est la revision qui est déjà tout le programme de MM. Ernest Boulanger, Philippe d'Orléans et Jérôme Bonaparte. M. le président du conseil s'en expliquait, à la même heure que M. Clémenceau, devant la commission de revision, avec un amour-propre d'auteur qui désarme les sévérités les plus résolues.

M. Floquet, cependant, ne réussit point, malgré tout son bon vouloir, à dépasser M. Clémenceau dans son steeple-chase d'insanités. « Nous n'avons « pas cessé de croire, » dit M. Clémenceau d'un ton menaçant, « qu'une Assemblée élue à cet effet a « seule pouvoir pour constituer. Si des résistances « aveugles venaient à se produire, cette solution « s'imposerait à tous. » Rendons cette justice à M. le président du conseil, pendant qu'il en est temps encore : il proteste avec énergie contre cette ineptie d'un régime qui, au bout de dix-huit années d'existence et après vingt consécrations, se remettrait lui-même en cause et demanderait à une Constituante de se prononcer sur le principe républicain.

En se déclarant pour une Constituante, M. Clémenceau n'a eu qu'un but : ne pas se laisser dépasser en radicalisme intransigeant par son jeune collaborateur et émule M. Millerand, qui a, des premiers, préconisé cette solution. Toute la politique de l'extrême gauche est là, dans la terreur d'être devancé par un plus avancé que soi...

C'est la démagogie intransigeante qui a conduit la République à l'impasse où nous nous débattons aujourd'hui. Laissez faire la démagogie, ô mes amis concentrateurs ! et elle vous conduira, avec une certitude mathématique, à la royauté, à l'empire ou à la dictature.

WEISS ET MIRIBEL

23 octobre.

Nous sommes toujours prêts à reconnaître nos erreurs. Nous avions professé que nos radicaux intransigeants ont tous les pires défauts des démagogues, mais qu'ils avaient au moins une vertu, qu'ils étaient logiques. Nous nous étions trompés : ils ont tous les pires défauts, mais ils n'ont pas la vertu, ou, du moins, ils ne l'ont plus. Je leur en fais, d'ailleurs, tous mes compliments les plus sincères. Non, ils ne s'obstinent plus ! Non, ils ne s'entêtent plus ! Non, ils savent désormais se mettre en contradiction avec eux-mêmes !

Lorsqu'on a appris, il y a trois jours, que M. le général de Miribel était appelé au commandement du 6ᵉ corps d'armée, ce n'a été qu'un cri : « Vous lirez demain les journaux radicaux, vous m'en donnerez des nouvelles... Imprudent Freycinet ! » Eh bien ! nous avons ouvert, hier et avant-hier, avec une curiosité brûlante, les journaux de la plus pure extrême gauche. Nous y avons trouvé les calembredaines d'usage, panégyriques de la revision, apologies de la Constituante, diatribes contre l'opportunisme, le modérantisme, tout ce qui n'est pas le radicalisme sacro-saint. Oui, nous avons retrouvé tout cela; mais, ô déception! en dépit de l'attente universelle, pas une ligne, pas un mot contre la nomination de M. le général de Miribel au commandement du premier de nos corps d'armée.

Je ne parle pas — naturellement — de la presse radicalo-boulangiste. Si la *Cocarde* se tait, l'*Intransigeant,* en effet, roule avec un fracas inusité son vieux tonnerre de carton. M. Gaston Laporte a menacé les ennemis de la revision de coups de fusil dans la rue; M. Georges Laguerre a averti le Sénat qu'on oublierait un beau jour de lui envoyer sa garde habituelle; M. Ernest Boulanger promet que l'armée, en cas d'émeute, restera dans les casernes. Ce sont, vous le savez, de bons et braves citoyens, respectueux d'abord de la loi. Mais M. le général de Miribel, on le sait encore, est le dernier des conspirateurs et des factieux. Et M. de Rochefort jure, sur la tête de Cipriani, que le coup d'État est à nos portes...

Non, ce n'est point le langage de la presse césarienne qui excite notre étonnement : ceux que j'admire, ceux à qui je ne dirai jamais assez combien leur silence respectueux me remplit d'une douce émotion, c'est vous, ô Clémenceau, qui écriviez dans la *Justice* du 10 décembre 1881, lorsque Gambetta appela le même Miribel au poste de chef d'état-major général : « Miribel est une injure et une menace! » C'est vous, ô Clovis Hugues, qui

disiez superbement, le 13 décembre de la même
année, à la tribune de la Chambre : « Vous confiez
« la République à ceux qui de tout temps ont essayé
« d'assassiner la République! » C'est vous, ô Maret,
qui, lorsque le général Campenon faisait cette déclaration : « Je n'ai pas le droit de suspecter la
« loyauté et la droiture d'un officier général fran-
« çais! » lui répliquiez : « Prenez Bazaine, alors! »
C'est vous, ô Anatole de la Forge, qui inventiez,
pour *avertir* Gambetta, la candidature de M. le
major Labordère! C'est vous tous, qui vous taisez
maintenant, qui vous honorez en vous taisant, qui
vous condamnez en vous taisant, vous tous, ô radicaux immaculés, ô suaves intransigeants, vous
qui avez tué cette force de la nature, cette gloire de
la République, cette espérance de la patrie, ce
grand citoyen qui s'appelait Gambetta; vous qui
l'avez tué sous ce cri de guerre : « Weiss et Miribel!... » Mon pauvre Weiss! ce grand cœur, ce
grand esprit, cette lumineuse intelligence, perdu, lui
aussi, sous la coalition de toutes les lâchetés imbéciles, pour tant de hautes missions dont il était
digne!

Oui, vous avez fait cela et j'ai le droit de le rappeler. C'est sur la nomination de M. le général de
Miribel que vous avez renversé Gambetta, privant
la République du meilleur de ses serviteurs, privant
l'armée, la cause sacrée de la défense nationale,
de celui qui aurait été notre de Moltke! Vous avez

fait cela, et vous avez récidivé, il y a cinq mois, quand M. de Freycinet, dans une heure de courage patriotique, conscient des devoirs que lui impose l'honneur d'être le ministre de la guerre de l'armée française, se proposait de nommer le même officier au poste où ses qualités le désignaient, où l'appelait l'universelle confiance de l'armée.

A ce moment, vous tous, M. Clémenceau en tête, vous avez opposé votre veto. Et maintenant, quand M. de Freycinet confie le sixième corps d'armée, les premières troupes de la première bataille, au même général de Miribel, vous vous inclinez enfin, mais combien tardivement, hélas! devant ce que nous avons toujours considéré, nous autres, vils opportunistes, comme la justice et le patriotisme!

Non, je ne vous reproche pas votre silence, votre repentir d'aujourd'hui; je vous en loue, au contraire, vous tous : Clémenceau, Pelletan, Maret, Sigismond Lacroix. Mais j'ai bien le droit au moins d'en tirer une double moralité. La première, à l'usage de M. de Freycinet, c'est qu'en capitulant devant vos criailleries, il y a quelques mois, alors qu'il avait médité d'appeler M. de Miribel à sa véritable place, il a commis une inutile et d'autant plus déplorable faiblesse. La seconde, à l'usage de tous les républicains, qui finiront bien par reconnaître dans quel camp sont les déclamateurs imprévoyants et stériles, et où sont les citoyens ayant

vraiment la conscience des intérêts supérieurs de
la République et de la patrie !

Vous avez fait amende honorable, le 13 juillet
dernier, devant la statue de ce Gambetta que vous
aviez poursuivi pendant tant d'années des plus
odieuses et des plus stupides injures. Vous faites
amende honorable aujourd'hui devant Miribel. Eh
bien ! que la République survive ou succombe aux
coups répétés que vous lui portez, je vous prédis
que vous ferez encore et de même amende honorable devant tous ces autres républicains que vous
avez dénoncés et brisés, devant eux et devant leurs
œuvres, devant la Constitution, devant la Tunisie
et devant le Tonkin !...

DANS LA RUE

28 octobre.

M. Boulanger n'aime pas les conversations sérieuses et un peu serrées, même « dans le sein »
des commissions de revision, où il paraît cependant
en inventeur breveté ; il préfère de beaucoup les
manifestations dans la rue.

Ces manifestations ont recommencé jeudi ; c'est
une nouvelle série.

Jeudi soir, c'était au Théâtre-Lyrique, dont

10

l'administration avait mis gracieusement à la disposition de l'ex-général et de ses amis une loge
d'avant-scène et de nombreux fauteuils d'orchestre
et de balcon. La visite de M. Boulanger n'avait pas
été annoncée sur l'affiche; mais les journaux du
parti en avaient informé par avance leur clientèle.
L'ovation spontanée a cependant raté. Le héros de
Paulus a eu beau s'avancer à plusieurs reprises
sur le devant de sa loge : c'est M. Capoul qui a été
acclamé. Toutes les autres places étaient évidemment occupées par des opportunistes. M. Boulanger
a été vigoureusement sifflé.

Vendredi soir, c'était à la salle Wagram ; tout
l'état-major de la fédération revisionniste s'étalait
au grand complet sur l'estrade : M. Vergoin, M. Andrieux, ancien préfet de police ; M. Lullier, ancien
colonel de la Commune — qui ne le cède aujour-
d'hui en boulangisme qu'à son ennemi d'autrefois,
M. Paul de Cassagnac ; — M. Proal, M. de Mé-
norval, M. Lucas. Mais, là aussi, l' « ovation
spontanée » a raté. Des cris irrévérencieux ont
accueilli M. Vergoin ; M. Lullier s'est fâché, il a
tiré des coups de revolver sur les possibilistes qui
lui disputaient la tribune ; une bagarre s'est en-
gagée, un grand nombre de chaises et de têtes ont
été fracassées. « Brouillés depuis Wagram » va re-
devenir une actualité.

Naturellement, la presse boulangiste a déclaré
hier matin que le coup avait été monté par M. Flo-

quet, « Floquet le chourineur, » dit le journal de
M. de Rochefort, par les escarpes soudoyés sur les
fonds secrets, par les « chevaliers du poignard »
que M. Caubet recrute dans les bagnes, par les
assassins opportunistes et cadettistes. Voici les
titres qui flamboyaient en majuscules longues d'une
toise, dans la *Presse*, l'*Intransigeant* et la *Cocarde*
d'hier : « Les policiers assassins ! A bas les assassins ! Le parti des assassins ! Floquet le chourineur ! Tentative d'assassinat ! » Vous calculez
d'ici l'effet sur les braves gens de la province, qui
n'auront plus qu'une pensée : se jeter dans les bras
du sauveur, le « brav'général » qui, ayant déchaîné
le désordre, est seul capable d'y mettre un frein...

Les têtes ainsi montées par cet aimable prélude,
— je parle des têtes qui n'avaient pas été endom-
magées, — on s'est rendu hier soir au banquet
revisionniste de l'avenue de Lowendahl. Le banquet
était tambouriné depuis huit jours par toute la
presse boulangiste; l'ex-Ligue des patriotes avait
été chargée de placer les cartes. Et naturellement,
comme cela avait été réglé, annoncé et prévu, les
mêmes scènes ont recommencé, cette fois sous la
haute direction du général Boulanger lui-même.
C'est un système, c'est le nœud même de la politique de l'aspirant dictateur.

La postérité ne manquera pas de graver sur
l'airain le texte du nouveau discours que M. Boulanger a adressé à ses fidèles. Le futur député de la

Seine, comme l'a salué son saint Jean-Baptiste habituel, a débité une longue kyrielle d'injures à l'adresse du parti républicain, des Chambres, « qui se lavent les mains de tout ce qui peut arriver à la France, pourvu qu'elles puissent continuer à l'exploiter ; » du chef de l'État, qui n'est « qu'un pontife fainéant ». La *Cocarde* et le *Petit Caporal* disent tous les jours les mêmes choses et les disent mieux. Là n'est point l'intérêt de cette séance.

Ce qui est intéressant, c'est le public devant lequel l'ancien courtisan du duc d'Aumale débitait ces grossières diatribes, où M. Pietri était le voisin de M. Laisant, où M. Turquet était encadré de M. Saint-Martin, député radical, et de M. Marius Martin, conseiller municipal bonapartiste, les uns plus enthousiastes que les autres.

Ce qui mérite d'être signalé et dénoncé une fois de plus, c'est le trouble, l'agitation et le tumulte que ce César de rencontre déchaîne partout et systématiquement sur son passage. M. Boulanger ne peut plus paraître nulle part sans que l'émeute le suive.

Ses moindres propos sont factieux ; je défie qu'on me cite un gouvernement régulier qui en tolère de pareils. Mais les discours ne lui suffisent plus : il est entré dans la période de l'action et il y est entré — il faut lui rendre cette justice — avec sa résolution ordinaire.

Ce n'est plus seulement M. Vergoin et M. Laur

qui lui servent d'escorte : c'est le désordre dans la
rue, la violence sur la place publique, la sédition
qui procède comme la calomnie, hier le sourd mu-
gissement qui annonce la tempête, — demain, si
on laisse faire, l'orage révolutionnaire et prétorien...

M. Boulanger a traité hier M. le Président de la
République de « pontife fainéant ». Il serait temps
peut-être de le convaincre une fois de plus de calomnie et de mensonge.

OUTRAGE A L'ARMÉE

29 octobre.

Tout Paris a pu voir se balancer aux kiosques
des journaux une image aux vives couleurs, dont
le sujet mérite bien d'être signalé à l'admiration des
départements et de tous les Français qui ne l'auraient pas vue.

Dans un coin du tableau, trois généraux affublés
d'ornements ridicules sous leur uniforme militaire,
l'épée à la main, s'élancent vers une figure qu'ils vont
mettre en pièces et qui n'est autre que la figure de
la République.

Ces trois généraux sont au premier rang de ceux
sur qui la France compte et qui sont l'honneur de
l'armée. Il n'y a pas à s'y tromper ; leurs noms
sont écrits en toutes lettres : « Miribel, Galliffet,

Saussier. » Le premier, plus particulièrement signalé, porte une pancarte avec ces mots : « Traître
à la République. » Mais ils sont également traîtres
tous les trois, car une légende explicative dit que
les trois généraux se sont promis de massacrer la
République et tous les amis de la République ; et
certainement ils arriveraient à leurs fins, si, par
bonheur, un autre général n'était pas là pour les
en empêcher.

Celui-ci, dans l'autre partie du tableau, se tient
debout, calme et serein ; il entoure la République
de son bras gauche, il la serre contre sa poitrine,
et, de sa main droite, il lève son épée, qui protège
la figure menacée par les trois assaillants.

Celui-ci ne porte pas de nom, mais il est si
illustre qu'il n'a plus besoin d'être nommé. Du
reste, il a adressé au dessinateur une carte de félicitations et cette carte est reproduite au-dessous de
l'ignoble caricature des trois généraux français.
On y lit, outre le nom de M. Boulanger, ces mots :
« Avec tous ses remerciements et ses félicitations
pour les charges fort réussies que vous faites habi-
tuellement, et particulièrement celle d'aujourd'hui. »

Ces insultes à notre armée se sont, pendant plusieurs jours, impunément étalées dans Paris. On
nous dit aujourd'hui que l'image vient d'être saisie,
que les scrupules du préfet de police se sont enfin
éveillés. Ce n'est pas trop tôt. Mais ne recom-
mencera-t-on pas demain sous une autre forme? On

nous a dit aussi récemment que les cris des vendeurs de journaux avaient été interdits, et, hier et avant-hier, n'avons-nous pas entendu crier de tous côtés : « L'attentat policier ! Tentative d'assassinat ! etc. » Les boulangistes ne peuvent-ils pas tout se permettre ? L'armée, la Constitution, la République, on a pris l'habitude de tout insulter et de tout bafouer.

LA POLICE

30 octobre.

On lit dans le *Radical :*

La promenade funambulesque du général Boulanger, entouré de ses camelots, était hier l'objet de toutes les conversations. On se demandait avec raison quel rôle joue la préfecture de police.

Les prétendus services d'ordre organisés par cette administration n'ont servi, jusqu'ici, qu'à grossir et à rehausser les manifestations que M. Boulanger s'offre à chaque instant.

Ce scandale a assez duré.

Nous demandons à M. le président du conseil si la police est payée pour favoriser les mascarades boulangistes ou pour assurer la tranquillité de la ville.

On lit dans la *Presse :*

La police, hier, a été presque... charmante à de certains moments. C'était, croyons-nous, tout spontané.

L'officier de paix, dont nous tairons le nom pour ne pas lui être désagréable, a montré du tact et du sang-froid.

Quelques arrestations seulement, pour n'en pas perdre l'habitude.

C'est un symptôme.

. . . .

Un bon point, n'est-ce pas ?, Effets de soleil levant, tout cela !

. . . .

Qu'en pense M. le président du conseil? Qu'en
pensent M. le directeur de la sûreté générale et
M. le préfet de police?

LA SAINT-ERNEST

2 novembre.

Je ne voudrais pas faire de peine à la commission
qui s'occupe, sous la haute direction de M. Achard,
des chinoiseries revisionnistes. Mais il est impossible de céler que ses travaux ne passionnent pas
l'opinion. Il paraît qu'elle a voté, la veille de la
Toussaint, le principe de la revision illimitée et
qu'elle s'est ajournée à la Saint-Ernest, qui tombe
mercredi, pour se prononcer sur la Constituante.
Les membres éminents qui la composent, orléanistes, boulangistes et simples radicaux, ne sauraient
fêter plus dignement cette date mémorable, future
fête nationale de la France libérée de la République,
qu'en votant le principe de la Constituante, aussi
cher, pour cause, à MM. Boulanger et Bonaparte
qu'à M. Clémenceau. Ils n'y manqueront pas. Mais
cela non plus n'émoustillera pas l'opinion publique.
Je ne parle pas seulement de cette opinion qui s'intéresse davantage, sans aucun doute avec raison,
aux perverses candeurs de Mlle Pepa Reichenberg...

Entre une jolie tirade cynique gazouillée par cette voix de rossignol et un magnifique appel de M. le président Achard au système reviseur, quel phonographe serait assez béotien pour hésiter ?... Mais les politiciens eux-mêmes ne se retournent plus pour la commission de revision. Qu'elle se prononce pour ou contre le projet du gouvernement ; qu'elle se déclare pour la revision limitée, le Congrès souverain ou la Constituante, cela ne changera rien, cela ne servira de rien, cela n'avancera rien ; il n'est personne qui n'en soit profondément persuadé.

Car voici ce qu'il y a de plus parfaitement odieux dans la comédie revisionniste : depuis M. le président du conseil, qui a commis le projet que l'on connaît, jusqu'à M. Fernand Faure, qui vient de passer au camp des coalisés, tous les revisionnistes savent comme vous et moi que la revision ne se fera pas. Le principe de la revision sera certainement voté par la majorité de la Chambre : il ne manquera pas une voix boulangiste ou bonapartiste à la formule de M. Floquet. Sera-t-elle votée par la majorité des républicains? C'est une autre question. Mais, à supposer même que l'aveuglement des uns, la faiblesse des autres, donnent cette majorité au cabinet, le vote du Sénat ne fait doute pour personne. Quand M. le président du conseil dit qu'il ne désespère pas de convaincre la haute Assemblée, il n'ignore pas qu'il fait injure — il n'a que le choix — à sa propre clairvoyance ou au patriotisme intelligent, au républicanisme invincible du Sénat. Dès lors, que veulent, que cherchent les revisionnistes? La revision? Non : une manifestation. Ils ne revisent pas : ils manifestent. Et ils le font de propos délibéré. Persuadés par avance, comme ils le sont, même M. Floquet, que le vote du Sénat sera unanime contre la revision, ils voient dans ce vote une plate-forme électorale, rien de plus. Les revisionnistes de droite, M. Boulanger en tête, iront à la bataille au cri de : « Sus à la République! » Les revisionnistes de gauche, à la suite de M. Floquet, iront au combat au cri de : « Sus au Sénat! » J'ai beau chercher : je ne trouve pas, entre ces deux mots d'ordre, de différence qui vaille la peine d'être notée.

Les meilleures comédies sont les plus courtes : nous supplions la commission de revision de hâter ses travaux. Qu'elle ne célèbre pas seulement la Saint-Ernest en acclamant le principe de la Constituante : qu'elle nomme encore son rapporteur avec mission expresse d'être prêt pour la fin de la discussion du budget. Ce que la commission mettra dans son projet nous est aussi indifférent qu'à elle-même. Elle tient à manifester avec éclat. Nous tenons, nous, à demander le plus tôt possible à la majorité républicaine si elle est disposée à laisser un jour de plus le gouvernement de la République et la défense de la liberté à des hommes qui, accumulant à plaisir les provocations sur les faiblesses et les défis sur les capitulations, semblent avoir pris à tâche de jeter entre les bras du sauveur qui nous guette la démocratie affolée, apeurée et désarmée.

Le sauveur, d'ailleurs, nous y comptons bien, prendra part au débat. Il arrivera à la Chambre escorté des représentants de la force publique et peut-être revêtu de l'uniforme que M. le ministre de la guerre a commis la faute insigne de lui laisser reprendre l'autre jour (1). — En vertu d'un arrêté qui avait été pris naguère par M. Boulanger lui-même et qui d'ailleurs eût dû être rapporté depuis longtemps, les officiers en retraite n'ont le droit de porter l'uniforme que dans les cérémonies publiques ; et M. de Freycinet a toléré en effet que M. Boulanger élevât à la hauteur d'une cérémonie publique une fête de famille. — Et quand l'ancien courtisan du duc d'Aumale, l'ami de M. de Rochefort et de M. Thiébaud aura apporté son vote motivé à la revision illimitée de M. Floquet, on comptera les républicains qui sont résolus, à tout prix, à sauver la République et la Liberté.

(1) Au mariage de Mlle Marcelle Boulanger avec M. le capitaine Driant.

L'ART DE FAIRE DES BOULANGISTES

4 novembre.

J'ai rencontré hier un de mes amis, grand négociant de la rue du Sentier, républicain de la veille et de l'avant-veille, membre du comité Bancel sous l'Empire, l'un des organisateurs de la fameuse manifestation de novembre 1877 qui provoqua la soumission de M. de Mac-Mahon. Je lui parlai de l'éventualité d'une candidature Boulanger à Paris, de la défaite éclatante que M. Ranc a promise au général s'il affronte les feux de la Ville-Lumière. Mon ami me répondit :

« Je professe la plus grande estime pour le caractère et le talent de M. Ranc; mais il n'a jamais existé de plus faux prophète. Le général Boulanger, qui avait déjà 100,000 bonnes **voix réactionnaires** et blanquistes à Paris, en a **gagné 40,000** depuis huit jours.

— Vous dites ?

— Je dis *quarante mille* voix. En voulez-vous le décompte ?... Voici : 1° vingt mille voix données de la main à la main par M. Peytral avec son projet de l'impôt sur le revenu... Oui, je sais, la Chambre *blackboulera* le projet. Mais tout le monde ne le sait pas comme vous et moi. On en a vu passer de plus absurdes... Mettons d'*aussi* ineptes, d'*aussi* inopportuns, si vous voulez...

— Je n'y tiens pas.

— Donc, il n'est pas de si petit rentier, de si modeste propriétaire, de si humble capitaliste qui, pour manifester contre Peytral, ne voterait demain avec enthousiasme pour Boulanger... C'est stupide, mais c'est ainsi... Mon caissier, qui a été cependant quelque peu lieutenant-colonel sous la Commune, le plus honnête homme du monde aujourd'hui, nous disait hier : « Monsieur, c'est à se jeter dans les bras d'un sauveur ! » Il a 2,750 francs de revenu... *Homo sum*, je suis capitaliste, et rien de ce qui touche au capital ne me laisse indifférent... Voyez les journaux boulangistes... Ils ont tout de suite flairé la chose; ceux de gauche font un silence de mort sur le projet pharmaceutique de M. Peytral; ceux de droite crient comme à l'abattoir... Vous commencez à comprendre ?

— Parfaitement... Le boulangisme est une valeur en Bourse qui monte ou baisse selon que les républicains font plus ou moins de sottises.

— Vous y êtes... 2° Vingt mille voix par M. Lozé, préfet de police, ou, si vous préférez, par M. le ministre de l'intérieur lui-même, à la suite des réunions de la salle Wagram et de l'avenue Lowendahl... Ah ! vous croyez que l'on accorde impunément l'impunité au désordre dans la rue, au tumulte à coups de revolver, aux émeutes nocturnes

où six cents camelots, escortant pendant plusieurs
kilomètres, au cœur de Paris, une voiture de saltimbanque, hurlent à pleins gosiers : « Carnot à
l'eau ! Mort à Ferry !... »

— Mais, sapristi ! c'est Boulanger...

— Hé ! sans doute, c'est Boulanger qui organise
le désordre, tout comme M. Bonaparte en 1848, ce
qui n'empêchait pas, alors comme aujourd'hui, que
le créateur du désordre parût le seul capable de
rétablir, à un moment donné, l'ordre... Oh ! nous
ne sommes plus exigeants ; pas grand'chose, seulement l'ordre dans la rue... Moi-même... Eh bien !
oui, moi-même... Je suppose Boulanger premier
consul, dictateur civil, stathouder, tout ce qu'il vous
plaira... Imaginez-vous que M. Boulanger, premier
consul, et M. Laguerre, ministre de l'intérieur,
permettraient à M. Charles Floquet de traverser
Paris, au sortir d'une réunion quelconque, escorté
seulement de vingt républicains criant : « Vive la République ! » Vous avez souvent malmené M. Boulanger, vous ne lui faites pas cependant cette
injure... Ce n'est pas lui qui craindrait de faire
couper la manifestation !

— Ainsi, 100,000 plus 40,000...

— Cela fait 140,000 voix.

— C'est affreux ! »

Je m'éloignai plus triste et plus pensif qu'Hippo-
lyte aux portes de Trézène ; mon ami courut après
moi :

« J'ai oublié d'ajouter un renseignement... L'action Boulanger n'est pas un placement de père de famille; c'est une valeur de spéculation... Cent mille hier... Cent quarante aujourd'hui... Encore deux ou trois floquetteries ou peytralades, la cote peut monter à 200, 250... Seulement, il ne dépendrait que de vous que la baisse fût aussi rapide que la hausse... Que vos amis fassent preuve d'énergie virile. Donnez-nous un ministère qui retire tous ces projets qui nous menacent dans notre tranquillité, dans notre propriété, dans notre travail; donnez-nous un préfet de police qui soit incapable de signer la circulaire Lozé sur les grèves, qui ait confiance et sache inspirer confiance, qui n'hésite jamais à faire appliquer la loi, toute la loi de la République, contre le désordre... Et vous me donnerez des nouvelles du krach Boulanger! »

DUPES ET COMPLICES

7 novembre.

L'abbé Liszt, qui était pianiste par circonstance aggravante, avait coutume de dire de la bonne harmonie où vivaient ses maîtresses : « Elles s'aiment en moi. »

Prado et surtout M. Boulanger peuvent en dire autant.

On ne saurait même dire des factions politiques qui s'aiment en lui que M. Boulanger les trompe. Le soir où un sultan polygame jette le mouchoir à Zaïre ou à Zulime, il ne trompe pas pour elles les autres odalisques de son harem. Quand il honore, le lendemain, Azyadé ou Fatma, il ne trompe pas davantage Zulime et Zaïre. La monarchie orléaniste, la monarchie victorienne, la monarchie jérômiste, l'intransigeance césarienne, en sont là. Sans doute, chacune espère qu'elle sera un jour ou l'autre élevée au rang de sultane favorite. En attendant, elles se contentent des caresses partagées du maître et elles s'en font gloire.

Parfois, une voix plus fière se fait entendre pour faire honte de cette promiscuité à l'une ou à l'autre. Les odalisques haussent les épaules et rient. L'oncle noble dit à la monarchie orléaniste : « Vous atta- « chez des fleurs de lis à la queue du cheval de « M. Boulanger! » La princesse répond : « Gana- che! » — M. Camille Pelletan ne peut se consoler que la *Lanterne* de M. Rochefort répande sa plus douce lumière sur l'alcôve impériale : « Jaloux! » ricane l'*Intransigeant*. — Quant à l'Altesse qui vient de Bruxelles, elle se fait féliciter par ses né- gresses : « Apportons, disent ces Soudaniennes, « notre concours dévoué à quiconque s'offrira pour « rendre la parole à la France et lui rendre le droit « de choisir son chef. »

Une ou deux fois par semaine, le gardien chef

entasse ces dames dans un même landau et les mène promener autour du lac. Elles s'aiment en Boulanger !

Je constate ces impudeurs ; je n'ai plus la naïveté de m'en scandaliser. Les factions politiques se conduisent comme des filles ; le beau général en profite : c'est son droit. Il serait bien bête de n'en pas user ! Tout est permis à ce coq : pourquoi diable se gênerait-il ? Car ce n'est pas seulement son harem, hélas ! qui lui donne licence de tout faire !

Que la royauté perde à jamais son ancien vernis de libéralisme et de propreté, « en se mettant, » comme dit Mauricette Couronneau, avec ce soldat rebelle, c'est son affaire. Que la démocratie césarienne troque l'aventurier Bonaparte pour l'aventurier Boulanger, c'est une déchéance qui ne vaut pas la peine qu'on s'y arrête. Que l'intransigeance révolutionnaire ou blanquiste entre au service particulier de ce César de carrefour, elle est encore à sa place. Mais que le gouvernement de la République assiste impassible et serein, confit dans sa solennité radicale, à cette mascarade qui est devenue une conspiration à ciel ouvert contre la loi, contre la Constitution, contre la représentation nationale, voilà qui dépasse toute croyance, qui plonge les peuples voisins dans l'étonnement et qui sera l'énigme de l'histoire !

Les autres ont encore une excuse en s'abandonnant à ce reître ! Ces factions s'imaginent qu'elles trouveront le pouvoir au bout de leur déshonneur. Mais la République, elle, quelle excuse peut-elle alléguer? Sa tolérance n'est plus, depuis longtemps, que la plus pitoyable des duperies. Elle voit, elle sait, mais elle reste dupe. Les concessions, les capitulations se succèdent. Nous avons un préfet de police qui cède la rue à l'émeute boulangiste, — un garde des sceaux qui attend les sommations de la presse pour déférer aux tribunaux les injures les plus odieuses à l'armée, injures qui trouvent un avocat dans l'un des principaux lieutenants du rebelle, — un ministre de la guerre qui n'a pas même le courage de rapporter la circulaire qui permet à un soldat factieux de revêtir l'uniforme des soldats loyaux et fidèles!... Et l'on s'étonne que ce pays, qui ne demande à son gouvernement que d'être un gouvernement, à sa police que de garantir l'ordre matériel, que ce pays perde toute confiance, s'alarme, s'affole et finisse par tourner les yeux vers l'homme qui a crevé l'outre des vents comme vers le seul encore qui soit capable d'enchaîner sa propre tempête!

APOTHÉOSE

8 novembre.

M. Gaston Laporte, député intransigeant de la Nièvre, a offert à M. le général Boulanger d'organiser en son honneur, dans le département qu'il représente, un grand banquet :

— A quelle date ? a demandé M. Boulanger.

— Le 2 décembre, ont répondu MM. Robert Mitchell et Thiébaud.

— A merveille ! a dit le général.

— Je n'y vois pas de difficulté, a ajouté M. Laporte, député intransigeant, rédacteur en chef du *Patriote du Centre.*

Et l'on a commencé sans retard l'impression des menus et des cartes d'invitation.

M. Gaston Laporte, qui fut le concurrent heureux de M. Cyprien Girerd, traité par lui et par toute l'extrême gauche d'opportuniste et de réactionnaire, a demandé à MM. Henri Rochefort, Georges Laguerre et Alfred Naquet, s'ils voyaient quelque obstacle à la date choisie :

— Le 2 décembre, a répondu M. Rochefort, tombe un dimanche, cette année. Je serai forcé d'aller aux courses d'Auteuil ; mais je serai de cœur avec vous.

— Le 2 décembre, a dit M. Georges Laguerre, qui se souvient toujours du temps où il était l'honneur et la jeune espérance des sociétés de Saint-Vincent-de-Paul, c'est l'Avent ; quel jour plus beau pour prêcher l'évangile boulangiste ?

— Le 2 décembre, s'est écrié M. Alfred Naquet, hé ! pourquoi pas ? C'est l'avant-veille de la Sainte-Barbe !

Et tous les cuisiniers, rôtisseurs, marmitons, mitrons, sauciers, pâtissiers, confiseurs de Cosne et de Clamecy de se mettre à l'œuvre pour que le repas soit digne de l'hôte auguste et de la date radieuse :

> C'est la date choisie au fond de la pensée,
> Prince! il faut en finir, cette nuit est glacée,
> Viens, lève toi ! . . . .
> N'attends pas plus longtemps! c'est l'heure de la proie.
> Vois, décembre épaissit son brouillard le plus noir ;
> Comme un baron voleur qui sort de son manoir,
> Surprends, brusque assaillant, l'ennemi que tu cernes.

Le banquet du 15 août, dans la Somme, au cours de la dernière période électorale, avait été déjà superbe et magnifique; celui du 2 décembre, dans la Nièvre, le dépassera certainement en splendeur. Ce que l'Empire lui-même n'avait pas osé, célébrer l'anniversaire du crime où M. Bonaparte avait assassiné la République, M. Boulanger n'hésite pas à le faire. La pudeur suprême qu'avait eue le régime issu du forfait, son plagiaire s'en affranchit. Pourquoi, pour qui se gênerait-il? La revanche, cette fois, l'apothéose sera complète. Rien ne manquera à la solennité glorieuse. Je ne parle pas seulement des vins de choix qui seront versés dans des coupes de cristal : je pense surtout aux convives de choix qui les boiront et qui seront la fine fleur des bandits de Décembre et du 18 Mars. La main dans la main, comme il convient à des frères d'élection, couronnés d'œillets rouges et de violettes, les débris illustres du coup d'État et de la Commune s'y presseront autour de l'ancien courtisan du duc d'Aumale :

Vive Poulmann César et Soufflard empereur !
On boit, on rit, on chante, on ripaille...

Cette terre de la Nièvre est rouge encore, après
un demi-siècle, du sang des républicains que
Mgr le prince-président, oncle à la mode de Breta-
gne de Mgr le prince Victor-Napoléon, y fit fusiller
par centaines après les avoir fait traquer dans les
bois par ses chiens de chasse. C'est dans cette pour-
pre, ô Boulanger! que l'auteur de la *Lanterne* va
tremper ton impérial manteau. Ton uniforme, que tu
aurais grand tort de ne pas revêtir pour l'occasion,
est déjà rouge du sang des fédérés parisiens. Bagatelle ! « Vive Boulanger! » crie M. Gaston Laporte.
« Vive Boulanger! » répond l'écho Mitchell. Le
18 Mars trinque à ta santé avec le 2 Décembre. Vive
Boulanger !

J'ignore, si vous avez jamais entendu parler de
deux imbéciles qui s'appelaient, je crois, l'un Alphonse Baudin, l'autre Clément Thomas. C'étaient
de simples niais qui croyaient à de vulgaires sottises
qui avaient nom la République, la liberté, la justice,
le droit, l'honneur. Dieu seul est grand, mes frères,
et M. le général Boulanger est son prophète !...

Or, pendant que M. Boulanger prépare cette apothéose du 2 Décembre ; — pendant que la dynamite,
à la joie des gens qui n'ignorent point que *sauveur*
est une rime à *frayeur*, s'essaye, au cœur de Paris,
contre le domicile des particuliers ; — pendant que
la propagande par le fait, succédant à tant d'appels

11.

impunis à la violence et au crime, ouvre aux fauteurs de dictature un champ d'exploitation nouvelle; — pendant que la liberté est menacée de porter, une fois de plus, le poids des fautes et des folies qui ont été commises en son nom par la licence; — pendant que l'anarchie et le césarisme se dressent ainsi, sifflent et hurlent, que fait la commission de revision?

Elle entend M. le duc de La Rochefoucauld-Doudeauville déclarer, au nom du « Roi », que la revision par la Constituante sera la mort de la République, et, tranquille, souriante, elle décide aussitôt que la République, après dix-huit années d'existence, sera remise aux voix, par des républicains, au nom du radicalisme, devant le suffrage universel affolé !

C'était hier la Saint-Ernest... Elle a été célébrée, comme je l'avais annoncé, par les radicaux intransigeants. Les anarchistes ont voulu être de la fête : ils en ont été... Et maintenant, au banquet du 2 décembre !

L'ASSOCIATION

ORLÉANO-BOULANGISTE

13 novembre.

Pendant que M. Waldeck-Rousseau prononçait à Lyon son admirable discours sur la défense républicaine, les chefs du parti royaliste, M. le marquis de Breteuil à Marseille, M. le comte de Mun à Romans, plongeaient une fois de plus dans le bourbier césarien.

Ici, le collaborateur de Gambetta, le fils du vieux démocrate entre les mains de qui M. Louis-Napoléon Bonaparte prêta le serment de fidélité à la République, dégage le parti républicain de toute compromission avec les ennemis de la Constitution qui nous a donné quatorze années de paix, de liberté et de progrès, et trace aux hommes de bonne volonté, aux patriotes, leur devoir de combat.

Là, deux grands seigneurs, deux petits-fils de croisés, font un paquet de tout ce qui a été l'honneur du parti royaliste pendant tant d'années, principes constitutionnels, idées libérales, respect de la discipline militaire, souci de la foi jurée, et le jettent devant le soldat félon qui ricane, sous sa barbe blonde, de leur déchéance, mais qui accepte leur hommage.

A Lyon, s'adressant aux représentants de la plus ferme démocratie républicaine qui soit en France, M. Waldeck-Rousseau flétrit, au nom de ceux qui ont les premiers reconnu le péril, « le vertige qui « courbe aux pieds d'un héros sans légende ceux-là « qui se prétendaient le plus altérés de liberté, tous « les mécontentements conspirant avec tous les ap- « pétits, le délire de la servitude succédant au mé- « pris de l'autorité. »

A Marseille, à la même heure, M. le marquis de

Breteuil, parlant au nom de M. le comte de Paris, fils du duc d'Orléans et petit-fils du roi Louis-Philippe, salue dans M. le général Boulanger, courtisan menteur, soldat rebelle, citoyen factieux, dans l'insulteur de M. le duc d'Aumale, dans l'ami de M. Jérôme Bonaparte et de M. de Rochefort, l'allié le plus sûr de son maître ; que dis-je? l'allié : le maître même, le maître de son roi, le chef des prétendants.

A Lyon, au cœur même de la cité révolutionnaire, dont les orages sanglants ont tant de fois fait trembler sur leurs bases les monarchies et les vieilles sociétés, M. Waldeck-Rousseau proclame la politique de sagesse, de modération, de tolérance et de justice pour la défense de la liberté menacée ; et un cri unanime de : « Vive la République ! » lui répond.

A Marseille, où naquit Barbaroux ; à Romans, où naquit la Révolution ; deux lieutenants brevetés du roi de France proclament que le parlementarisme est l'ennemi, jurent obéissance à l'héritier du 2 Décembre, qui se trouve être en même temps le fils adoptif de la Commune, et s'épanouissent quand deux mille bouches royalistes les acclament au cri glorieux qui a remplacé l'antique Montjoye-Saint-Denis : « Vive Boulanger ! »

Ainsi, à la même minute où la République, résolue à combattre, décidée à vaincre, refusait avec une egale énergie d'abdiquer soit devant le radicalisme intransigeant, qui n'a jamais été que le four-

rier du césarisme, soit aux mains du césarisme, qui
réunit dans une seule incarnation tout ce que la
réaction et tout ce que la démagogie ont de plus
détestable ; à la même minute, la monarchie française — la vieille monarchie avec sa bannière blanche semée de fleurs d'or, sa croix d'ébène, sa légende d'honneur et de droiture, la jeune royauté
avec la Charte de 1830, sa tradition parlementaire,
son renom de probité — abdiquait sous la botte
éperonnée d'un reître.

Ici, un homme qui, soldat, a manqué à la
discipline ; ministre, a tout fait pour désorganiser l'armée ; courtisan, a trahi tous ses chefs ;
rhéteur, n'a jamais ouvert la bouche que pour
mentir et pour insulter, et, autour de lui, la
main dans la main, dans la même honorable promiscuité, les assassins de Décembre, les incendiai-
res de la Commune et les représentants du trône
sur l'autel, M. de Rochefort qui sourit au décret
des otages à côté de M. du Barail qui applaudit au
meurtre de Baudin, ceux qui viennent de Frohsdorf
à côté de ceux qui reviennent de Nouméa, le Père
Duchêne et Trestaillon, Ratapoil et Tartufe, les royalistes qui serrent sur leur cœur le proscripteur et
l'insulteur de leur maître, les communards qui lè-
chent la main du fusilleur de leurs frères, les bonapartistes qui se prosternent devant le fourbe qui
trompe, le matin, le père avec le fils, et le soir, le
fils avec le père, toutes les réactions, toutes les

démagogies, toutes les tyrannies et toutes les hontes.

Là, la République, non point l'anarchie impuissante qui croit avoir mérité l'apothéose quand elle a tourné contre elle-même les armes qui ont été forgées par ses adversaires; mais la République, qui, pour défendre la liberté et la paix, ne voulant pas plus de M. Boulanger à l'Élysée que d'un préfet prussien à Nancy, saura tourner enfin contre ses ennemis coalisés les armes qu'elle a reçues de la Loi.

C'est bien, c'est entendu...

Il y a quelques jours, à la cérémonie du mariage de Mlle Marcelle Boulanger et de M. le capitaine Driant, — cérémonie à laquelle Mme et Mlle Hélène Boulanger n'assistaient pas, — on remarquait, en revanche, à côté de MM. Laguerre et Vergoin, M. le marquis de Breteuil, l'orateur de Marseille, et M. le comte de Mun, l'orateur de Romans.

Il est vrai que, d'autre part, M. Boulanger se rencontrait, l'autre soir, chez un ami commun que nous pourrions nommer, avec M. le général du Barail, mandataire du prince Victor et son représentant officiel au mariage Boulanger-Driant.

Il est non moins avéré encore que M. Thiébaud, légat de M. Jérôme Bonaparte auprès de M. Boulanger, continue avec assiduité et zèle son petit travail.

Comme on voit, M. le général Boulanger conspire à la fois avec MM. Philippe d'Orléans, Victor et Jérôme Bonaparte, Henri de Rochefort, etc., et les trompe les uns avec les autres.

M. Calla, ancien député de la Seine, royaliste intelligent et honnête, le disait avant-hier au cirque d'Angers, s'adressant à une réunion d'orléano-boulangistes : « Prenez garde ! ce n'est pas pour vous que le four chauffe. »

Hé ! sans doute, mais tuons d'abord la « gueuse » !

III

LA NUIT HISTORIQUE

LE PLAN

9 octobre.

Un rédacteur de l'*Événement* est allé *interviewer*
M. Georges Laguerre. Le député de Vaucluse,
premier lieutenant de M. Boulanger, a fait à
M. Eugène Clisson une série de déclarations qu'il
n'est pas inutile — nous en sommes là ! — de reproduire.

D'abord M. Laguerre croit à la chute imminente
du cabinet, que M. le président du conseil présente
ou non un projet de revision et « quel que soit ce
projet ».

M. Laguerre ne croit pas à la dissolution et ne se
soucie pas que « le pays soit agité plus ou moins
longtemps ». Sans doute « la période de l'Exposi-

tion sera troublée par des réunions électorales tumultueuses » ; M. Laguerre en a cure autant que de ses anciennes professions en l'honneur de M. Thiers ou de M. Clémenceau.

M. Laguerre tient pour le scrutin d'arrondissement, qui sera plus favorable à son parti que le scrutin de liste, mais il pense que le scrutin de liste sera maintenu.

« M. Naquet est d'avis que le général devrait « se présenter dans tous les arrondissements ; » M. Laguerre, lui, pense « qu'il est indispensable « de faire une sélection ».

M. Laguerre prophétise comme suit :

Avec la nouvelle Chambre revisionniste, le général Boulanger sera imposé au Président Carnot pour la formation d'un cabinet. Président du conseil, il déposera son projet de revision, qui sera rejeté par le Sénat. Conflit, dissolution.

Vous devinez le reste. Il est impossible au Président de la République et au Sénat d'entraver de parti pris et indéfiniment la libre expression du suffrage universel. Une série de dissolutions serait inutile. Il faudra conclure...

On pourra avoir oublié un jour d'envoyer au Sénat sa garde habituelle ..

Le général Boulanger imposé au Président de la République comme président du conseil !... Imposé par qui ? Mais c'est « le reste » du plan déposé chez le notaire de M. Laguerre qui mérite plus spécialement d'être recommandé à l'attention. « Il faut « conclure; on pourra avoir oublié un jour d'envoyer « au Sénat sa garde habituelle. » En bon français,

M. Boulanger, président du conseil, se propose de jeter le Sénat par les fenêtres, comme Bonaparte fit des Cinq-Cents, et d'envoyer le Président de la République rejoindre le Sénat.

Immédiatement après, M. Laguerre déclare qu'en accusant M. Boulanger de préparer un 18 Brumaire, on le calomnie.

Accordez, si vous pouvez, ces deux déclarations.

Autre calomnie : on accuse le général d'avoir fomenté les dernières grèves et de se préparer à en fomenter de nouvelles.

Si la seconde calomnie est aussi fondée que la première, la *Lanterne* peut maintenir hardiment ce qu'elle écrivait hier :

M. Thiébaud a, le 20 septembre, envoyé une circulaire aux membres les plus influents de certains syndicats ouvriers assez volontiers disposés à lutter par des moyens quelconques contre les patrons ou contre ceux à qui ils reprochent, à tort ou à raison, de leur causer un préjudice.

Ceux qui ont répondu à l'appel du comité se sont rencontrés avec M. Thiébaud à une réunion qui a eu lieu le 24 septembre dernier.

Il a été décidé que des grèves seraient fomentées, préparées, organisées, de façon à causer une agitation incessante.

Le comité boulangiste espère même arriver à créer un grand mouvement qui aurait lieu dimanche prochain 14 octobre et le lendemain 15. On lancerait dans les centres ouvriers, dans les agglomérations de travailleurs, une sorte d'affiche de tout petit format, contenant un appel aux travailleurs et plus particulièrement aux ouvriers sans travail. Tous ces malheureux seraient invités à se trouver dans l'après-midi des deux jours indiqués sur les chantiers « des arènes de Lutèce ».

Là, à la suite de discussion, on aviserait aux mesures à prendre.

Et les moyens d'exécution?... Voici : « Avec le « scrutin de liste, dit M. Georges Laguerre, le gé-« néral sera nommé dans les soixante départements « où il se présentera; si le mode de votation est « changé et le scrutin rétabli, il sera élu dans deux « cent cinquante circonscriptions. *Cela coûtera six* « *ou sept millions, voilà tout !* »

Cela coûtera six ou sept millions, voilà tout ! C'est pour rien... Ce pays s'appelle la France, il a derrière lui quinze siècles de l'histoire la plus glorieuse, il a fait la Révolution, il a proclamé les principes de 1789, il a été autrefois le peuple dont on disait : « *Gesta Dei per Francos ;* » il est aujourd'hui celui dont on dit : « Tout homme a deux patries, la sienne et la France ! » La France, la plus grande puissance morale qui soit au monde... eh bien ! elle est à prendre pour six ou sept millions ! Vous êtes pauvre, vous n'avez point six ou sept millions dans votre caisse : passez, la France ne vous connaît pas !... Vous avez six ou sept millions à ponter : la France est à vous, au premier malandrin ou charlatan qui saura jeter six ou sept millions dans la bataille électorale... Aux enchères le suffrage universel, la volonté nationale, le pouvoir, la République, la patrie... Six millions, c'est pour rien..... Avec six ou sept millions, Pranzini ou Tropmann sera élu dans deux cent cinquante arrondissements. Ainsi parle, au nom de M. Boulanger et du parti national, M. Georges Laguerre, député de Vaucluse.

Nous ne demanderons pas à M. Laguerre où M. Boulanger prend ces six ou sept millions. La pureté immaculée des boulangistes, de M. Numa Gilly ou de M. de Rochefort se révolterait contre cette insolente indiscrétion.

Nous n'ajouterons pas un mot de commentaire; il suffit de résumer le plan :

Avec six ou sept millions, M. Boulanger se fait nommer dans 250 arrondissements;

Élu de 250 arrondissements, M. Boulanger est imposé comme président du conseil;

Président du conseil, M. Boulanger oublie un jour d'envoyer sa garde au Sénat et envoie M. Carnot à Mazas.

Les auteurs du 2 Décembre, M. Louis-Napoléon Bonaparte, M. de Morny, M. de Maupas, M. de Saint-Arnaud, M. de Persigny, étaient des scélérats.

Mais c'étaient des scélérats discrets.

UNE NUIT HISTORIQUE

13 octobre.

M. Georges Laguerre déclarait l'autre jour à un rédacteur de l'*Événement* qui l'interviewait, que

le jour où M. Boulanger, élu député par deux cent
cinquante arrondissements, — coût : 5 millions, —
serait imposé à M. Carnot comme président du conseil, la résistance du Sénat ne serait pas pour l'em-
barrasser.

— Que feriez-vous? demanda le journaliste.

— Oh! reprit M. Laguerre, on oublierait tout
simplement, un beau matin, d'envoyer au Luxem-
bourg le bataillon de garde.

Je sais bien que le journal de M. Laguerre nie le
propos, tout comme le journal de M. Mermeix nie
les propos relatés par l'*Écho de la Somme* ; mais le
rédacteur de l'*Événement* maintient qu'il a bien entendu, et M. Ranc écrit dans le *Matin* :

« La phrase est pourtant bien vraisemblable, car
elle ressemble terriblement à un autre mot qui a
été prononcé, celui-là, par le « général lui-même »
dans une nuit fameuse, une nuit qui deviendra historique dès que l'histoire en aura été publiée :

« — Et l'armée? disait quelqu'un.

« — Bah! dit tranquillement M. Boulanger, l'armée restera dans ses casernes... »

Je connaissais le propos, et je crois, comme
M. Ranc, que la nuit où il a été prononcé mérite de
devenir historique. Il y a eu des témoins qui ont
commencé à parler. Leur devoir me paraît être de
faire, sans plus tarder, une confession complète.
Voici ce que je sais, pour ma part, de cet épisode :

C'était dans les derniers jours de la crise prési-

dentielle du mois de novembre. M. Grévy avait annoncé son intention de donner sa démission et
l'extrême gauche voyait croître d'heure en heure
les chances de M. Jules Ferry. Comment empêcher
cette élection?

Il y avait d'abord les moyens usuels, la calomnie,
le mensonge : M. Jules Ferry était le candidat du Va·
tican, le représentant accrédité de M. de Bismarck.

Ces belles histoires, cependant, commençaient à
s'user. Le parti intransigeant et le parti boulangiste, qui n'étaient pas encore des frères ennemis,
avisèrent à autre chose.

On songea d'abord à maintenir M. Grévy à l'Élysée. Après la campagne que les journaux de l'extrême gauche venaient de mener dans l'affaire
Wilson, c'était roide. Mais quoi! tout valait mieux
que M. Ferry à la présidence. M. Déroulède et
M. Laguerre portèrent à M. Grévy l'expression de
leur vœu de le voir rester.

M. Grévy reçut le président de la Ligue des patriotes et le député de Vaucluse et s'entretint avec
eux. On lança l'idée d'un ministère Andrieux-
Lockroy-Granet qui prendrait la succession du
ministère Rouvier et liquiderait la situation. (Voir
Daniel, *Année politique*, t. XIV, p. 274, et les journaux, notamment le *Figaro* et le *Matin*, du mois de
novembre.) M. de Rochefort se déclara hautement
pour la combinaison. Comme un personnage considérable du parti radical lui faisait observer que

l'opinion était violemment déchaînée, M. de Rochefort répliqua : « C'est nous qui faisons l'opinion ;
nous savons comment on la fait et comment on la
défait. » Le mot fut répété et ne fut pas démenti.
On tint, le 28 novembre au soir, une sorte de con-
clave pour examiner la solution ; elle ne résista pas
à l'examen : à peine formé, le projet échoua.

Restait une dernière ressource : dans le cas où
l'Assemblée nationale élirait M. Jules Ferry, l'insurrection parisienne. La menace en traînait déjà, depuis quelques jours, dans les principales feuilles
intransigeantes et boulangistes ; les comités révolutionnaires étaient en permanence et travaillaient
avec le conseil municipal dans les salons de l'Hôtel
de Ville. On mit le projet à l'étude et l'on tint plusieurs réunions pour aviser aux moyens d'exécution. C'est dans l'une de ces réunions, qui eut lieu,
si mes renseignements sont exacts, chez M. Laguerre, que fut prononcé le mot raconté par M. Ranc.
Le général Boulanger, alors commandant du
13e corps d'armée, se trouvait à Paris, appelé par
ses fonctions militaires à participer aux travaux de
la commission de classement. Il assistait à la réunion convoquée chez M. Laguerre et il en était
l'âme.

Parmi les députés de l'extrême gauche qui faisaient partie du conciliabule : M. Laisant, M. Camille Dreyfus, M. Granet, M. Lockroy, qu'on envoya
chercher fort avant dans la nuit ; M. Clémenceau,

qui n'était venu qu'avec répugnance et qui s'était
fait accompagner d'un ami sûr; d'autres encore,
dont je crois devoir taire les noms. C'est à une question posée, je crois, par M. Laisant, que M. Boulanger, officier en activité de service, se préparant
au rôle de général en chef de l'insurrection contre
la représentation nationale, répondit par cet outrage à l'armée de Paris : « S'il y a une insurrection, l'armée restera dans ses casernes. »

Je crois savoir que M. Clémenceau se prononça
avec beaucoup de résolution contre tout projet
d'émeute et que M. Lockroy ne répondit ni oui ni
non.

Comme on ne m'avait pas fait la gracieuseté de
m'inviter, je ne parle évidemment que par ouï-dire;
c'est même pour cela que je demande aux témoins
oculaires et auriculaires de s'expliquer avec l'autorité qui leur appartient.

« Le diable, dit M. Ranc, c'est qu'un jour ou l'autre
ces témoins parleront. »

Le moment est venu de parler.

Il y a là tout autre chose qu'un simple intérêt de
curiosité historique.

Il s'agit de faire connaître au pays républicain
de quelle façon, aux mois de novembre et de décembre 1887, M. le général Boulanger, commandant
du 13ᵉ corps d'armée, entendait déjà ses devoirs
envers le pays légal et s'exerçait au coup dÉ'tat.

Un parti averti en vaut deux.

21 octobre.

Pour expliquer la participation de MM. Lockroy, Laisant, Andrieux, Granet, etc., au conciliabule tenu chez M. Georges Laguerre, où M. Boulanger avait joué le rôle que l'on sait, la *Lanterne* a raconté que les opportunistes et les orléanistes avaient fraternisé à cette époque dans les bureaux de la *République française*, qu'ils avaient réglé de concert la succession de M. Grévy, et que M. Jules Ferry avait dit à M. le baron de Mackau : « Que la droite « me donne quarante-cinq voix et je succède à « Grévy. »

Le *Gaulois*, résumant l'article de la *Lanterne*, dément formellement le propos prêté à M. de Mackau et le dément évidemment à la demande de M. de Mackau lui-même qui refuse de se faire l'éditeur d'une invention saugrenue. Le *Gaulois* ajoute ensuite :

Nous croyons savoir que M. de Mackau ne s'est jamais entretenu qu'une fois avec M. Jules Ferry. C'était en présence de MM. Raynal et Rouvier. Nous serons peut-être autorisés un jour à raconter cette journée historique, pour le moins aussi piquante que la « nuit historique » de M. Reinach.

Nous demandons instamment au *Gaulois* de se faire autoriser par M. de Mackau à raconter sans retard la journée historique en question. Rien ne nous embarrasse moins que cette annonce ; elle nous

fait, au contraire, le plus grand plaisir. Le *Gaulois*
néglige de préciser que la conversation qu'il ne dément pas, « la journée historique, » est antérieure
à la crise présidentielle de l'année dernière : cela
résulte cependant du désaveu donné, au nom de
M. de Mackau, au propos inventé par la *Lanterne;*
et c'est la vérité.

Quant au commentaire que la *Lanterne* ajoute au
désaveu du *Gaulois* et où elle maintient que M. Ferry
a entamé, à l'époque de la crise présidentielle, des
négociations « directes ou indirectes » avec M. de
Mackau pour arriver à une entente sur son nom ou
sur le nom du général Saussier, nous y opposons,
une fois de plus, un démenti catégorique.

                                    23 octobre.

M. Clémenceau, mis en demeure de s'expliquer
sur la nuit historique, s'obstine à garder un prudent
silence, mais le *Gaulois* ne parle pas encore.

Le *Gaulois* aurait bien voulu nous donner, dès
hier, le récit de « la journée historique, » qui doit
faire pendant, comme dans la chapelle des Médicis,
à notre « nuit ». Malheureusement, son informateur,
celui qui devait raconter la terrible conversation de
MM. Ferry, Rouvier et Raynal avec M. de Mackau,
était absent. Il chassait, sans doute. Le *Gaulois*
espère être plus heureux aujourd'hui ou demain et

obtenir, avec un récit authentique, l'autorisation de le reproduire.

Quoi? M. de Mackau chassait au lieu de piocher le budget selon M. Peytral, ou l'Évangile royaliste selon M. Boulanger!... Vous n'y êtes point. Ce n'est pas à M. de Mackau que le *Gaulois* compte demander le résumé, certifié conforme, de la conversation de Mackau avec MM. Rouvier, Raynal et Ferry. M. le baron de Mackau n'a rien dit encore et ne dira rien à M. Arthur Meyer... Alors, c'est M. Ferry qu'on doit interviewer?—Encore moins.—M. Raynal?—Jamais de la vie!—M. Rouvier?—Y pensez-vous? Cela paraît peu vraisemblable, mais c'est ainsi : c'est à un cinquième, qui n'y assistait pas, que le *Gaulois* va demander le compte rendu sténographique de ladite conversation.

Si ce cinquième n'est pas le Saint-Esprit, nous allons en entendre de belles !

HISTOIRE ANCIENNE

24 octobre.

Nous avons enfin la « Journée historique » du *Gaulois*. Après avoir opposé un nouveau démenti au rédacteur de la *Lanterne* qui avait affirmé qu'au moment de l'élection présidentielle M. Ferry aurait

dit à M. de Mackau : « Assurez-moi quarante voix
« de la droite et je suis sûr de mon élection ! » le
Gaulois publie le récit suivant :

Pendant la crise ministérielle qui succéda à la chute du ministère Goblet, dont faisait partie le général Boulanger, M. de
Mackau alla deux fois à l'Élysée : une première fois à titre de
visite privée ; une seconde fois, comme représentant la délégation des droites, et chargé d'exposer au chef de l'État les raisons
d'ordre public qui faisaient souhaiter la solution rapide d'une
pareille crise.

On se souvient qu'à ce moment les questions de politique
étrangère avaient pris une acuité soudaine. *Le pouvoir était
vacant depuis près de quinze jours.* La situation ne pouvait se
prolonger sans péril.

M. de Mackau, au nom de ses collègues, exposa au Prési
de la République le danger que courait le pays, et ajouta
si le Président parvenait à constituer un ministère modéré, d
cidé à s'abstenir de toute politique agressive, il était cert
que les conservateurs, cédant à de patriotiques considérations,
feraient crédit à ce ministère et ne lui susciteraient aucun embarras.

— J'ai fait ce que m'imposaient les coutumes parlementaires,
répondit M. Grévy. Et si vous disposiez d'une majorité je n'hé-
siterais pas, dans ma correction, à vous prier de constituer vous-
même le cabinet. Mais vous savez bien que c'est impossible,

— Tout à fait impossible, reprit M. de Mackau. Mais dans la
majorité qui a renversé le ministère figurent les républicains
modérés. Que ne vous adressez-vous à eux ?

A quoi M. Grévy répondit :

— Mais j'ai déjà vu les différents chefs du parti modéré. Ils
refusent tous le pouvoir.

M. de Mackau fit observer au Président que le devoir de ceux
qui mettent un cabinet en minorité est pourtant de le remplacer.

— C'est vrai, dit M. Grévy. Mais j'ai fait mon devoir. J'ai
échoué auprès d'eux. Tentez vous-même ce que je n'ai pu réussir. Décidez-les.

Sur l'invitation de M. Grévy, M. de Mackau se rendit à la Chambre et, en y arrivant, le hasard lui fit rencontrer M. Ferry, qui formait un groupe avec MM. Rouvier et Raynal.

Il les aborda aussitôt, leur rendit compte de sa visite à l'Élysée et de la démarche qu'il était autorisé par M. Grévy à tenter près d'eux.

M. Ferry dit :

— Je ne puis pas prendre le pouvoir, car en admettant que j'aie la majorité dans la Chambre, je ne l'aurais pas dans le pays.

— C'est possible, répondit M. de Mackau. Mais ce que vous ne croyez pas pouvoir faire vous-même, vos amis peuvent l'essayer, M. Rouvier, par exemple, qui est président de la commission du budget et qui n'a pas les mêmes objections que vous à présenter.

— Dans ce cas, dit M. Ferry, quelle sera l'attitude de la droite?

M. de Mackau répéta à M. Ferry ce qu'il venait de dire à M. Grévy, à savoir que, si le ministère était modéré et s'abstenait de toute politique d'agression, la droite, par considération de patriotisme, ne lui créerait pas de difficultés et le soutiendrait au besoin.

Une heure après, M. Ferry se rendait à l'Élysée.

Le soir même, le ministère Rouvier était constitué.

Ce récit, que nous avons tenu à reproduire *in extenso*, mêle trop d'inexactitudes à quelques vérités pour qu'il soit possible d'en attribuer la rédaction à M. de Mackau.

1° *Le pouvoir était vacant depuis quinze jours...* Le ministère Goblet a été renversé le 18 mai 1887 par M. Clémenceau, qui aspirait à sa succession ; par une partie importante de l'union des gauches, qui avait ouvert les yeux sur la gravité de l'entreprise commencée par M. Boulanger, ministre de la

guerre, et par la droite. Le ministère Rouvier a été
constitué le 30 mai. La crise a duré *onze* jours,
et non *quinze,* et il ne pouvait, par conséquent, y
avoir *quinze jours que le pouvoir était vacant* quand
M. de Mackau se rendit à l'Élysée.

2º Le rédacteur du *Gaulois* écrit que, péndant la
crise du 18 mai, M. de Mackau alla deux fois à
l'Élysée. Nous ne nions pas le fait, mais nous ne
connaissons qu'une seule visite faite, pendant cette
crise, par M. de Mackau à M. Jules Grévy, Président de la République. La visite de M. de Mackau
à l'Élysée eut lieu le mardi 24 mai, à la suite d'une
réunion des principaux représentants des droites.
M. Charles Floquet était, à ce moment, chargé par
M. Grévy de la constitution d'un cabinet; l'honorable président de la Chambre avait offert des
portefeuilles à MM. Rouvier, Fallières, Develle,
Flourens, Berthelot, Lockroy et Granet, et manifesté son intention formelle de conserver le portefeuille de la guerre à M. Boulanger.

La droite de la Chambre — elle a changé depuis !
— avait alors le sentiment très net du péril que la
présence de M. Boulanger au ministère de la guerre
faisait courir à la cause de la liberté politique et de
la paix. Ce sentiment était peut-être moins vif, si
nos souvenirs sont exacts, chez M. Clémenceau et
chez M. Floquet. Ce fut l'expression de ces angoisses patriotiques — nous ne marchandons pas le

mot — que M. de Mackau porta à l'Élysée le 24 mai, dans la soirée.

Les journaux intransigeants et boulangistes ayant raconté aussitôt que MM. de Mackau et Ferry s'étaient rendus ensemble à l'Élysée, où ils avaient été reçus ensemble par M. Grévy et où ils auraient insisté pour le renvoi de M. Boulanger, le baron de Mackau écrivit, dès le 25, au journal *le Temps :* « Il est complètement inexact que M. le baron de Mackau soit allé à l'Élysée avec M. Jules Ferry. »

La combinaison de M. Floquet échoua le lendemain de cette visite, 25 mai, *par suite du refus de M. Henri Brisson* d'accepter le portefeuille des affaires étrangères. M. de Freycinet, qui n'avait pas réussi une première fois (le 20 mai) dans la mission de constituer un cabinet, fut rappelé à l'Élysée dans la soirée.

La seconde combinaison Freycinet échoua le 26 mai, à la suite du refus des membres de l'union des gauches d'entrer dans un cabinet où le portefeuille de la guerre serait conservé à M. Boulanger, et de la démarche des bureaux des gauches du Sénat à l'Élysée.

Le lendemain 27 mai, dans la soirée, M. Rouvier accepta la mission de former un cabinet. M. Rouvier employa la journée du lendemain samedi à ses démarches et le cabinet fut constitué le dimanche soir. Il tint une première séance à l'Élysée. Le cabinet ne parut que le surlendemain au *Journal officiel*, M. le général Saussier ayant refusé le portefeuille de la guerre pour des raisons se rattachant au vote de la loi militaire.

Ce simple exposé, dont tout le monde peut contrôler l'exactitude dans les journaux du mois de mai 1887, suffit à prouver qu'IL EST FAUX « qu'une heure après la conversation de M. de Mackau avec MM. Ferry, Raynal et Rouvier, M. Ferry se soit rendu à l'Élysée et que le soir même le cabinet Rouvier ait été constitué ».

3° Le *Gaulois* relate la conversation que M. de Mackau a eue, le 24 mai, avec M. Jules Grévy, alors que M. Charles Floquet était officiellement chargé de la constitution du cabinet. Nous n'avons point qualité pour démentir cette partie du récit. Il nous paraît cependant tout à fait impossible et contraire au caractère politique de M. Jules Grévy que celui-ci ait prié M. de Mackau de tenter des démarches auprès « des chefs du parti modéré ». D'ailleurs, aucune démarche n'a été faite.

Ce qui rend « l'accusation » tout à fait invraisemblable, c'est les conditions dans lesquelles M. de Mackau s'est rendu à l'Élysée. M. de Mackau n'avait point été appelé par M. Grévy, comme les journaux intransigeants de l'époque se plaisaient à le dire ; il y était allé à la suite de ses entretiens avec ses collègues de droite et, notamment, à la suite d'une visite que M. Antonin Lefèvre-Pontalis avait faite la veille ou l'avant-veille à M. Grévy. M. Antonin Lefèvre-Pontalis, qui ne me démentira pas, après avoir exposé ses vues personnelles au Président de la République, lui avait demandé s'il recevrait M. de Mackau. Le Président de la République avait répondu que le palais de l'Élysée était ouvert à tous les membres de la représentation nationale.

M. Plichon, député du Nord, s'était rendu à l'Élysée dans les mêmes conditions.

La polémique que l'on essaye de rouvrir aujourd'hui date, si l'on s'en souvient, du mois de juin 1887; je publiai à cette époque, le 12 juin, dans la *République française*, une note qui ne fut point contredite et dont voici le passage essentiel :

M. le Président de la République, au cours de la dernière crise, n'a fait appeler que les membres du Parlement qu'il jugeait capables, par leur situation dans le parti républicain et par leur programme, de former un gouvernement ou d'en faire partie.

C'est ainsi qu'il a mandé à l'Élysée M. de Freycinet et M. Duclerc, M. Floquet et M. Jullien, M. Ferry et M. Rouvier, M. Raynal et M. Devès.

C'est ainsi qu'il n'a point fait appel à M. de Mackau et à M. Plichon, qui sont venus le voir de leur plein gré, sans être mandés; c'est ainsi qu'il n'a point fait appel à M. Clémenceau.

Telle est, sur cet incident qu'exploite une presse qui n'agirait point autrement si elle était au service d'une entreprise césarienne, telle est l'exacte, l'incontestable vérité.

Cette vérité ne sera démentie, je l'affirme, par aucune personne autorisée.

Double prévision qui fut naturellement réalisée.

4° Quant à la conversation entre M. de Mackau
et MM. Ferry, Rouvier et Raynal, le détail en est absolument inexact. M. Jules Ferry, notamment, n'a
point tenu le propos tout à fait ridicule qui lui est
prêté. Il est inexact encore, comme nous l'avons déjà
établi, que cette conversation ait eu lieu le jour même
de la constitution du cabinet Rouvier et qu'elle ait été
suivie d'une démarche de M. Ferry à l'Élysée. Mais
il est exact que, le jeudi ou le vendredi, le président de l'union des droites se soit entretenu, au
Palais-Bourbon, avec M. Raynal, président de
l'union des gauches, M. Rouvier et M. Ferry. Ce
que nous savons de cette conversation fait d'ailleurs autant d'honneur à M. de Mackau qu'à ses
collègues républicains. Elle porta *tout entière* sur
le danger croissant qu'offrait la présence de
M. Boulanger au ministère de la guerre. — M. Clémenceau, M. Floquet, nient-ils, aujourd'hui, l'existence de ce danger? — M. de Mackau se montra
aussi édifié sur ce péril que MM. Ferry, Rouvier
et Raynal. Qui le lui reprochera? Est-ce que les
journalistes ministériels ne reprochent pas aujour-
d'hui, soir et matin, et avec raison, à M. de Mackau et à ses amis de la droite de s'être mis à la
remorque de M. Boulanger? Est-ce que M. Rane,
M. Maret, M. Pelletan, ne font pas honte tous les

jours aux députés royalistes de se faire les complices de ce personnage?

Il faut être logique : ou les reproches que le *Mot d'Ordre*, la *Justice*, la *Lanterne* et le *Radical* adressent aujourd'hui à la droite n'ont aucun sens ; ou, s'ils ont un sens, il est absurde et tout à fait niais de reprocher à M. le baron de Mackau d'avoir jugé M. Boulanger, au mois de mai 1887, comme il ne le juge plus aujourd'hui, comme M. Clémenceau et M. Floquet, qui se sont d'ailleurs repentis assez publiquement, ne le jugeaient pas alors.

C'est sur la nécessité, patriotique autant que républicaine, qui s'imposait dès lors d'arrêter les entreprises de M. Boulanger que M. de Mackau s'est entretenu avec MM. Rouvier, Raynal et Ferry.

Si MM. Rouvier, Raynal et Ferry avaient refusé, à ce moment, la conversation sur ce sujet avec M. de Mackau, je pense, quant à moi, qu'ils auraient manqué à un véritable devoir.

Ce qui reste de « la journée » du *Gaulois*, le voici : c'est que le *Gaulois*, aujourd'hui boulangiste, a le devoir de flétrir M. le baron de Mackau pour avoir reconnu, au mois de mai 1887, la gravité du péril césarien, menace pour la liberté, menace pour la paix.

HISTOIRES D'HIER

26 octobre.

M. Clémenceau continue à ignorer la « nuit historique ». La « journée historique » nous vaut, au
contraire, des répliques de M. Camille Pelletan, de
M. Ranc et de M. Arthur Meyer. La *Lanterne* s'en
explique aussi; mais,comme elle a jugé à propos de
servir à ses lecteurs les deux articles du *Gaulois*, et,
seule de toute la presse avec l'*Événement*, de ne
pas reproduire notre récit, nous n'avons rien à lui
dire.

M. Camille Pelletan dément d'abord le récit de la
France; il affirme, ce qui est tout à fait exact, que
l'histoire du complot Rouvier-Clémenceau-Ferry
contre le cabinet Goblet est une invention saugrenue; il reconnaît ensuite que M. Rouvier, appelé à
former un cabinet, lui a offert, à lui Pelletan, un
portefeuille et qu'il l'a refusé, à l'issue d'une conférence chez M. Clémenceau. — C'était évidemment
pour obéir aux ordres de M. de Mackau que
M. Rouvier offrait ainsi un portefeuille à M. Camille Pelletan. — « Clémenceau, dit M. Pelletan,
conseilla à M. Rouvier de ne pas accepter la présidence du conseil. » Mais M. Pelletan ne dit pas le
pourquoi de ce conseil évidemment désintéressé.

M. Clémenceau savait déjà que M. Rouvier ne conserverait pas M. Boulanger au ministère de la guerre. Faut-il voir là — nous posons seulement la question — la raison et du refus de M. Pelletan et de l'avis donné par M. Clémenceau à M. Rouvier?

M. Ranc veut bien « que la conversation entre « M. de Mackau, d'une part, et MM. Ferry, Raynal « et Rouvier, d'autre part, ait roulé tout entière sur « le danger croissant qu'offrait la présence de « M. le général Boulanger au ministère de la « guerre ». Mais, poursuit M. Ranc, « il paraîtra « infiniment probable à tout le monde que cet « échange de vues dut avoir une conclusion ; c'est « cette conclusion sur laquelle M. Joseph Reinach « se tait et qu'il serait important de connaître ». Mais je ne me tais pas du tout sur cette conclusion! La conclusion, ce fut le ministère sans Boulanger que M. Rouvier constitua avec tant de décision, qui affirma la suprématie du pouvoir civil et qui sauva peut-être la paix. Il n'eût dépendu que de M. Floquet ou de M. de Freycinet de formuler eux-mêmes « cette conclusion ». Un peu de prévoyance chez M. Floquet, un peu de courage chez M. de Freycinet, et c'était fait. M. Rouvier, seul avec ses amis, eut la prévoyance et le courage. Cela valait bien cinq minutes de conversation avec M. de Mackau!... Gambetta, à l'Assemblée nationale, a causé plus longtemps avec M. Buffet et M. le duc d'Audiffred-Pasquier pour faire la Constitution;

avec M. de la Rochette pour mener à bien l'affaire
des soixante-quinze sénateurs inamovibles. La suprématie du pouvoir civil, la fin d'une administration néfaste et périlleuse au ministère de la guerre,
la paix, ce n'était pas, je crois, des sujets de moindre importance. Quand l'extrême-gauche, à vingt
reprises, a mis sa main dans celle de la droite pour
renverser les ministères républicains Gambetta et
Ferry, Freycinet et Duclerc, Brisson, Rouvier et
Tirard, il s'agissait peut-être d'intérêts plus républicains et plus patriotiques !

Enfin, M. Arthur Meyer maintient le texte des
conversations entre M. de Mackau et MM. Ferry,
Rouvier et Raynal, qu'il avait précédemment donné
et que j'avais démenti en ce qui concerne M. Ferry,
contesté en ce qui concerne M. Jules Grévy. Seulement, après avoir maintenu le texte du *Gaulois* avec
une énergie aussi farouche que courtoise, M. Arthur Meyer ajoute que « pour montrer la parfaite
bonne foi de son journal » — il ne s'agit pas de
bonne foi, il s'agit de renseignements exacts ou
inexacts — il est allé mercredi matin chez M. le
baron de Mackau et lui a montré mon article.
Hélas ! M. de Mackau a répondu à M. Arthur
Meyer ces paroles que le directeur du *Gaulois* reproduit lui-même, textuellement :

« Je regrette », a répondu l'honorable président
des droites, « de n'avoir rien à vous dire. Vous
« savez que je ne parle pas. Je me suis surtout fait

« une règle de garder le silence sur tous les événe-
« ments auxquels vous faites allusion. Je ne m'en
« départirais que si, à la tribune, M. Rouvier m'o-
« bligeait à rétablir la vérité sur des faits qui inté-
« ressent au plus haut point le patriotisme et la
« dignité de la droite. »

Mais alors, si M. de Mackau ne parle pas, comment M. Meyer peut-il affirmer que son journal a
donné le texte *exact* des conversations de M. Grévy
avec M. de Mackau ? — M. Grévy serait-il devenu
reporter au *Gaulois?* — et de M. de Mackau avec
MM. Rouvier, Raynal et Ferry ? — MM. Ferry,
Raynal et Rouvier tromperaient-ils la *République
française* avec le *Gaulois?*

Je le disais bien : A défaut de M. de Mackau
qu'on n'a point besoin de supplier pour qu'il ne
parle pas, si ce n'est pas le Saint-Esprit qui a
écouté et raconté ces conversations, nous en enten-
drons de belles !

C'est fait...

A M. RANC

27 octobre.

M. Ranc me raille agréablement, dans le *Matin*,
pour avoir cru aux « angoisses patriotiques » de la
droite de la Chambre, au mois de mai 1887, alors
que le parti intransigeant, avec sa perspicacité ha-

bituelle, s'obstinait encore à voir dans M. Boulanger le rempart de la paix et le palladium de la liberté.

« Par ce qui se passe depuis trois mois, M. Rou-
« vier et ses amis peuvent se rendre compte à quel
« point ils ont été roulés et mis dedans par le porte-
« paroles des monarchistes. » Hé ! sans doute, depuis trois-mois, et même depuis plus longtemps, la
droite de la Chambre suit une politique inepte et
détestable, la même politique, d'ailleurs, que l'extrême-gauche, politique affirmée de concert dans
les votes qui renversèrent le ministère Rouvier,
précipitèrent le cabinet Tirard et acclamèrent la
revision !... Mais ces sottises et ces coupables folies,
si je les juge plus sévèrement encore que M. Ranc,
qui tient pour la revision et qui a souri à la chute
des ministères « opportunistes », en quoi, comment
pourraient-elles effacer l'heure de clairvoyance et
de désintéressement politique où la droite a reconnu le péril Boulanger ? Je ne vois pas surtout
quel argument on en peut tirer contre les hommes
qui, affrontant de face les difficultés, dédaignant
les menaces, méprisant l'impopularité, eurent le
courage de se jeter tête baissée dans la mêlée,
d'affirmer les premiers contre un soldat déjà factieux la suprématie du pouvoir civil.

Prêter à la droite, à des royalistes, des « angoisses patriotiques » devant la menace d'une
guerre d'extermination imprudemment déchaînée

par un officier incapable et brouillon, d'une guerre
où la France eût été jouée aux dés, M. Ranc en rit
encore : « Il y a, dit-il, dans le récit de M. Joseph
Reinach, *un mot bien drôle*, c'est quand il parle des
angoisses patriotiques... » Ainsi vous trouvez cela
« bien drôle », mon cher Ranc, que je me refuse à
faire du patriotisme le monopole des seuls républicains, que je puisse reconnaître à des adversaires
politiques que j'ai combattus, je crois, aussi rudement que vous-même et qui me l'ont rendu, avec
qui je ne consens pas aujourd'hui, ce que vous
faites, à me rencontrer sur le terrain de la revision
illimitée, — vous trouvez très drôle que je recon-
naisse à ces adversaires le droit d'aimer la France
et le droit de le prouver avec intelligence, comme
ils l'ont fait au mois de mai 1887, comme ils ont
cessé de le faire le jour où ils ont renoué leur pacte
avec l'intransigeance !... Tenez, Ranc, nous avons
tous deux connu et aimé quelqu'un qui aurait certainement trouvé cela moins « drôle » que vous et
qui n'avait pas coutume, même au fort des batailles
les plus acharnées, de mettre en doute que le patriotisme pût animer d'autres cœurs que ceux des
seuls républicains !

Vous me direz qu'il en a été, lui aussi, mal récompensé. Je vous l'accorde. A la suite des nomi-
nations Weiss et Miribel, que vous me laissez le
privilège de célébrer, lui aussi, pour me servir de
vos expressions, il a été « roulé et mis dedans ».

Cela prouve, permettez-moi de vous le dire, l'indignité et la vilenie de certains hommes; cela ne prouve rien contre la politique même qui a dicté ces actes et qui était absolument française, comme elle était absolument républicaine.

Je suis, mon cher Ranc, beaucoup plus jeune que vous en politique, mais je sais déjà qu'en politique, comme ailleurs, il faut faire son devoir, parce que c'est le devoir, tout simplement, et sans s'inquiéter autrement, car là est la duperie, du profit qu'on en peut recueillir. Nous avons refusé l'autre jour, mes amis et moi, de laisser ériger la statue de Paul Bert faisant face à la cathédrale d'Auxerre, parce que nous avons vu là une insulte grossière à des croyances qui ne sont pas les nôtres, mais que nous ne voulons pas laisser outrager. M. Paul de Cassagnac nous répond aujourd'hui par une bordée de sarcasmes et d'injures à la mémoire de notre ami; il propose de mettre la statue de Bert à la fourrière. Eh bien, franchement, croyez-vous que ce soit nous que la réponse de M. Paul de Cassagnac mette dans notre tort? En tous les cas, j'aime mieux mon tort.

— Mais recommenceriez-vous?

— Eh! oui, je recommencerais, parce qu'il ne peut dépendre ni de M. de Cassagnac ni de M. de Mackau ni de personne de me faire faire ou dire le contraire de ce que je crois la vérité, l'équité et la justice...

IV

BOULANGILLYSME

Dès les premiers temps de la conspiration, M. Boulanger
ne s'était pas contenté d'attaquer les institutions et les lois :
il avait fait attaquer les personnes dans leur honneur et dans
leur crédit, non point par des allégations précises, mais par
des insinuations vagues et générales. Une démocratie naturellement crédule, rendue plus soupçonneuse que d'habitude
par l'affaire Wilson, ne pouvait manquer de se laisser émou-
voir par la répétition systématique de ces calomnies et de
ces outrages. La campagne fut savamment organisée, dans
la presse à un sou de Paris et des départements, avec le
concours empressé de tous les meneurs royalistes et bonapartistes.

Le 3 septembre, M. Numa Gilly, député radical socialiste
du Gard et maire de Nîmes, prononça à Alais un discours
où la presse boulangiste avait recueilli immédiatement, en
l'entourant de commentaires appropriés, la phrase suivante :

« On a poursuivi Wilson : pure comédie pour faire croire
que l'on était plus honnête que lui ; mais, sur trente-six

membres de la commission du budget, vous avez au moins vingt Wilsons. » L'*Intransigeant*, la *Cocarde*, toute la basse presse de province n'eurent plus d'autre thème que cette accusation : tous les députés, tous les parlementaires sont des voleurs.

La commission du budget, que présidait M. Rouvier, venait de se réunir ; la plupart de ses membres adressèrent à M. Gilly des lettres individuelles, le sommant de préciser ces calomnies. MM. Jamais, Salis, Sigismond Lacroix, Baïhaut, Compayré, Raynal, Gerville-Réache, Mérillon, invitaient M. Gilly, par des lettres rendues publiques, à s'expliquer. « Il est tout d'abord bizarre, écrivait notamment M. Raynal, de me voir accuser d'être un Wilson, moi qui, pendant deux ans que j'ai été aux affaires, ai trouvé ce collègue comme le plus ardent de mes antagonistes. Il n'est personne à la Chambre qui ne sache que ni moi ni mes amis n'avons jamais voté pour lui comme rapporteur général et comme président et qu'il n'a dû sa nomination qu'aux suffrages des radicaux. »

M. Gilly refuse de répondre aux diverses sommations qui lui avaient été adressées et écrivit le 14 septembre à M. Salis : « Que par une lettre collective des trente-trois membres de la commission du budget, on me somme de citer des noms, d'articuler des faits, d'aller jusqu'au bout, je le ferai. »

La commission du budget ne pouvait s'abaisser à cette sommation collective ; sur la proposition de MM. Ribot et Salis elle a déclaré à l'unanimité, moins la voix de M. Andrieux, absent, « que les prétentions de M. Gilly n'étaient qu'un moyen de se dérober et qu'elle livrait sa conduite au jugement de l'opinion ».

M. Gilly répondit par une lettre à M. Rouvier, demandant à la commission du budget de le poursuivre en cour d'assises. La commission du budget n'étant pas personne civile et n'ayant pas, par conséquent, le droit d'ester en justice, cette invitation n'était qu'un nouveau moyen de se dérober. La commission décida de ne plus s'occuper de l'incident, tout en laissant à chacun de ses membres la liberté d'agir individuellement.

Ce fut alors que M. Andrieux intervint ; par une lettre du 4 octobre, le député des Basses-Alpes demanda au garde des sceaux, en vertu de l'article 31 de la loi du 22 juillet 1881 sur la diffamation en raison de leurs fonctions ou de leurs qualités contre un ou plusieurs membres de l'une ou l'autre Chambre, des poursuites contre M. Gilly. Les poursuites furent ordonnées le 6 octobre. M. Gilly cita, en qualité de témoins, la plupart des membres de la commission du budget ainsi que ses principaux collaborateurs dans l'œuvre de diffamation, MM. Chirac, Henri Rochefort et d'Alavène, policier révoqué, etc.

Le 15 novembre, M. Rouvier, président de la commission du budget, déclara à la Chambre, dans un admirable discours, que les membres de la commission, cités comme témoins, se rendraient à Nîmes. M. Floquet, président du conseil, avait émis l'avis que la commission du budget devait mépriser les outrages de M. Gilly et laisser en présence M. Gilly et M. Andrieux, qui, ayant seul intenté le procès, avait seul le droit d'exiger en justice la preuve des allégations portées dans le discours d'Alais.

M. Andrieux, dont on vient de voir le rôle assez étrange, s'expliqua, sur l'affaire Gilly, dans la note suivante, publiée par un journal du soir :

On s'explique toutefois que, par un enchaînement d'idées bien naturel, on ait pu comparer la politique électorale faite par le maire de Nîmes avec celle du général Boulanger. Ils ont, l'un et l'autre, recueilli des voix qui leur venaient des pôles les plus opposés du globe politique, parce qu'ils ont été l'un et l'autre l'expression du mécontentement et du dégoût général. Dans le Nord, dans la Somme, dans les Charentes, quand on n'est pas content de la République parlementaire, on crie : *Vive Boulanger !*

Dans le département du Gard, où les mécontentements vont plus volontiers au socialisme qu'au césarisme, quand on en a assez de la coalition opportuniste, on crie *Vive Numa Gilly!*

Champion de la commission du budget, j'irai devant la cour d'assises défendre le bon renom de mes collègues. Mais je ne me fais pas d'illusions : l'opinion publique est avec M. Numa Gilly. C'est lui qui ira s'asseoir au banc des accusés; mais c'est nous que l'opinion place entre deux gendarmes. Qu'il soit condamné ou qu'il soit acquitté, Numa Gilly sera pour la postérité *Numa le Justicier*.

Le procès de Nîmes eut le résultat qu'il était facile de prévoir : M. Gilly déclara qu'il n'avait point visé M. Andrieux, M. Andrieux retira sa plainte, le procureur général déclara que, dans ces conditions, les témoins ne pouvaient être entendus, et M. Gilly fut acquitté sur la question suivante : « M. Gilly est-il coupable d'avoir porté atteinte à l'honneur et à la considération de M. Andrieux en prononçant les phrases d'Alais? »

LE BOULANGILLYSME

18 novembre.

M. Andrieux, qui partage presque toutes les idées revisionnistes de M. Boulanger, a pris l'habitude d'envoyer des témoins à qui le traite de député boulangiste. M. Andrieux, qui fait poursuivre M. Numa Gilly en diffamation et calomnie, écrit de beaux articles où il glorifie le tonnelier de Nîmes sous le nom de «Numa le Justicier». — L'autre Égerie

n'appelait l'autre Numa que Pompilius. — Explique
qui voudra ces incohérences ! Ce qui est certain,
c'est qu'on remplirait cent chambrées avec les fleurs
que la presse réactionnaire et la presse boulangiste
jettent, soir et matin, depuis près de deux mois,
sous les pieds de M. Gilly, fabricant de foudres, et
de M. Andrieux, ancien préfet de police.

« Trop de fleurs ! » dirait Calchas. La comédie,
en effet, est trop évidente. Pour le syndicat qui a
mis en actions le fameux discours de M. Gilly, il ne
s'agit pas de venger la morale publique : plusieurs
membres du syndicat en question se sont déjà rencontrés avec la morale publique et ce n'était point
pour la venger. Il s'agit de salir des républicains,
de déshonorer la République... Ces accusations sont
fausses, ces calomnies ne reposent sur rien, ce procès est une farce... Hé ! parbleu, mais Basile n'en
a pas moins raison : « Il en reste toujours quelque
chose ! »

C'est pour ce *résidu* qu'on travaille. Si je suis
bien renseigné, M. Gilly, quand il a lancé son pé-
tard, calomniait « de chic », comme disent les pein-
tres. Quand les membres de la commission du budget sommèrent le maire de Nîmes d'articuler ses
accusations, son embarras fut extrême. « Numa le
Justicier », soit ! mais certainement le *Justicier malgré lui*. Il était flatté du bruit qui se faisait autour
de son nom, mais il eût bien voulu en rester là. A
toutes les sommations de parler, il répondit : « J'ai

mes poches pleines de preuves, je parlerai, mais seulement devant la cour d'assises. » Prado de Linska avait, lui aussi, ses poches pleines de preuves ; il devait les en tirer au dernier moment : il n'a rien tiré du tout... M. Gilly envoyait des lettres et des dépêches désespérées à un grand journal de Paris qui, lui aussi, tous les jours, dénonçait en bloc les tripoteurs. « Donnez-moi seulement quelques faits précis ! — Hé ! si je les avais, répondait l'autre, je les donnerais moi-même ! » Et tous deux continuaient à dénoncer en bloc...

« Mais, s'écrient les honnêtes gens, c'est le mensonge dans ce qu'il a de plus vil, la diffamation dans ce qu'elle a de plus ignoble ! » Sans doute, mais les imbéciles s'en vont répétant le vieux dicton idiot qu'il n'y a pas de fumée sans feu. Cela suffit à la presse césarienne ou royaliste : son ambition ne va pas plus loin. Quand un soupçon d'infamie enveloppera tout le parti républicain, le beau général apparaîtra au cinquième acte, immaculé, resplendissant dans l'uniforme doré sur tranches qu'il a gardé le droit de revêtir en public. Honneur et gloire au boulangillysme !

Encore, si c'était la première fois que la démocratie se laissât prendre au piège !... Hélas ! c'est la vingtième fois ! Les *Actes des apôtres* et l'*Ami du peuple*, Suleau et Marat, chantaient le même duo scélérat contre les serviteurs les plus éprouvés de la Révolution, et quand le bonhomme Peuple retrouvait, tous les jours, dans le journal démagogique et dans la feuille royaliste, les mêmes injures, les mêmes calomnies contre les mêmes hommes, il finissait par hocher de la tête et par croire... Comme on traite aujourd'hui de voleurs, d'agioteurs et d'escrocs des citoyens qui, ayant été trois et quatre fois ministres, rapporteurs et présidents des plus grandes commissions, n'ont pas accru leur fortune d'un centime, les Rochefort et les Gilly d'alors accusaient La Fayette de lâcheté, traitaient Lavoisier d'escroc, Condorcet de proxénète, Necker de Cartouche, Bailly de paillasse, et l'abbé Grégoire de ribaud. Peltier affirme que Robespierre lui volait ses chemises au collège Louis-le-Grand; ce sont là des choses, comme on sait, qu'on n'invente pas. Il n'est pas avéré que Robespierre ait été l'un des premiers républicains de la Constituante, mais il est certain qu'il a volé ses chemises à Peltier. Comment ne pas croire la parole de Peltier? comment mettre en doute celle de M. de Rochefort?

C'est ainsi qu'on a commencé à miner et à perdre la première République. Les feuilles aux gages de M. Louis Bonaparte reprirent, sous la deuxième République, la campagne où l'*Ami du peuple* et les *Actes des apôtres* l'avaient laissée : les orgies de Louis Blanc, les bacchanales de Ledru, la purée d'ananas de Flocon ouvrirent la voie à cette bande de prix Montyon, d'hommes probes et désintéressés qui conduisirent la France à Sedan... J'ai quelque idée que M. le général Boulanger a médité cette histoire.

A la suite du compte rendu du procès de Nîmes, M. Raynal avait envoyé ses témoins à M. Gilly, qui refusa de se battre. L'*Intransigeant* et la *Presse* annoncèrent en même temps la publication d'un livre de M. Numa Gilly, *Mes Dossiers*, qui devait contenir les preuves des allégations du discours d'Alais. Le livre paraît, en effet, le 21 novembre. « Il contient 212 pages, écrivait la *République française*, y compris 13 pages de table des matières. La première partie, intitulée l'*Affaire*, est le résumé du procès de Nîmes, avec une préface de M. Chirac et une introduction de M. Peyron. La seconde partie, intitulée les *Documents*, comprend un certain nombre d'extraits de l'*Intransigeant*, de l'*Union des Travailleurs*, journal de M. Gilly, et de la *Fin d'un monde*, de M. Drumont, un certain nombre de lettres anonymes adressées à M. Gilly, et la reproduction d'une demi-douzaine de rapports de l'ex-policier d'Alavène. Il n'y a même pas, dans cette collection de malpropretés, une calomnie nouvelle. »

Les membres de la commission du budget, diffamés dans le livre de M. Gilly, intentèrent aussitôt une série de procès au maire de Nimes et à son éditeur, M. Savine.

Le 27 novembre, le journal le *Matin* publia les extraits d'un jugement du 26 novembre 1881 par lequel le tribunal de Marseille prononçait un jugement de séparation contre le sieur Chirac et lui retirait la garde de ses enfants, comme ayant fait à sa fille des propositions incestueuses.

M. Chirac était le principal collaborateur de M. Gilly.

« MES DOSSIERS »

30 novembre.

La retraite de MM. les boulangillystes, qui avait commencé la semaine dernière, prend le caractère d'une véritable déroute. La calomnie, démasquée, demande grâce ; les calomniateurs, remis vigoureusement face à face avec leur passé, regagnent leurs repaires habituels. Il n'y a plus de place pour la colère ; il n'y a plus place que pour un immense dégoût.

M. Numa Gilly, maire de Nîmes, lance, il y a deux mois, les accusations empoisonnées de son discours d'Alais. Les députés diffamés le somment de préciser. « Je préciserai devant la cour d'assises », répond M. Gilly. Devant la cour d'assises, M. Gilly ne précise rien. « Je m'expliquerai dans mon livre ! » s'écrie le tonnelier. Le livre paraît, collection de lettres anonymes, de racontars malpropres empruntés aux rapports d'un policier chassé. « Osez nous poursuivre ! » s'écrient en chœur l'avocat Peyron, le préfacier Chirac et M. Gilly, de plus en plus maire de Nîmes, par la grâce de M. Floquet.

Les députés injuriés et diffamés eussent pu mépriser le livre que M. de Rochefort et M. Drumont avaient eu seuls le courage de louer publiquement. Vous entendez d'ici M. Gilly et ses dignes collaborateurs : « Ils n'osent pas poursuivre ! ils s'avouent coupables !... » Les députés poursuivent, et nécessairement chacun dans son propre département, à Bordeaux, à Mâcon, à Albi, partout où la calomnie, répandue à profusion par les feuilles boulangillystes, a bavé sur leur renommée. Alors M. Gilly se retourne vers M. le garde des sceaux Ferrouillat et l'implore : « Je suis un calomniateur, mais je suis un « pauvre homme ! Je n'ai pas de quoi suffire à tous « les procès que de méchantes gens m'intentent à « propos de bottes ! Faites joindre toutes les pour-« suites et je parlerai devant la cour d'assises de la « Seine ! » Vous trouverez plus loin cette lettre...

Ainsi se dérobe M. le maire de Nîmes, superbe et fier tant que les diffamés se contentent de hausser les épaules, lamentable et piteux dès que les calomniés font mine de confondre le calomniateur. Son *alter ego*, son principal collaborateur, son honorable cojusticier, M. Auguste Chirac, lui avait d'ailleurs donné l'exemple. Au nom de la morale la plus pure, de la probité la plus sévère, de la plus implacable justice, M. Chirac dénonçait, dénonçait, dénonçait. Tout à coup le journal le *Matin* publie un jugement du tribunal de Marseille qui avait frappé, il y a peu d'années, ledit vengeur de la vertu publique pour les causes que l'on sait. M. Chirac annonce aussitôt qu'il va poursuivre le *Matin* qui a publié le jugement, la *République française*, *Paris*, le *Siècle*, tous les journaux républicains qui l'ont reproduit ; il accuse ses juges de forfaiture ; il nous demandera, à nous autres journalistes, 150,000 francs de dommages-intérêts.

M. Garet, ancien député, a confirmé avant-hier, dans une note de l'*Indépendant des Basses-Pyrénées*, que la plainte en forfaiture avait paru à la précédente législature une comédie du dernier ordre. Et nous attendons toujours l'assignation de M. Chirac!... Le monde entier était avisé, il y a huit jours, que nous serions tous, le *Siècle* et nous, le *Matin* et *Paris*, traînés sur les bancs de la correctionnelle pour avoir reproduit un jugement menteur. Et aucun de nos concierges n'a encore reçu le moindre papier timbré!

Voilà les gens qui, aux applaudissements de tout le boulangisme et de toute la réaction, avec leur complicité au moins morale et peut-être matérielle, s'érigeaient, hier encore, en juges du parti républicain et éclaboussaient de boue la République!

LE JUSTICIER

11 décembre.

Nous demandons pardon à nos lecteurs de les faire descendre une dernière fois au neuvième cercle...

On connaît les faits.

C'est le 3 septembre dernier que M. Numa Gilly,

maire de Nîmes et député du Gard, prononçait à Alais son discours contre la commission du budget.

M. Ribot exprima l'avis que les membres de la commission auraient dû à ce moment traiter les outrages du tonnelier nîmois par le dédain. La plupart des commissaires en jugèrent autrement. Ils sommèrent M. Gilly de préciser ses accusations. M. Gilly réclama, pour s'expliquer, une sommation collective. La commission refusa de s'abaisser jusque-là. M. Gilly se déclara prêt à parler en cour d'assises. La commission, à l'unanimité moins une voix, celle de M. Andrieux, absent, refusa de se prêter à cette plaisanterie. M. Andrieux adressa, le 4 octobre, au garde des sceaux une demande de poursuites. « Il n'y a pas eu de compérage, écrit à ce sujet l'ex-secrétaire de M. Andrieux, mais c'était tout de même un bon tour. » Les poursuites furent ordonnées.

Quelques jours auparavant, le secrétaire de M. Gilly, M. Elie Peyron, avocat, avait écrit à M. Fabre, alors secrétaire de M. Andrieux : Vos « encouragements sont précieux à M. le député « Numa Gilly, qui, malade et alité, me charge de « vous dire qu'il veut mener à bonne fin l'œuvre « d'assainissement qu'il a entreprise. Aidez-le ; « pouvez-vous nous dire où nous pourrons trouver « des renseignements sur les marchés Seillière ? »

Cependant la presse boulangiste de droite et de gauche s'était mise en campagne.

Matin et soir, les journaux « du général », consacrant M. Gilly, applaudissaient à l'initiative héroïque du justicier et déversaient sur la commission du budget des tombereaux d'injures. Les articles de la *Presse*, du *Gaulois*, de l'*Intransigeant* et de la *Cocarde*, en l'honneur de M. Gilly, rempliraient une bibliothèque. M. Gilly finit par se plaindre que les gazettes césariennes le compromettaient !

Le procès, intenté à la requête de M. Andrieux, fut appelé devant la cour d'assises du Gard le 17 novembre. La cour décida que les députés, cités comme témoins, ne seraient pas entendus. M. Andrieux retira sa plainte. M. Gilly fut nécessairement acquitté.

Le lendemain, le journal *la Presse* publiait, sous la signature de M. Laur, député, les lignes suivantes :

En ce moment s'impriment en Belgique les dernières feuilles d'un ouvrage intitulé : *Mes Papiers*, signé Numa Gilly ; dans deux jours, il paraîtra.

Ce sera la réponse au pied de nez que la magistrature vient de faire à la France avec tant de désinvolture et la levée du bâillon qu'elle a cru pouvoir poser sur la bouche d'un honnête homme.

Aussitôt les *interviewers* abondèrent chez MM. Gilly, Peyron, Chirac et Savine. On lisait dans le *XIXe Siècle :*

La librairie Savine va mettre en vente d'ici à quelques jours un volume de M. Numa Gilly, intitulé : *Mes Dossiers*, et non : *Mes Papiers*, comme on l'avait annoncé.

Cet ouvrage, qui contient environ 300 pages, est divisé en quatre parties.

M. Numa Gilly n'a écrit lui-même qu'une petite introduction pour expliquer les raisons qui l'ont déterminé à publier *Mes Dossiers*. Une préface assez étendue de M° Peyron, l'avocat de M. Gilly, et une étude de M. Auguste Chirac, l'auteur de l'*Agiotage sous la troisième République*, qui avait été cité comme témoin devant la cour d'assises de Nîmes, font suite à cette introduction.

Telles sont les lignes générales de l'ouvrage, qui se termine par la reproduction d'un certain nombre de documents relatifs à toutes les personnalités citées en témoignage par M. Gilly dans le procès que lui avait intenté M. Andrieux.

Un rédacteur du *Gil Blas* avait eu, sur le même sujet, l'interview suivant, à Nîmes, avec M. Gilly :

— *Et votre livre paraîtra-t-il ?*

— *Oui, et très probablement demain.* Du reste, je pars demain pour Paris.

— Il y aura de nouveaux procès en diffamation qui vous seront intentés, répliquai-je.

— C'est possible, repartit Numa Gilly ; *en tout cas, j'ai vendu mes droits d'auteur.* L'éditeur sera poursuivi et le procès se déroulera à Paris.

— Et votre démission ? questionnai-je.

— Je n'ai plus besoin de la donner maintenant, puisque je suis absous.

Tel est en substance le court entretien que j'ai eu avec M. Numa Gilly. J'ajoute, pour être complet, qu'il attendait M. Chirac, l'auteur des *Rois de la République*, qui, dit-on, aurait mis en ordre les renseignements envoyés au député du Gard et dont j'ai indiqué la source. M. Chirac, à ces renseignements, aurait ajouté ses informations propres.

Le livre parut le 20 novembre. La presse boulangiste annonça avec attendrissement que M. Gilly avait refusé de participer aux bénéfices ; après ré-

flexion, il avait consenti seulement « à laisser verser
« les droits d'auteur dans la caisse de la souscription
« organisée pour subvenir aux frais de son procès ».
Sur la couverture du livre, une réclame en faveur
du dernier livre de M. Drumont. En tête, les lettres
suivantes :

A M. Numa Gilly, député.

Monsieur,

Vous avez entrepris une œuvre honnête qui doit prendre place
dans l'histoire de ce siècle. Or, vous le savez, les paroles s'en-
volent, mais les écrits restent ; c'est pourquoi je viens vous proposer de publier, dans un livre intitulé : *Numa Gilly*, *Mes Dossiers*,
les documents que vous produisez devant la cour d'assises du
Gard.

Etant informé par vos amis qu'il vous répugnerait de tirer un
profit personnel de la vente de cet ouvrage, je me tiens à votre
disposition pour donner aux sommes qui représenteraient vos
droits d'auteur telle destination que vous jugerez convenable.

Veuillez agréer, etc.

Albert Savine.

Paris, ce 5 novembre 1888.

A M. Albert Savine, éditeur.

Monsieur,

Sur le conseil de mes amis Elie Peyron et Auguste Chirac,
j'accepte votre proposition parce que j'estime que, comme vous
le dites, les écrits seuls demeurent et instruisent plus longtemps
que ne fait la parole.

Mes Dossiers ne sont autre chose que les lettres, documents et
témoignages qui sont venus, de toutes parts, corroborer ce que
j'avais déjà observé dans le cours de ma vie parlementaire. *Je
crois les devoir à l'opinion publique.*

Quant aux droits d'auteur dont vous me parlez et que je vous
laisse le soin de fixer, je crois que le mieux sera de les verser à

la souscription publique qui, suivant les usages démocratiques, va être ouverte pour parer aux frais, extrêmement onéreux, du procès qui m'est intenté.

Ce 7 novembre 1888.   Numa Gilly.

Le dégoût, l'écœurement publics furent tels que, dès le lendemain, la *Presse* risqua un demi-blâme. L'*Intransigeant* resta seul à célébrer les beautés de l'œuvre du justicier. Cependant M. Gilly continuait à rayonner ; il repoussait les provocations en duel, il recevait en souriant les procès qui, drus comme grêle, tombaient sur sa tête. La maison du tonnelier devenait trop étroite pour les interviewers des deux mondes qui l'assiégeaient. Les caricaturistes le représentaient en archange Michel, superbe et fier, brandissant les foudres des « Dossiers » sur les républicains qui s'enfuyaient : De temps à autres, un des témoins assignés au procès de Nîmes réclamait sa taxe; on le renvoyait à l'éditeur Savine, qui payait.

Tout à coup, hier matin, la *Presse* et l'*Intransigeant* publient une lettre de M. Gilly à M. Laguerre portant « que le livre n'est pas de lui, qu'il n'en a « jamais ni vu ni lu le manuscrit, que les documents « qu'il contient lui sont complètement inconnus, et « qu'il a adressé de Nîmes, le 18 novembre, a « dix heures du matin, une dépêche à l'éditeur Sa- « vine lui enjoignant de ne point faire paraître *Mes* « *Dossiers* »

Le boulangillysme nous oblige à descendre à l'égout ; il ne peut nous contraindre à y séjourner.

Une seule réflexion suffira. Si M. Gilly n'est pas
l'auteur du livre annoncé le 18 novembre par M. Laur
dans la *Presse*, annoncé par M. le député du Gard
dans un interview avec le *Gil Blas* et bruyamment
célébré par l'*Intransigeant*, pourquoi, dès le 19 novembre, M. Gilly ne l'a-t-il pas ouvertement, officiellement désavoué dans les feuilles à sa disposition,
dans l'*Union des travailleurs* de Nîmes, par exemple,
dont il est le rédacteur en chef? — Pourquoi M. Gilly
n'a-t-il pas intenté, dès le 21 novembre, un procès
à M. Savine, l'éditeur ; à M. Peyron, secrétaire de
M. Gilly et cosignataire du livre ; à M. Chirac, en
compagnie de qui l'ex-maire de Nîmes recevait,
samedi encore, les reporters? — Pourquoi M. Gilly
n'a-t-il pas répondu aux assignations qui grêlaient
sur lui par les désaveux des *Dossiers?* — Pourquoi,
soucieux du renom de son volume, M. Gilly a-t-il eu
soin de faire assavoir, il y a quelque dix jours, que
la réclame en faveur du livre de M. Drumont avait
disparu de la couverture de ses *Dossiers?* — Pourquoi M. Gilly faisait-il payer ses créanciers sur les
bénéfices que l'éditeur Savine tirait de la vente du
livre vengeur? — Pourquoi M. Gilly n'a-t-il soufflé
mot de ce désaveu à aucun des innombrables interviewers qu'il a reçus? — Pourquoi M. Gilly a-t-il
attendu la lettre de M. Georges Laguerre refusant
de plaider pour lui et de compromettre plus longtemps « le général » dans sa compagnie? — Pourquoi a-t-il attendu le 9 décembre?

14

Nous ne pousserons pas la naïveté jusqu'à demander à M. Gilly une réponse à ces questions. L'opinion a jugé les actes, les complicités avouées ou secrètes, les diffamations encouragées, les calomnies exploitées, les outrages répandus à profusion. Elle n'aura pas plus de peine à juger le désaveu.

> Entre Le Clerc et son ami Coras,
> Deux grands auteurs rimaat de compagnie,
> N'a pas longtemps, s'ourdirent grands débats
> Sur le propos de leur *Iphigénie.*
> Coras lui dit : « La pièce est de mon cru ! »
> Le Clerc répond : « Elle est mienne et non vôtre ! »
> Mais aussitôt que l'ouvrage a paru,
> Plus n'ont voulu l'avoir fait l'un ni l'autre !...

Pouah !... Allons respirer un peu d'air pur... Mais si la bouche de l'égout est fermée, les tribunaux, eux, restent saisis.

COMPLICES

12 décembre.

En voulez-vous à M. Numa Gilly ?... Pourquoi en voudriez-vous à ce foudrier ?... Je suis convaincu qu'il dit vrai aujourd'hui, qu'il n'a pas écrit les lettres qu'il a signées, qu'il n'a pas lu les livres dont il a touché les droits d'auteur, qu'il est tout juste aussi responsable du discours d'Alais que peut l'être un phonographe des propos qu'il répète.

On ne peut se sentir ni haine, ni mépris, ni colère contre un instrument, et M. Gilly n'a été qu'un instrument aux mains du boulangisme et de la réaction royaliste.

Premier acte : M. Boulanger essaye de séduire le parti républicain ; l'intransigeance se laisse prendre, pendant quelques heures, à ses grâces de troupier entreprenant ; bientôt ses desseins éclatent dans tout leur cynisme ; la République chasse ce don Juan de corps de garde.

Acte deux : M. Boulanger essaye d'intimider le parti républicain ; le don Juan de taverne avait parfumé sa barbe blonde et lustré ses boucles ; le Matamoros de café-concert roule de gros yeux ; la République met la main sur la garde de son épée.

Alors M. Boulanger essaye de salir le parti républicain qu'il n'a pas su séduire et de déshonorer la République qu'il n'a pas réussi à effrayer. Le discours d'Alais s'étend, gonfle, se développe, couvre tout le ciel ; il en tombe une pluie de fange et de boue. Les lettres anonymes, les lettres de chantage, les dossiers des mouchards chassés, les rapports des laquais renvoyés, tout ce qui traîne de plus vil et de plus ignoble dans l'égout, on le ramasse, on l'achète à prix d'or, vingt journaux le commentent et l'amplifient, on le crie à tous les échos, on l'étale, en ricanant, sous les yeux de l'étranger, de l'Allemand, de l'Italien, du Cafre et du nègre de la Nouvelle-Zélande; et l'on dit : « Cette sentine, cette pourriture, c'est la France, c'est la République ! »

Je ne parle pas des humiliations qui ont été imposées à des citoyens irréprochables, à des hommes dont le seul crime avait été de bien servir la liberté, de démasquer le dictateur, et qui ont reçu cette récompense nationale d'avoir à prouver qu'ils n'étaient ni des voleurs, ni des escrocs. On a déchaîné contre eux la foule des imbéciles qui croient encore qu'il n'y a pas de fumée sans feu, la tourbe des drôles qui sont toujours prêts à hurler avec les loups. On a fouillé dans leur vie privée, dans le secret de leur existence intime. Ayant leurs propres exploits inscrits au grand livre de la police correctionnelle, ces justiciers étaient impitoyables ! Eh bien, tout cela n'est rien; toutes ces indignités, on les repousse du pied : c'est un si grand consolateur que le mépris !

Mais que, dans le dessein de se frayer, à travers la suspicion universelle, le dégoût et la peur, un chemin plus facile vers les jouissances du pouvoir, on ait infligé à la France, pendant trois mois, devant le monde, la honte de cette campagne systématique de diffamations et de calomnies; qu'à la devise des Césars d'autrefois : *Divide ut imperes*, on ait substitué la devise : *Salir pour régner*, salir la patrie, souiller la République... voilà qui est inexpiable, voilà la vilenie qui est au-dessus de tout châtiment !

Et vous voudriez que le poids de toutes ces ignominies retombât tout entier sur ce seul foudrier ! qu'il fût le bouc émissaire ! que nous prêtions la main à votre tardif désaveu !...

« Je ne connais pas cet homme ! » dit M. Boulanger, le même jour, à la même minute où cet homme affirme de même qu'il ne connaît pas ces *Dossiers*. Hé ! non, vous ne le connaissez pas, cet homme, et vous avez le droit de le désavouer, lui et les agents qui l'ont stimulé, et les émissaires qui sont allés acheter des papiers à Londres, et les journaux qui l'ont acclamé, qui l'ont sacré en votre nom, « le justicier, le vengeur de la morale publique !... » Allez, désavouez, niez toujours, nous vous croirons sur parole, comme naguère, lorsque, ministre de la République, chef suprême de l'armée française, vous avez nié sur l'honneur les lettres au duc d'Aumale, ou lorsque, plus tard, commandant d'un corps d'armée, général portant la triple étoile et la plume blanche, vous avez démenti les dépêches au comte Dillon... Niez, niez toujours, vos négations valent vos affirmations !...

Si nous avions l'âme faite de la même boue, comme disait Rouvier à vos amis, nous n'aurions qu'à nous baisser et... Nous n'avons pas voulu suivre votre exemple, nous ne le suivrons pas. Les tribunaux qui ont parlé, les tribunaux qui parleront demain, cela suffit. Mais, si le tonnelier est seul responsable devant la justice, vous n'échapperez pas pour cela, vous qui l'avez excité, encouragé, grisé, vous qui l'acclamiez à l'audience de Nîmes et qui l'avez glorifié jusqu'à la dernière minute, vous n'échapperez pas à la complicité qui vous tient, qui a mis sa griffe de fer sur votre épaule. . Je sais bien que, vous aussi, vous n'avez pas été seul dans cette besogne, que les hommes de Décembre étaient à côté de vous pour cette campagne, que les orléanistes vous souriaient, prenant pour parole d'Évangile les mensonges infâmes qu'ils savaient tels ; que les légitimistes de Nîmes, ces petits-fils des croisés, mettaient leur blanche main de gentilshommes dans la vôtre et vous disaient merci pour travailler avec tant de méthode et de suite au déshonneur de la « Gueuse »... Oui, vous pouvez invoquer ces honorables associés. Invoquez ! vous n'invoquerez jamais assez ! Je tiens à être juste, je reconnais que vous avez le devoir et le droit de partager quelques dividendes entre MM. Bonaparte père et fils et M. le comte de Paris, qui étaient avec vous dans l'affaire. Mais la part du lion est à vous. C'est vous qui avez crevé la *Cloaque Maxime*, c'est pour vous qu'elle débordait. Vous avez été à la peine : vous resterez à l'honneur...

V

LES JUSTES LOIS

PORNOGRAPHIE POLITIQUE

22 novembre.

Le lendemain de la panique parlementaire de Langson, j'eus l'effronterie d'écrire que le titre de Tonkinois, qu'on attachait à nos noms de députés, de journalistes ou de candidats, comme une marque d'infamie, je le considérais, moi, comme un titre d'honneur et qu'il serait tenu pour tel, à une date prochaine, par ceux-là mêmes qui venaient de renverser le ministère Ferry.

C'est fait.

M. Constans était de ceux qui, le 30 mars 1885, précipitaient le cabinet qui venait de donner un empire colonial à la France républicaine. Avant-hier, à la tribune de la Chambre des députés, il a revendiqué l'épithète qui devait être flétrissante comme le plus honorable des surnoms, et, de M. Ribot à M. Clémenceau, la majorité tout entière a répondu par une salve triple d'applaudissements.

Nous sommes quelques-uns qui pourraient triompher bruyamment ; nous ne le ferons pas. Nous, les Tonkinois, qui avions été d'abord les Tunisiens, nous avons eu le bonheur de voir clair plus souvent et plus tôt que d'autres républicains ; avant tous les autres, nous avons dit que la Tunisie est l'indispensable sentinelle de notre Algérie, que l'Indo-Chine est une colonie admirable et que M. Boulanger est un Saint-Arnaud de café-concert. L'histoire en a déjà pris note et nous avons eu toujours pour nous notre conscience : cela suffit. Aujourd'hui, nous avons à faire de la politique, nous avons à agir pour défendre la République et la liberté menacées... Le Tonkin est la question qui nous divise le moins, c'est bien, c'est entendu : marchons !

Ce n'est pas que nous ne soyons encore divisés sur bien des questions. J'ai pourtant des raisons sérieuses de croire que cette démonstration est faite même pour beaucoup de radicaux : la revision est plus que jamais le piège de la monarchie et le manteau troué de la dictature. La démonstration a été faite par l'absurde, comme disent les mathématiciens ; par la commission de la revision, disent les parlementaires. Mais nous sommes unis et indivisibles contre ce chef de toutes les réactions et de toutes les démagogies qui s'appelle M. Boulanger. Le boulangisme n'était qu'odieux ; le boulangyllisme est hideux. Eh bien, nous chausserons des bottes d'égoutier !

> La liberté
> Fut, en naissant, comme Hercule immortelle !

Hercule n'a pas plus reculé devant les écuries d'Augias que devant le lion de Némée : la Liberté fera de même.

Car jamais, dans l'histoire politique d'aucun peuple, on n'a assisté à pareille marée de boue et de fange. Voilà deux mois que les plus fermes et les plus courageux des républicains sont sous le coup des plus ignobles accusations. Ils demandent qu'on précise la calomnie ; on précise enfin : tout ce que la haine la plus féroce peut réunir, après soixante jours de fouilles dans les bas-fonds de la délation et du chantage, c'est la compilation malpropre qui a vu le jour hier et qui salirait jusqu'au pilon. M. Numa Gilly, plus que jamais maire de Nîmes par la grâce de M. le président du conseil et premier lieutenant de M. Boulanger, n'a pu ramasser que des lettres anonymes et des rapports d'un policier chassé. Les jours de Stamir et de Marchal de Bussy sont revenus. Oui, M. de Rochefort en est là ; celui qui fut l'auteur de la *Lanterne* se joint aux

survivants de la meute pour entreprendre à leur
remorque, contre la République, la campagne ordu-
rière que les rédacteurs de l'*Inflexible*, aujourd'hui
ses compères, avaient menée contre lui-même vers
la fin de l'Empire. Et quand un homme de cœur
s'abaisse jusqu'à demander raison de ces turpi-
tudes à M. le maire de Nîmes : « Les affaires d'honneur, reprend ce tonnelier, ne sont pas mes affaires ! » Après tout, c'est peut-être la seule fois où
ce maître diffamateur n'ait pas menti...

M. Boulanger ne se contente plus de nouer avec
les prétendants expulsés du territoire des coalitions
qui constituent dans toute la force des termes du
Code pénal le crime de complot contre la sûreté de
l'État. Il a formé encore le noble dessein de noyer
la République sous la boue avec le concours du
rebut des mouchards et avec les subsides qu'il reconnaît lui-même tenir de l'étranger. A la bonne
heure ! Cela est plus franc, plus net ; c'est digne
tout à fait de la bande césarienne. Ah ! vous croyez
nous intimider, vous qui n'avez jamais connu le
parti républicain que par ses déserteurs ? C'est
bien, allez, continuez ! Encore quelques jours de
patience et vous connaîtrez dans toute leur rigueur
vengeresse les lois, les justes lois de la République !

AU VOLEUR!

24 novembre.

Un voleur est surpris, il prend la fuite et, poursuivi, crie à tue-tête, plus fort et plus haut que tous les autres : « Au voleur ! »

Les boulangistes et boulangillystes crient ainsi, depuis hier matin : « Au coup d'État ! »

Quelques républicains de nuances fort diverses, mais qui ont des yeux pour voir et des oreilles pour entendre, M. Henry Maret dans le *Radical*, M. John Lemoinne dans le *Matin*, M. Victor Marouck dans le *Parti ouvrier*, moi-même à cette place, nous étalons les preuves du complot que M. Boulanger a noué avec les prétendants expulsés du territoire et nous nous plaignons du sommeil des justes lois.

Aussitôt, au signal donné par le chef d'orchestre, à la même heure, à la même minute, M. Paul de Cassagnac dans l'*Autorité* et M. de Rochefort dans l'*Intransigeant*, M. Laguerre dans la *Presse* et M. Dugué de la Fauconnerie dans le *Gaulois*, proclament que M. le président du conseil prépare, avec notre complicité, un coup d'État (*sic*) contre M. Boulanger.

Les détails sont formels et précis. M. Paul de Cassagnac sait « de source certaine et *après vérifica-*

« *tion formelle* que cinquante cellules sont comman
« dées, préparées, vingt-cinq à Melun, vingt-cinq à
« Clairvaux, et qui n'attendent plus que leurs loca-
« taires. » — M. Laguerre a le même renseignement
de source sûre ; seulement, après vérification, il ne
compte que quarante cellules, « vingt à la maison
« centrale de Clairvaux, vu que le gouvernement
« considérerait comme imprudent de garder à Paris
« les personnes arrêtées ». — Enfin M. Dugué de la
Fauconnerie sait, lui aussi, « d'une source *qui n'est*
« *peut-être pas très pure,* mais qui paraît certaine,
« que M. Floquet... » Le reste comme plus haut
sauf que M. Dugué ne donne pas le chiffre des cel
lules « préparées dans les hôtels gouvernementaux ».

La source « sûre et impure », à laquelle se réfèrent
simultanément MM. Paul de Cassagnac, Rochefort,
Laguerre et Dugué, c'est évidemment M. Boulanger
qui, d'ailleurs, réédite, dans un *interview* d'hier soir,
les articles de ses journaux.

Ainsi, c'est entendu : voilà des gens qui, depuis
de longs mois, trament contre le gouvernement de
leur pays et contre la liberté le plus abominable
des complots ; après avoir gardé pendant quelque
temps le masque, ils ne se gênent plus depuis plusieurs semaines ; leurs émissaires sont sur toutes les
routes qui conduisent aux quartiers généraux des
prétendants exilés ; pendant que M. le marquis de
Breteuil crie, au nom du comte de Paris : « Vive le
général Monk ! » M. le général du Barail représente

officiellement le prince Victor au mariage de
M{{lle}} Boulanger et M. Thiébaud représente, non
moins officiellement, le prince Jérôme au comité de
la rue de Sèze d'où sa présence chasse les derniers
républicains; le capitaine Roland de la bande avoue
lui-même qu'il reçoit, de l'étranger, de l'argent fourni
par les ennemis de la Constitution; quand on s'est
aperçu que la violence n'est pas faite pour nous
intimider, on a eu recours à la boue; après les
grèves du mois d'août qui devaient effrayer le bourgeois, le syndicat de la diffamation et de la calomnie qui doit salir la République elle-même; — et
quand nous avons l'impertinence de faire appel à la
Loi contre ces menaces et contre ces actes, c'est nous
qui conspirons!

Le « coup d'État Floquet », « l'attentat des opportunistes... » Qui parle ainsi? Qui?... Ceux qui écri-
vaient hier : « LE 2 DÉCEMBRE, ACTE NÉCESSAIRE, ET
« SI LE GLORIEUX GÉNÉRAL BOULANGER EN FAIT UN,
« VOUS L'APPLAUDIREZ! » Et encore : « La besogne
« étant plus grande aujourd'hui qu'en 1851, il fau-
« dra bien ajouter un 3 Décembre au 2 Décembre
« attendu et espéré! »

M. Dugué de la Fauconnerie s'écriait l'autre jour,
en pleine Chambre des députés, qu'il fallait faire
évacuer — on entend l'euphémisme — la Chambre
même. C'est le même Dugué qui, s'épanchant aujourd'hui dans le sein d'un ami, signale avec une
indignation touchante « les articles menaçants de

« Joseph Reinach, les idées de coup de force qui
« paraissent être dans l'air et le plan du président
« du conseil ! » — Tel don Salluste, s'adressant
avec majesté aux alguazils que don César a appelés pour lui mettre à lui-même la main au collet :

> Vous allez consigner dans vos procès-verbaux
> Que voici le fameux voleur Matalobos !

Matalobos, c'est nous, c'est M. John Lemoinne
qui écrivait avant-hier dans le *Matin :* « L'ordre
« public est menacé, la paix publique est tous les
« jours violée et la force publique reste immobile :
« il est temps que la loi parle et il n'est que temps. »
— Matalobos, c'est M. Victor Marouck qui écrivait
hier dans le *Parti ouvrier*, avec son rude bon sens :

> La liberté, monsieur Floquet, il ne s'agit plus d'en parler pom-
> peusement. Il s'agit de la défendre.
>
> Ah ! je le sais, il se trouvera des libérâtres pour oser parler
> de liberté *pour tous*, même pour ceux dont le but est de suppri-
> mer toute liberté — et qui s'en vantent.
>
> La bonne farce ! Le plus simple bon sens suffit pour en faire
> justice.
>
> Tenez, si, la nuit, quand je reviens de mon travail, quelque
> boulangiste du boulevard extérieur s'avisait au nom de sa « li-
> berté », de vouloir s'opposer à mon droit de marcher en paix,
> je lui prouverais sans phrases qu'il n'y a point de « liberté »
> contre la liberté. Et, j'en suis certain, il comprendrait vite la
> leçon.
>
> Ainsi, dernièrement, la cour d'assises de la Seine a démon-
> tré au prétendant Prado qu'il n'était pas tout à fait libre de
> couper la gorge aux femmes.
>
> Nous demandons — simplement — que la République se dé-

fende elle-même d'abord. Elle a pour elle le droit, ce qui est bien ; mais elle a aussi, avec le droit, la force, ce qui est mieux encore. Qu'elle agisse donc et qu'elle ne laisse plus les Floquet « présider » majestueusement aux préparatifs des égorgeurs.

Matalobos, c'est moi-même, sans nulle vanité, qui n'ai peut-être pas attendu aussi longtemps que M. Brugeilles pour reconnaître quelle entreprise scélérate se trame contre la République. Mon article d'avant-hier, qui soulève ces clameurs, je ne l'ai pas écrit une fois, mais vingt fois, mais cinquante fois depuis six mois.

Pourquoi se taisait-on alors, le 13 juillet, par exemple, quand j'écrivais : « Le gouvernement de « la République a épuisé la mansuétude, la tolé-« rance à l'égard de cet homme qui a levé le dra-« peau de la révolte. C'est assez, il faut en finir! « *Appliquez les lois !* La tolérance, demain, ne se-« rait plus la tolérance; ce serait le plus néfaste, la « plus périlleuse des duperies... Il a voulu n'être « qu'un factieux. Ainsi soit-il! Traitez-le comme « les Républiques ont le droit et le devoir de traiter « les soldats rebelles! »

Et pourquoi, aujourd'hui; ces cris et ces grince-ments de dents qui sont des aveux?

Pourquoi?... Je vais le dire.

Parce que la conspiration n'existait alors qu'à l'état d'ébauche et qu'elle est définitivement liée aujourd'hui.

Je précise : c'est au lendemain de la défaite de

M. Boulanger dans l'Ardèche que le pacte a été scellé avec les prétendants expulsés.

On n'attend pas de nous que nous perdions notre temps à démentir les détails saugrenus de l'attrape-nigauds qui a paru hier dans les principaux organes de la coalition boulangiste. Aussi bien nous a-t-on prévenus les uns et les autres, les simples journalistes, qui ont sonné la cloche d'alarme, comme M. Floquet, que nos désaveux seraient superflus. Nous sommes de leur avis; tout démenti est inutile : on ne dément pas un roman-feuilleton. On sait assez que ce n'est pas nous qui avons pris à notre compte la fameuse formule : « Sortir de la légalité pour rentrer dans le droit. » On ne sort de la légalité que pour entrer dans le crime. Pour qui prend-on les républicains? La légalité leur suffit; elle suffit amplement, *pourvu qu'elle soit une réalité vivante et agissante.* Mais voilà, pour M. Boulanger, la discipline qui sévit, la loi qui s'éveille, c'est le coup d'État. Cela s'appelle ainsi dans le langage néo-césarien. Affaire de définition. C'est ainsi que Pranzini traitait d'assassins les gendarmes qui l'arrêtaient.

En vérité, les agents de M. Boulanger, depuis les rédacteurs de ses journaux officiels jusqu'au groom qui écrit à l'un de nos confrères : « Jusque tant que « mon général sera empereur, je ne m'occupe- « rai pas de politique ! » nous croient trop naïfs et trop bêtes! Ils imaginent qu'en accusant de préparer·

un coup d'État ceux qui sont les défenseurs de la
loi, de la liberté, de la République, — et qui les défen-
dront, — ils détourneront les soupçons d'eux-mêmes
et pourront tranquillement continuer leur petit commerce. A d'autres ! Passez, bonnes gens, on vous
a déjà donné; le *truc* est connu, le tour a servi à
d'autres, à M. Louis Napoléon Bonaparte, par exemple, il y a trente-sept ans, presque jour pour jour,
quand le colonel Charras s'écriait à la tribune de
l'Assemblée nationale : « La majorité de l'Assem-
« blée, jusqu'ici, a laissé passer presque sans con-
« testations les faits les plus considérables, les plus
« scandaleux, qui se sont accomplis, je n'ai pas
« besoin de dire où ni comment... Si le moindre
« doute s'élevait ici, je citerais quelques noms...
« Eh bien! je dis qu'à l'heure qu'il est, dans les sa-
« lons... je ne dirai pas lesquels, tout le monde
« le devine... on parle, avec un laisser-aller inex-
« primable, de quoi? De fermer les portes de l'As-
« semblée et de proclamer ce que vous savez !... »
Et M. Louis Bonaparte, le général de Saint-Arnaud
et M. de Morny répondaient en accusant le parti
républicain de préparer un coup d'État...

M. Louis Bonaparte trouva ce jour-là, — c'était
le 17 novembre 1851, — un complice inconscient
dans M. Michel, de Bourges : « Il s'agit », disait
M. Michel, « de périls théoriques; vous avez peur
« de Napoléon Bonaparte; non, il n'y a point de
« danger ! »

Michel a payé par la proscription et les plus cuisants remords cette folle et coupable confiance. Il n'y a plus de Michel parmi nous et j'ose croire que M. le président du conseil se souvient qu'il est le beau-frère de ce républicain impeccable, de ce soldat, modèle de civisme et d'honneur, le colonel Charras !

DEUX PATRIOTISMES

Allocution prononcée le 25 novembre, dans une assemblée générale de la Société de gymnastique et de tir de Saint-Germain-en-Laye.

Messieurs,

En m'appelant pour la quatrième fois à la présidence de votre Société, vous me décernez une récompense douce et précieuse entre toutes. La politique n'a rien à faire dans cette manifestation réitérée de votre confiance et de votre estime. Votre Société a le rare bonheur de poursuivre un but exclusivement patriotique et je puis vous rendre ce témoignage que vous n'avez jamais cessé de vous faire du patriotisme la notion la plus pure, la plus élevée et la plus désintéressée.

Nous traversons, en effet, une crise, mes chers amis, où l'on épuise les moyens de dénaturer, par

les plus indignes alliages, les causes les plus
nobles et les plus sacrées. Les écumeurs de mer,
qui abritent sous le drapeau d'un peuple civilisé
leurs barques de pirates, ont trouvé dans la politique des imitateurs et des émules.

Que la licence et la dictature se revendiquent de
la liberté, ce n'est pas la première fois, hélas ! que
nous assistons à cette comédie. Mais c'est la première fois que nous voyons les revendications et les
espérances saintes du patriotisme, servir de tremplin aux convoitises d'une bande d'aventuriers.

Vous, mes chers amis, vous êtes le patriotisme
qui agit, qui se prépare silencieusement aux grandes
tâches ; vous êtes la jeunesse qui a compris qu'il
ne suffit pas d'être instruite ou même savante, qui
veut être forte et robuste ; vous vous formez, avant
l'heure de la conscription, au rude et noble métier
de soldat. Mais à côté de vous il y a le patriotisme
qui manifeste au lieu d'agir et qui remplace par le
tapage dans la rue, en l'honneur d'un César de
carrefour, le travail sain et fécond qui fait des
hommes, des soldats et des citoyens ! (*Applaudissements.*)

C'est vous qui avez choisi la bonne part, le beau
rôle ; vous persévérez et je vous en félicite. Je vous
connais de longue date : vous ne vous laisserez
troubler par aucune clameur, vous ne vous laisserez
détourner de la voie droite par aucune menace.
D'autres sont les pharisiens du patriotisme, comme

il existe les pharisiens de la morale. Vous, vous pratiquez le patriotisme en action. Vous ne passez point votre temps à parler à tort et à travers de l'Alsace-Lorraine, mais vous y pensez toujours. Et ce n'est pas vous qui commettrez jamais le sacrilège d'incarner la patrie dans un cheval noir qui passe, scandant son galop de parade aux accents d'un refrain de café-concert.

Vous êtes nés pour la plupart, mes chers amis, au lendemain de l'année terrible et, si vous n'avez pas assisté, comme vos aînés, aux douleurs et aux hontes de l'invasion, vous avez appris de bonne heure que ces humiliations et ces tristesses étaient le châtiment infligé par le destin, qui n'est que la logique, comme a dit un grand poète, à un peuple qui avait abandonné le sort de la patrie à un seul homme. Cette dure leçon, dont vous avez subi avec nous les tristes conséquences, non, vous ne l'oublierez pas et vous ne renouvellerez pas cette abdication. L'œuvre de régénération intellectuelle et physique que nous avons commencée au lendemain de nos désastres, vous la continuerez avec résolution et avec ténacité. Vous avez à réparer les fautes du passé ; vous ne les recommencerez pas. Le cercle de vos efforts est modeste ; je l'aime mieux pour vous et pour moi que l'arène retentissante de certains cirques. (*Vifs applaudissements.*)

Je vous remercie de ces applaudissements qui ne s'adressent pas à moi, mais à l'idée pure que j'in-

voque devant vous. Vive la République! vive la
France!

« S'ILS MORDENT, MORDS-LES ! »

26 novembre.

Le gouvernement ayant fait savoir qu'il prendrait
quelques mesures de police élémentaires à l'occasion des réunions boulangistes de la salle Wagram
et de la rue Richelieu, la *Presse* de samedi avait
poussé un long cri de douleur et d'indignation.
M. Ranc, hier matin, s'en était fort amusé dans le
Mot d'ordre: « Ne faudrait-il pas, demandait M. Ranc,
« laisser la bande se livrer à ses exercices accou-
« tumés, arrêter les voitures et forcer les passants
« à crier : « Vive Boulanger » ? Ne faudrait-il pas
« aussi que, sous prétexte de service d'ordre, les
« sergents de ville fissent une escorte d'honneur au
« landau de M. Boulanger depuis la rue Richelieu
« jusqu'à la rue Dumont-d'Urville ? Un journal
« boulangiste dit que si la journée finissait mal, ce
« serait la faute de la police. Sous cette menace à
« peine déguisée on sent quelque inquiétude. Les
« boulangistes commencent à s'apercevoir que ni le
« gouvernement ni les républicains ne sont disposés
« à se laisser manger, et ils commencent aussi,
« comment dirai-je ? à avoir la frousse. »

15.

La chose s'est passée de point en point comme l'avait annoncé M. Ranc. « Ces messieurs de la boulange ont eu la frousse. » Les observations que nous avons présentées à cette place, à la suite des incidents de l'avenue Lowendahl, ont été entendues à la préfecture de police : les sergents de ville se sont déployés hier pour faire respecter l'ordre, non plus pour faire une escorte d'honneur au landau de M. Boulanger.

On a appris rue Dumont-d'Urville et au siège social de la Ligue Vergoin-Déroulède que quelques mesures militaires avaient été prises. On a réfléchi et la consigne a été donnée de s'abstenir prudemment de toute manifestation sur la voie publique. Quelques douzaines de héros se sont obstinés à pousser des clameurs de café-concert : on les a envoyés rêver des palmes du martyre sur le lit de camp du poste voisin. On commence à réveiller les règlements de police : l'ordre revient dans la rue. Quand on se décidera à réveiller les lois, la conspiration césarienne aura vécu.

Résignés au silence de Conrart sur la voie publique, MM. les boulangistes se sont rattrapés dans les lieux clos et couverts, où ils ont banqueté et harangué. On trouvera plus loin un résumé des injures, des menaces et des outrages qui ont été débités à la salle Wagram et rue Richelieu par M. Déroulède et par M. Boulanger. Des hurlements variés, mais tous d'un atticisme exquis, ont accueilli ces déclamations.

M. Déroulède — le même Déroulède, me dit-on, qui ne trouvait pas autrefois, sous sa plume de Tolède, d'épithètes asez lyriques pour me dédier ses volumes en vers — m'a traité notamment de « petit juif qui suffit à dégoûter des israélites ». Il est certain que la fameuse houppelande de l'auteur de la *Moabite* n'est pas à ma taille ; quant aux sémites boulangistes dont M. Déroulède est dégoûté, ce n'est vraiment pas mon affaire.

Naturellement, M. Déroulède a ajouté que M. Ferry avait vendu la France à la Prusse, et ce beau thème a été repris par M. Boulanger. J'ai déjà rappelé le mot de Camille Desmoulins : « qu'il y a des gens « par qui mieux vaut être pendu que loué ». Il est vrai que nous ne sommes pas le moins du monde disposés à nous laisser pendre.

En résumé, la grande démonstration a pitoyablement raté. Le parti républicain, au défaut du gouvernement absorbé dans son projet de revision, a montré les dents ; la police s'est souvenue de sa mission propre ; cela a suffi. Républicains, mes amis, ayez seulement le courage et l'intelligence de prendre pour vous cette devise d'une vieille cité bretonne : « S'ils mordent, mords-les ! » Et tous ces loups-cerviers de Décembre rentreront dans la nuit...

L'ANNIVERSAIRE

2 décembre

La population républicaine de Paris et M. Boulanger ont célébré hier, chacun à sa façon, l'anniversaire du 2 Décembre.

M. Boulanger, comme il fallait s'y attendre, a sorti de son magasin d'accessoires le geste de Louis-Napoléon jurant, sur le troisième bouton de sa redingote, fidélité éternelle à la République. C'est à Nevers que s'est jouée cette comédie. Le député du Nord avait autour de lui, à la table dite d'honneur, quelques intransigeants de haute marque; trois à quatre cents bonapartistes, plus obscurs, mais qui savent très bien ce que parler veut dire, occupaient les autres tables. Tout en savourant le potage revisionniste, ils reconnaissaient les poses favorites, les équivoques usuelles et les parjures ordinaires de « l'autre », le patron des guets-apens et le grand-maître de la fourberie. Ils s'en pourléchaient les lèvres. M. de Rochefort était là, mais s'il avait trouvé enfin son homme, il avait perdu sa lanterne...

Cependant, le peuple de Paris défilait devant le monument du représentant Baudin, mort pour la défense du droit et de la loi sur la barricade du faubourg Saint-Antoine. Cette procession civique a été ce qu'elle devait être. Paris ne l'a laissé ni confisquer par son conseil municipal, ni troubler par les agitateurs révolutionnaires. Quand des hommes qui s'appellent Schœlcher et Madier-Montjau se taisaient, quand le respect des plus simples convenances commandait de ne laisser entendre, dans cette journée, que la leçon de choses qui se dégage du monument de bronze et de marbre, M. le président Darlot a prononcé une harangue qui voulait être éloquente et qui laissait voir clairement, entre les lignes, une réclame électorale.

Cette manière de tirer à soi le drap funéraire de Baudin n'a pas été du goût de Paris; le silence du peuple n'est pas seulement la leçon des rois : MM. les conseillers autonomistes, qui, pour mieux honorer un martyr du droit, n'avaient rien imaginé de plus ingénieux que de célébrer il y a quelques jours un soldat de l'émeute, l'ont appris dans la journée d'hier. Sur le parcours de l'Hôtel de Ville au cimetière Montmartre, la population républicaine a fait entendre à ses édiles que ce n'était pas précisément pour glorifier M. Darlot qu'elle s'était assemblée. Et, de même, elle a su défendre contre des tentatives, d'ailleurs rares et médiocres, de trouble et de sédition, l'ordre public pour lequel tant de craintes avaient été exprimées. Ce sont les roquets, non les lions, qui jappent et qui aboient. Paris a dit très haut que les habitudes des roquets n'étaient et ne seraient point les siennes.

Il est facile de juger d'un mot les manifestations oratoires de M. le président du conseil municipal, au cimetière Montmartre, et de M. Boulanger, à Nevers. Il suffit de leur appliquer une parole connue : « Il n'y a rien de changé en France ; il n'y a que « deux discours de plus. » Il serait, en revanche, parfaitement injuste et encore plus impolitique de ne voir dans le pèlerinage parisien à la tombe de Baudin qu'une vaine démonstration théâtrale. Non point que je sois plus disposé, au lendemain qu'à la veille de cette manifestation, à me faire illusion sur la portée d'une démonstration populaire même très imposante et très généreuse par la pensée qui l'a dictée : le moindre grain de mil, la moindre application de la loi républicaine, ferait bien mieux notre affaire. Mais le fait même de cette immense théorie se développant à travers les rues pour aller honorer un modeste représentant du peuple qui a trouvé la mort en combattant la dictature, ce fait n'est point un simple spectacle. Quoi qu'il arrive, il y a cent mille hommes qui sentent, qui savent que la République est menacée par un aventurier aux gages des partis de réaction : il y a cent mille hommes qui défendraient à outrance cette République, fruit et récompense de tant de travaux, d'efforts et de luttes...

Oui, Paris la défendrait lui-même ; mais est-ce à lui qu'il faut laisser la charge de la défendre, le cas échéant, autrement que par le bulletin de vote ? Défendre la République outragée et menacée, c'est

la tâche du gouvernement de la République ; cette
tâche n'est-elle pas abandonnée au hasard ? Je ne
doute pas que M. le président du conseil soit content de lui-même quand il répète, le matin, devant
la glace qui reflète le buste de Mirabeau, les pom-
peux discours qu'il débite ensuite, à des tribunes
variées, avec une superbe emphase. Mais j'ose dire
que Paris entend que la République soit protégée,
défendue et vengée autrement que par de vaines
paroles.

Les discours des rhéteurs, disait déjà le comique
grec, cela fait *phlato-phlato-phratt*. Cela n'a jamais
suffi et cela ne suffit pas encore.

AUTRE COMÉDIE

6 décembre.

M. Jules Auffray, ancien candidat royaliste
en Seine-et-Oise, est aujourd'hui candidat boulangiste dans les Ardennes. M. Michelin s'en
est ému. Le pacte conclu il y a dix-huit mois
avec M. Jérôme Bonaparte par l'entremise de
M. Thiébaud, les voyages de plusieurs émissaires
du général à Londres, pour s'y rencontrer avec le
comte de Paris, les tractations avec M. Victor
Bonaparte par le canal de M. le général du Barail

et de M. Jolibois, tout cela n'avait point effarouché la pudeur républicaine de M. Michelin. Il y a comme cela des chastetés qu'un simple baiser trouble plus que tout le reste. Telle est la vertu de M. Michelin. « Tout ce que vous voudrez, disait une dame du siècle dernier à un jeune homme entreprenant, mais ne me décoiffez pas ! » De même M. Michelin : « Tout ce que vous voudrez, mon général, mais ne soutenez pas M. Auffray dans les Ardennes ! »

Le beau général, qui est aussi le bon général, n'a pas voulu faire cette peine cruelle à M. Michelin. Il a réuni le « comité républicain national », — c'est ainsi que les Grecs appelaient les Furies, par antiphrase, les *Bienveillantes,* — et le comité, « en « raison de certaines candidatures ambiguës qui « viennent de se produire », a déclaré à l'unani- mité : « Aucun candidat aux élections partielles ou « générales n'a et n'aura le droit de se dire candi- « dat *boulangiste,* qui n'acceptera pas nettement la « revision pour la République par une Consti- « tuante. » Sur quoi, M. Boulanger, se tournant vers M. Michelin avec le geste classique : « Es-tu « content, Michelin? » M. Michelin a répondu qu'il était aux anges, et M. de Rochefort a proclamé que jamais déclaration plus républicaine n'avait été jurée par bouche plus pure à la face du ciel clair de décembre.

Dès que M. Michelin, avocat au barreau de Pon-

toise et petit-cousin de notre ami Candide, eut
tourné les talons : « Allons, faites venir Chincholle! » cria-t-Il; et, dès que Chincholle fut là, Il
le pria de sténographier pour la galerie les plaintes
qu'Il exhalait en arpentant à pas de lion son cabinet. Fut-il jamais plus lamentable victime! On le
blesse dans ses affections les plus chères, dans sa
fierté d'écrivain. De méchantes gens qui se piquent
de tout savoir ont reconnu, dans son oraison du
12 juillet à la Chambre, le ton de M. Naquet; dans
sa harangue de la rue Richelieu, la façon de M. de
Rochefort, et dans son discours du 2 décembre, la
manière de M. Laguerre. Or, c'est le général *lui-
même* qui a tout fait, incarnant tout, — la Tri-
mourti qui n'est pas au coin du quai, Brahma-
Rochefort, Siva-Laguerre, Vishnou-Naquet. —
« Mais revenons à M. Jules Auffray. C'est ici même,
« dans le petit bureau du premier, qu'il a rédigé sa
« proclamation... » *Spiritus flat ubi vult :* l'esprit
flotte où il veut; celui de M. Boulanger est des-
cendu au petit bureau du premier. « Il me l'a lue.
« Je lui ai fait connaître les raisons que je vous ai
« dites tout à l'heure et qui m'empêchent de le sou-
« tenir... » Les mêmes? Est-ce bien sûr? N'entendez-vous pas d'ici M. Boulanger dire à M. Auffray :
« Ce sont les bégueules de la rue de Sèze qui m'empêchent de vous donner l'estampille! » Moi, je l'entends... « Je reconnais qu'il est supérieur à ses con-
« currents... » Même à J.-B. Clément, de la

Commune, chansonnier! — « Il a l'esprit très
« nourri; il est docteur en droit; il a été auditeur
« au Conseil d'État; il est très versé dans tout ce
« qui concerne l'instruction publique; de plus, il est
« honnête; c'est un caractère... » Pourquoi n'a-t-il
pas ajouté que M. Auffray a quitté le Conseil d'État
à l'occasion des décrets et qu'il a été candidat
royaliste en Seine-et-Oise?

Et M. Chincholle est parti ravi! Et M. Auffray a
été enchanté! On le serait à moins. Désavoué auprès de M. Michelin, quelle recommandation plus
sûre auprès des électeurs royalistes et bonapartistes des Ardennes? Mais, de plus, de la main
même du général, tous ces brevets : avoir rédigé sa
proclamation dans le petit bureau, docteur en droit,
auditeur au Conseil d'État, très versé — ce qui est
parfaitement exact — dans tout ce qui concerne
l'instruction publique! M. Boulanger dit, à l'exemple
de l'ancêtre Bilboquet : « Cet Auffray doit être à
moi! » Mais M. Auffray n'a même pas besoin de
dire, comme la femme de Sganarelle : « Et si je
veux être boulangiste! »

Au surplus, quelle situation moins équivoque,
limpide comme l'eau de roche! Si M. Auffray est
battu, M. Boulanger tire de sa poche gauche la déclaration du concile de la rue de Sèze et dit : « Je
ne connais pas cet homme! » Si M. Auffray l'emporte, M. Boulanger sort de son gousset droit l'in-

terview du *Figaro* et dit : « Je l'ai baptisé supérieur à tous ses concurrents ! »

Mais M. « le général » Boulanger, après avoir fait venir M. Chincholle, a encore fait parler le *Gaulois*. Il faut toujours avoir deux cordes à son arc. Le *Gaulois* a joué consciencieusement son rôle. Il a commencé par se fâcher ou par s'en donner l'air : « De quel droit, lorsque les bonapartistes ont con-« senti à ne pas crier : « Vive l'empereur ! » et les « royalistes à ne pas crier : « Vive le roi ! » de quel « droit exigerait-on de braves gens conservateurs « qu'ils criassent : Vive la République ! » Mais ce n'est pas à M. Boulanger que le reproche s'adresse, c'est au comité. Le proverbe turc dit : « Vous frap-« pez sur le sac, mais les coups grêlent sur l'âne. » L'âne, ici, c'est le comité. « Le parlementarisme, « s'écrie le *Gaulois*, voilà l'ennemi ! Nous l'avons dit « vingt fois, et, sur ce point, nous étions d'accord « avec tous les membres du comité de la rue de Sèze. « Et ce sont eux, les membres mêmes de ce comité, « dont plusieurs passent pour spirituels, qui ont la « prétention, *en faisant du général Boulanger leur* « *prisonnier*, d'installer un Parlement au petit pied « et, par là, de se mettre au-dessus des volontés du « pays. La réponse du pays sera très simple. Il a « déjà dit : « Assez du Parlement ! » Il pourrait bien-« tôt dire : « Assez du comité !... » Voilà, c'est sim-ple comme bonjour. Boulanger tout seul ! Boulan-ger *for ever !*

Et la farce est jouée... M. Boulanger crie : « Vive la République! » Il vous convie, ô doux réactionnaires! à crier avec lui : « Vive Marianne! » Là! le pauvre homme, ne lui en voulez pas! Ce n'est pas sa faute. Libre de tout lien, il crierait tout bonnement : « Vive Boulanger! » Mais il est prisonnier du comité, comme Richard Cœur de Lion dans sa tour... Le numéro de la cellule, s. v. p.?

Que les partis de monarchie se laissent prendre à cette comédie, c'est leur affaire : cela regarde leurs princes. Mais qu'il y ait encore des républicains qui en soient dupes, voilà qui passe l'imagination!... Je ne parle pas de M. de Rochefort : la joie de la vie, c'est les articles de M. Pelletan, qui ne peut pas plus se consoler de l'abandon de M. de Rochefort que Calypso du départ d'Ulysse. La surprise douloureuse du principal collaborateur de M. Clémenceau est un régal philosophique... Mais les autres, tant de braves gens, ouvriers, paysans et bourgeois, qui s'obstinent dans leur rêve! L'expérience de l'autre, de Louis-Napoléon, ne leur a servi de rien : je ne m'en étonne pas. Ils connaissent tout juste de l'histoire du 2 Décembre ce que M. Boulanger, de son propre aveu, en savait la semaine dernière, c'est-à-dire rien. « J'avoue, a dit M. Boulanger à son con« fident Chincholle, j'avoue que je ne connaissais le « coup d'État, avant mon discours, que comme nous « le connaissons tous. Ayant à en parler, j'ai dû « l'étudier de plus près. Il y a même une chose que

« je regrette de n'avoir pas dite. Je suis sorti de cette
« lecture en me demandant pourquoi Louis-Napo-
« léon a entrepris son coup d'État. Au point·où il
« en était, *il n'avait pas besoin de le faire.* Un plé-
« biscite lui eût donné ce qu'il voulait. » — Mais
laissons cela : ils ne connaissent point l'histoire du
2 Décembre, soit! Mais ils n'ignorent point, au
moins par les journaux boulangistes qui en ont fait
des gorges chaudes pendant deux semaines, le défi
que j'ai porté à M. Boulanger et qui n'a point été
relevé : « Vous voulez que je croie à la sincérité de
« vos convictions républicaines? Eh bien ! déclarez
« publiquement que vous restez le partisan des lois
« de précaution, comme disait M. Thiers, qui inter-
« disent aux prétendants le territoire de la Répu-
« blique, et que vous êtes opposé à l'élection du
« chef de l'État par le suffrage universel! »

Quand j'y réfléchis, je me demande encore pourquoi M. Boulanger n'a pas relevé le défi. Qu'est-ce
que cela lui coûtait? Il a bien commencé par affirmer qu'il n'avait jamais écrit ni les dépêches du
comte Dillon, ni la lettre à M. le duc d'Aumale.

LE SCRUTIN

16 décembre.

On n'a pas oublié les brochures de M. le vicomte Arthur de la Guéronnière sous l'Empire. Dès que paraissait l'un des petits opuscules à couverture jaune, traçant au gouvernement impérial la politique à suivre, tantôt à Rome, tantôt en Orient, tantôt dans les duchés, on pouvait être certain que le lendemain, — quelquefois seulement le surlendemain, mais c'était rare, — le cabinet des Tuileries proclamerait solennellement la politique recommandée par la brochure. M. de la Guéronnière jurait ses grands dieux qu'il n'avait pas vu l'empereur depuis six mois — et M. de Persigny le croyait.

Notre ami Arthur Ranc est l'Arthur de la Guéronnière du ministère Floquet. — Il y a, sans doute, quelques différences. Il n'est pas vicomte; il lui suffit d'être un ferme citoyen. Il ne pose pas au pupille de Lamartine; il se contente d'être le meilleur élève de J.-J. Weiss. Et puis, surtout, il lui arrive — quelquefois, avouent ses adversaires, moins souvent que ne le voudraient ses amis dont nous sommes — de défendre avec courage et talent des causes justes et bonnes.

On connaît l'article, qui date d'avant-hier, où M. Ranc, le plus enragé des *listiers* d'autrefois, — il était plus listier que la liste, ayant toujours logé au pavillon Marsan de la République, — s'est prononcé nettement, résolument, non sans regret, mais avec d'autant plus de fermeté, pour la réforme électorale de 85. L'article avait fait sensation dans le monde politique. La conversion de M. Ranc au scrutin d'arrondissement était déjà, par elle-même, un événement. Quand un républicain de cette trempe se résignait à changer publiquement d'avis, les plus orthodoxes pouvaient dire adieu sans remords à leurs derniers scrupules. Mais M. Ranc n'avait-il annoncé que la conversion de M. Ranc ?

Le conseil des ministres s'est réuni hier matin et comme le douzième coup de midi sonnait, nous avons appris que le conseil, à l'unanimité moins une abstention, venait de se prononcer pour le scrutin d'arrondissement. Il est permis de dire que l'influence de M. le président de la République n'a pas été étrangère à ce vote. Mais il serait absolument injuste de ne pas rendre hommage à la fermeté avec laquelle M. le président du conseil, qui avait lutté longtemps contre ses propres préférences d'antan, a poursuivi la conversion de ses collègues, après avoir opéré la sienne.

Les convictions les plus anciennes, les plus légitimes amours-propres ne sauraient peser le poids d'un fétu de paille quand l'intérêt supérieur de la liberté et de la République est en jeu. M. Floquet a sacrifié son amour-propre et ses convictions à cet intérêt. Entre sa conscience qui lui commandait cet holocauste et M. Clémenceau qui le lui défendait, il a cessé d'hésiter. M. le président du conseil a agi hier en bon citoyen, en politique sage, courageux et prévoyant. Nous ne cessons pas de penser que la revision est une coupable chimère, que le projet sur l'impôt du revenu n'a pas le sens commun et que l'ensemble du programme radical ne vaut pas mieux. Nous n'en sommes peut-être que plus qualifiés pour louer la résolution dont M. Floquet vient d'emporter le vote.

Nous sommes d'autant moins suspects — je le rappelle sans fausse pudeur — que le scrutin de liste n'a pas eu de défenseurs plus zélés et plus ardents que nous. Je crois avoir été le premier à ouvrir le feu pour le scrutin de liste dès 1879, et je n'en rougis pas. Nous sommes-nous trompés alors ? Je ne le pense pas. Sous la direction de Gambetta, à l'heure où le parti républicain marchait encore à peu près uni et compact, je crois toujours que le scrutin de liste eût fait sortir du suffrage universel la grande Assemblée gouvernementale et réformatrice que nous attendions. Nous sommes payés pour être plus modestes. Le scrutin de liste, à cette époque où il était le bon scrutin de bonne place, a été repoussé. Plus tard, après la mort de Gambetta, après

l'odieuse panique parlementaire de Langson, il était
trop tard. C'est dès lors que nous eussions dû nous
convertir. Le scrutin de liste venait comme la mou-
tarde après dîner... On sait le reste.

Je puis, quant à moi, continuer à préférer le scrutin de liste par arrondissement au scrutin uninominal ; j'ai développé mes arguments dans ce journal.
Mais le gouvernement de la République réclame le
scrutin uninominal : c'est entendu. Nous ferons résolument campagne pour le scrutin uninominal avec
M. Floquet, avec l'immense majorité des conseils
généraux et du pays républicain. Maintenant que la
chose est décidée, nous nous contenterons de supplier la Chambre de faire vite. « Il faut, disait
M. Ranc dans le *Matin*, que la question du mode de
scrutin soit tranchée dès le commencement de la
session prochaine, au plus tard en février. » Sur ce
point, comme sur le fond même de la question, est-il
permis d'espérer que M. Ranc et M. Floquet sont
d'accord ?

Quant aux plaisantins de l'intransigeance indé-
crottable et de la boulange qui vous reprocheront
demain, ô mes amis ! d'abjurer vos idées d'autrefois
dans un intérêt qu'ils appellent électoral, et qui est
tout simplement le salut de la République, vous
pourrez leur répondre, en toute sérénité de conscience, que vous n'avez jamais été plus fidèles à la
véritable doctrine de Gambetta qu'en vous ralliant
aujourd'hui au scrutin d'arrondissement.

Le suffrage universel est un principe ; le mode de scrutin. Il en est du scrutin de liste et du scrutin d'arrondissement comme du libre-échange et de la protection. « Comme la plupart des principes affirmés « en 1848 », écrivait Gambetta le 6 juin 1868, « le « libre-échange, pour produire ses conséquences « fécondes, réclame un milieu politique et social « bien différent des conditions actuelles. En effet, « cette théorie de la liberté des échanges entre tous « les marchés du monde n'est qu'une donnée de la « science économique pure ; *ce n'est pas un dogme* « *irréfutable, inflexible, qu'il faut appliquer rigou-* « *reusement et sur l'heure à toutes les sociétés.* »

Voilà pourquoi, après avoir été libre-échangiste, nous tenons aujourd'hui pour la protection, et, après avoir été listiers, nous sommes arrondissementiers aujourd'hui.

L'honneur parle, il suffit : ce sont là nos oracles.

Car c'est bien l'honneur qui parle, puisqu'il s'agit d'assurer le succès de la République contre la détestable coalition dont M. Boulanger est le chef! Il suffit...

AU SÉNAT

20 décembre.

Si j'écoutais le poète qui meurt jeune, paraît-il, chez la plupart des hommes, mais qui n'est pas près de mourir chez moi, je parlerais seulement de la jouissance artistique incomparable que nous a donnée hier M. Challemel-Lacour. Dans la faible mesure où il est possible d'expliquer un chef-d'œuvre qui ne le cède à aucun des chefs-d'œuvre les plus achevés de l'éloquence athénienne, je détaillerais l'harmonie de ce discours, je montrerais la propriété impeccable des termes, la beauté de la forme, à la fois simple et noble, toujours digne, pour tout dire d'un mot, de la pensée fière et haute qu'elle revêt… Ce serait écrire pour notre plaisir ; c'est une joie que nous refuse l'épaisseur des temps. Encore une fois, il faut parler politique.

Dans l'exposé magistral de philosophie républicaine que M. Challemel-Lacour a porté hier à la tribune du Sénat, et qui s'impose aux méditations profondes de la démocratie, il y a deux choses : un examen du passé, où les regrets abondent, et un acte de foi mâle et vigoureux dans l'avenir.

C'est l'esprit radical qui sera, devant l'histoire, responsable des plus lourdes fautes dont la République supporte aujourd'hui le poids. Il ne s'agit pas de savoir si M. le président du conseil incarne ou non cet esprit ; aujourd'hui surtout, après la défense personnelle que M. Floquet a présentée au Sénat, et qui est légitime sur quelques points, la question n'est pas là. L'esprit radical, comme tout autre esprit malfaisant ou bienfaisant, flotte où il veut ; pour le malheur de la chose publique, il est trop certain qu'il a flotté, depuis dix ans, sans doute avec une violence inégale, dans toutes les parties de la majorité. Il a flotté au centre quand le centre s'associait, par timidité d'âme ou par tactique, à des mesures qu'il avait désapprouvées à l'origine. Il a flotté à l'union républicaine. M. Clémenceau ne me contredira pas quand je dirai qu'il a sévi à l'extrême-gauche.

Eh bien ! l'esprit radical a fait tout le mal dont souffre aujourd'hui la démocratie désorientée, effrayée, ballottée entre l'anarchie et la dictature. Il a empiré les mesures qui étaient mauvaises par elles-mêmes. Il a gâté les réformes les plus généreuses et les plus justes. C'est l'esprit de sagesse, de calme et de prudence qui a fondé la République ; c'est l'esprit d'agitation, c'est-à-dire le radicalisme, qui l'a compromise. Mais, hélas ! la forme de gouvernement n'est pas seule atteinte, c'est la nation même qui est aujourd'hui menacée, dans sa paix et dans son honneur, par la bande que « le dernier des

hommes » conduit, depuis quelques mois, à l'assaut
de la liberté et du pouvoir.

Tout est compromis, tout est menacé, mais rien
n'est perdu. Un instant, lorsque M. Challemel-Lacour eut achevé le tableau aussi douloureux que
véridique des hontes qui nous oppriment et des angoisses cruelles qui nous serrent le cœur, quelques-
uns ont paru craindre qu'une parole de décourage-
ment ne tombât des lèvres de l'orateur en guise de
conclusion...

« Celui qui goûte et qui a goûté la douceur et le
« bonheur qu'on trouve dans la sagesse, voyant
« clairement la folie du reste des hommes et la
« perpétuelle extravagance, on peut le dire, de
« tous ceux qui gouvernent ; n'apercevant, d'ail-
« leurs, presque personne qui voulût s'allier à lui
« pour aller au secours des choses justes sans ris-
« quer de se perdre ; se regardant comme tombé au
« milieu d'une multitude de bêtes féroces dont il ne
« veut point partager les injustices et à la rage
« desquelles il lui serait impossible de s'opposer
« tout seul ; sûr de se rendre inutile à lui-même et
« aux autres et de périr sans avoir pu rendre quel-
« que service à la patrie et à ses amis ; plein de ces
« réflexions, il se tient en repos, uniquement oc-
« cupé de ses propres affaires et comme un voya-
« geur assailli d'un violent orage s'abrite derrière
« un petit mur contre la poussière et la pluie que le
« vent soulève ; de même, voyant que les hommes

16.

« sont remplis de dérèglement, il s'estime heureux
« s'il peut lui-même passer cette vie, pur de toute
« action inique et impie, et en sortir plein de calme
« et de douceur avec une telle espérance. »

Libre à Platon de parler ainsi; le fier républicain qui a fait entendre hier au Sénat sa forte parole pense autrement. Non, il ne faut pas désespérer de l'avenir, si du moins l'on a le courage de revenir résolument à la sagesse. Non, ceux qui ont rêvé la République, qui ont défié pour elle l'exil et les amertumes de la défaite, qui l'ont fondée et qui la voient aujourd'hui ébranlée, non, ceux-là ne se sont pas trompés; ils n'ont pas vécu inutilement; ils n'ont pas lutté et souffert inutilement; ce n'est pas à la poursuite d'un idéal vain et trompeur qu'ils ont donné leur existence tout entière. La République, qui est le fait et le droit, est encore la vérité: elle doit survivre à ses propres fautes, elle vivra. Non, il ne faut pas désespérer: il faut lutter. Pour commencer, on sera cinquante, on sera vingt, on sera dix. Mais si l'on sait être, avec une obstination invincible, la modération, la tolérance et la justice, on vaincra. Cette nation est celle du bon sens, de la raison saine et droite: elle veut la fin des agitations stériles; elle aspire au calme, au repos. Il faut avoir la volonté tenace de lui rendre ces biens égarés dans les tumultes de l'intransigeance, non pas perdus. « Faites votre devoir et laissez faire aux dieux! »

La démocratie fera-t-elle son devoir? Entendra-t-elle la grande leçon qui lui a été donnée hier et qui s'élève autant au-dessus des petites misères de la vie parlementaire, des compétitions ministérielles, des intrigues de couloir ou d'antichambre, que la vérité au-dessus du mensonge? Et pourquoi non? Pourquoi cette démocratie n'entendrait-elle pas la parole qui lui a été dite et à qui la personne de l'orateur donnait une autorité supérieure? Celui qui parlait n'est point de ceux qui sont venus sur le tard à la République, — non point que je veuille médire de ceux-là, je sais tout ce qu'ils ont fait pour notre cause commune, tout ce qu'ils sont capables de faire encore, et que le dévouement profond à la liberté n'attend pas, chez eux, le nombre des années au service de la République. — Mais, précisément parce que l'orateur d'hier est un des plus anciens soldats de la démocratie, qu'il lui a appartenu corps et âme depuis près d'un demi-siècle, qu'il a servi sa cause, à l'avant-garde, à travers toutes les épreuves, proscrit du 2 Décembre, adversaire irréconciliable de l'Empire, collaborateur de Gambetta, — précisément parce que sa « pureté républicaine » ne le cède à aucune autre, il avait le droit plus que tout autre de parler comme il a parlé, et il est permis d'espérer que sa parole plus que toute autre sera entendue. Mettez le même langage — sans doute, l'hypothèse est hardie — dans telle autre bouche : l'ardeur du bien public sera la même, également digne de respect, d'estime et d'admiration ; mais l'autorité sera-t-elle la même ? Je ne voudrais pas risquer un paradoxe ; mais enfin, n'est-il pas prouvé par l'expérience, par toute l'histoire parlementaire de l'Angleterre, pour prendre un exemple topique, qu'il n'y a rien de tel que certains *conservateurs* pour faire de la bonne politique de réforme et rien de tel que certains *progressistes* pour faire de la vraie politique de modération ?

De la réponse que M. le président du conseil a faite à M. Challemel-Lacour, il est juste de ne retenir qu'un point : M. Floquet a donné au Sénat l'assurance formelle que le ministère radical dont il est le chef proposerait le rétablissement du scrutin uninominal. Que vous disais-je ? *Spiritus flat ubi vult.* Il arrive ainsi à l'esprit de prévoyance et de prudence de flotter parfois sur les plus hautes cimes du radicalisme.

LE DUC D'AUMALE

21 décembre.

Le *Journal des Débats*, qui accomplira en 1889 la centième année de son existence et qui prépare, à cette occasion, un volume rappelant à grands traits son histoire et celle de ses principaux collaborateurs, a demandé à M. le duc d'Aumale une étude sur

M. Cuvillier-Fleury, son maître et son ami, et « n'a
pu résister au plaisir » de reproduire, dès hier, cette
étude, datée de Woodnorton, octobre 1888.

Je me permets de recommander cette lecture aux
royalistes qui ont inventé, en l'honneur de M. Boulanger, la belle théorie du « trou » et du « lit » ; je
la recommande également aux orléano-boulangistes
honteux à qui, comme à M. d'Haussonville, le prétendant césarien ne rappelle que d'aimables souvenirs de voyage. « Il m'est arrivé, écrit le duc d'Au-
« male, de parler trop légèrement de Démosthène ;
« je pourrais essayer de faire partager à Fleury la
« responsabilité de cette irrévérence ; mieux vaut re-
« connaître mon erreur et m'accuser seul. J'ai, de-
« puis, visité Athènes et Syracuse, lu Thucydide
« en Sicile, suivi sur place ses incomparables ré-
« cits : le brillant, vaniteux et perfide Alcibiade
« porté au commandement par un courant de faveur
« populaire, entraînant sa patrie dans les aven-
« tures, puis quittant l'armée, emmenant la flotte
« pour retourner au théâtre de ses exploits politi-
« ques, laissant l'austère soldat Nicias soutenir
« seul la lutte que terminent la défaite et la mort.
« Ah ! que Dieu nous préserve des Alcibiades ! Re-
« lisons Thucydide ; puissions-nous être éclairés
« par le spectacle que présentent les démagogies
« d'Athènes, de Corcyre ou d'Agrigente !... » Entendez-vous, monsieur Hervé ? Comprenez-vous,
monsieur le marquis de Breteuil ?

Je me permettrai également de prier M. le comte de Paris de se distraire un instant de la lecture captivante du *Gaulois* et de la *Cocarde*, pour lire le passage relatif au testament de son père, le testament qu'il a si gaillardement déchiré en s'agenouillant aux pieds de M. le comte de Chambord. M. le duc d'Aumale qualifie « d'admirable » le testament où le duc d'Orléans recommandait à ses fils de rester fidèles, à travers toutes les épreuves, au principe de la Révolution. Il l'a vu tracer phrase par phrase, en rade de Toulon. L'on sait assez comment M. Philippe d'Orléans entend cette fidélité.

Enfin j'aurai encore l'audace de prier M. le président du conseil de jeter les yeux sur le début de la lettre au *Journal des Débats* : « Dans le paisible « cottage qu'animait jadis la présence de ma femme « et de mes fils, et où le vent de l'adversité me ra- « mène solitaire au déclin de ma vie... » Et je lui demanderai s'il ne se laissera pas toucher par le spectacle de ce vieux soldat qui a été, je l'ai assez dit et redit, justement frappé en d'autres temps par M. de Freycinet, mais qui mérite bien, par l'éclat des services qu'il a rendus autrefois dans les guerres d'Afrique, par la fierté de son attitude dans l'exil et par sa haine implacable de la démagogie césarienne, qui mérite bien de revoir la terre de France avant de fermer les yeux ?

Vous avez la légitime ambition, monsieur le président du conseil, de transmettre votre nom à la

postérité. Consultez l'histoire ; on va plus sûrement
à la postérité par un bel acte de générosité et de
clémence que par vingt discours et quarante projets
de revision. Soyez juste, faites acte de courage. Quoi
que vous fassiez, vous savez bien que vous ne serez
pas traité d'orléaniste, même par M. Clémenceau.
Ne repoussez pas cette bonne fortune. Permettez
au frère de celui qui était sur les marches du trône,
un fils dévoué de la Révolution, de saluer sur la
terre française l'aube de notre Centenaire. Laissez
rentrer le vainqueur d'Abd-el-Kader, l'ami de Cavai-
gnac, l'auteur de la *Lettre sur l'histoire de France*,
le juge de Bazaine, le donateur de Chantilly. Ce
sera digne de la République et ce sera politique.
Faites cela. Il ne s'agit pas d'abroger la loi de précaution contre les prétendants : il n'y a que des
insensés ou des traîtres qui pourraient en réclamer
l'abrogation. Il s'agit d'un acte de clémence que la
loi même de précaution a prévu et réglé. La République, celle que vous avez aimée depuis votre première jeunesse, que vous n'avez cessé d'aimer en la
servant selon les inspirations heureuses ou non de
votre conscience, a toujours été, pour vous comme
pour nous, un idéal rayonnant de générosité. Aidez
à garder précieusement cet idéal.

Si Barbès et si Charras pouvaient sortir de leur
tombe, ils vous diraient, eux dont le noble cœur a
toujours battu pour les nobles causes, que la République, qui a toujours été l'amnistie et le pardon,

mentirait à son passé en laissant mourir ce vieux
Français, qui a expié assez la faute d'une heure,
qui restera pour nous tous un adversaire politique,
mais qui a l'amour de la patrie et le sentiment de
son honneur chevillés dans l'âme, en le laissant
mourir loin de la terre natale,

> . . . . . la terre douce et triste,
> Tombeau de mes aïeux et nid de mes amours.

Une fois encore, n'écoutez pas M. Peytral et
M. Goblet. Ne consultez personne ; souvenez-vous
seulement de la tradition républicaine, qui n'est pas
faite tout entière des nécessités pratiques de la
lutte quotidienne. Prenez l'arrêté qui rouvrira au
frère du duc d'Orléans les portes de France et portez-
le au petit-fils du patriote qui dort encore, à Magde-
bourg, dans la terre d'exil. Ce n'est pas seulement
avec joie, c'est avec reconnaissance qu'il le signera.
Et tous les républicains qui ont quelque chose là,
sous la poitrine, applaudiront...

LE MAL DE MER

24 décembre.

J'ai lu consciencieusement les articles que la presse radicale a consacrés aux discours de MM. Challemel-Lacour (1), Rouvier, Jules Ferry et Spuller (2); j'y ai trouvé des épigrammes, des calembours, des coq-à-l'âne et même des injures ; mais j'en suis encore à chercher un argument sérieux, une réfutation qui ne soit pas une déclamation.

« Des réformes, des réformes et encore des réformes ! Marche en avant ! A gauche, encore à gauche et toujours à gauche ! » voilà le « tarte-à-la-crème » qui résume tous ces articles. Nos amis disent : « Ce pays a besoin de calme, de repos. — Politique de stagnation, » répond le chœur des gazettes intransigeantes. Je m'étais laissé dire, jusqu'à présent, que la stagnation est à la stabilité ce que l'agitation est au mouvement. Les journaux ministériels traitent de podagre et même de cul-de-jatte quiconque n'est pas affecté de la danse de Saint-Guy.

Voici un pays qui, depuis dix-huit années, à peine sorti d'une convulsion effroyable, a fondé la Répu-

(1) Au Sénat.
(2) A l'Association nationale républicaine.

blique, établi le service militaire obligatoire et personnel, l'enseignement obligatoire, gratuit et laïque,
tenté l'expérience de la liberté illimitée de la presse,
de la liberté illimitée de réunion, de la liberté
municipale, entrepris pour plusieurs milliards de
travaux publics, fait les lois sur les syndicats professionnels, sur les sociétés de secours mutuels, sur
le divorce, sur les récidivistes, sur la liberté des
funérailles, sur le régime douanier, conquis deux
immenses colonies ; il a absorbé assez ; comme il
y a temps pour tout, il veut digérer ; il crie sur tous
les tons qu'il n'a plus faim : « Je veux assimiler,
dit-il. — Mange, mange, mange ! » répond M. Clémenceau.

Mais comment voulez-vous, saturé et gavé comme
il l'est, ayant à peine commencé de digérer, qu'il
mange encore ?... Je vous entends : il y a le procédé
romain : quand Trimalcion avait englouti un menu
de vingt-cinq plats, il se donnait le mal de mer et,
libéré ainsi, il se rasseyait à un nouveau souper.

Le mal de mer, je le connais : il s'appelle le boulangisme. La politique de M. Clémenceau, manger
toujours et ne jamais digérer, c'est la politique de
Trimalcion.

LE GÉNÉRAL MIDAS

26 décembre.

On causait l'autre jour, à la sortie de la cour d'assises, des objurgations véhémentes et injurieuses que Prado venait de lancer au jury :

« C'est le dernier des cyniques, dit un avocat.

— Dites donc l'avant-dernier ; il ne faut décourager personne. »

Je pensais naturellement à M. Boulanger ; je n'en ai pas eu le démenti.

Dès que la nouvelle de la mort du pauvre Hude a été connue, une nuée de reporters se sont réunis autour de M. Boulanger : « Vous présentez-vous ?— Comment ! si je me présente à Paris ! Vous n'en doutez pas ?—Croyez-vous au succès ?— Rochefort me promet les 180,000 lecteurs de l'*Intransigeant.* » Puis, après avoir rendu hommage à la loyauté de M. Floquet, au talent de M. Vacquerie et au bon sens de M. Ranc : « Savez-vous que M. Reinach a « pris une initiative intelligente et courageuse en « réclamant l'abrogation du bannissement du duc « d'Aumale? »

Cet homme, comme il a cherché à déshonorer le patriotisme, déshonorerait la générosité et la justice !

Quand le Sénat eut voté la loi de précaution contre les prétendants, loi qui interdisait aux membres des familles ayant régné sur la France l'accès des emplois civils et militaires, rien n'obligeait le ministre de la guerre d'alors à enlever son grade au duc d'Aumale, son ancien chef. Encore quelques mois, et le vieux soldat, dont M. Boulanger avait été le plat courtisan, atteignait la limite d'âge ; son nom disparaissait naturellement de l'Annuaire. M. Boulanger ne daigna consulter ni le président de la République, M. Grévy, ni le président du conseil, M. de Freycinet ; il n'écouta que son hystérie démagogique, raya des cadres de l'armée son patron de la veille, d'où l'incident qui obligea le gouvernement à expulser le duc d'Aumale. Et c'est le même Boulanger, pendant que ses journaux, la *Presse*, l'*Intransigeant*, la *Cocarde*, n'arrêtent pas, depuis quatre jours, de vider en mon honneur le vocabulaire des halles parce que j'ai proposé de rouvrir au duc d'Aumale les portes de la patrie française, c'est lui... Voilà près de dix ans que je suis si bien accoutumé aux outrages et aux calomnies de l'*Intransigeant* et de ses congénères que si, par hasard, un matin, je ne suis pas insulté et diffamé par ces gens-là, il me manque quelque chose. Mais il y a une injure suprême, les compliments de M. Boulanger, à laquelle je ne saurais me résigner.

Mais ce couplet n'est rien ; c'est la suite de l'*interview* qui est le vrai chef-d'œuvre, à la veille de la

période électorale où l'ami de M. de Rochefort
compte bien plus sur les voix des lecteurs du *Soleil*
que sur les voix des lecteurs de l'*Intransigeant*. Je
n'aurai point la naïveté de signaler cet *interview* à
MM. de Rochefort et Laguerre qui se garderont,
comme de la peste, de le reproduire dans leurs journaux où ils continueront à accuser d'orléanisme
M. Challemel-Lacour, M. Jules Ferry et M. Charles
Floquet lui-même. Je le recommande seulement à
M. Michelin, « le monsieur qui fait des scènes » au
comité Marchandon :

« On me représente, dit M. Boulanger au reporter
« de l'*Événement*, dressant des listes de proscrip-
« tion, exilant en pensée celui-ci, emprisonnant sur
« le papier celui-là, cet autre encore. Quelle sot-
« tise ! Le premier acte de mon gouvernement, si
« le pays me porte à la présidence de la République »,
— nous avions cru sur parole M. Boulanger affir-
mant qu'il poursuit l'abolition de la présidence de la
République, — « mon premier acte serait d'abroger
« les lois d'exil et de faire rentrer tout le monde,
« vous entendez bien ? ouvrir à tous les Français
« cette France que j'aime trop passionnément pour
« ne pas comprendre combien l'exil doit être pe-
« sant, irritant, mauvais conseiller. »

Je laisse de côté l'invraisemblable ânerie qui consiste à annoncer que le premier acte du gouvernement d'Ernest Ier serait d'abroger les lois d'exil,
comme si les lois s'abrogeaient comme un décret,

comme si l'abrogation ou la confection des lois n'appartenait pas, non à l'exécutif, mais, sauf au Dahomey, au pouvoir législatif. Mais — il me sera bien permis de le constater moi-même ! — voilà six mois que, dénonçant jour par jour l'entente conclue entre M. le général Monk-Boulanger et M. Jérôme Bonaparte par le canal de M. Thiébaud, M. Victor Bonaparte par l'entremise de M. Jolibois, et M. le comte de Paris à la suite du voyage de M. Dillon à Londres, je mets le « général » au défi de se déclarer ouvertement, publiquement, le partisan résolu et impénitent des lois que M. Thiers appelai. les lois de précaution. Vingt fois j'ai renouvelé le défi : vingt fois l'*Intransigeant*, la *Cocarde* et la *Presse* m'ont répondu par des haussements d'épaule. Et voilà aujourd'hui M. Boulanger lui-même, pris au piège de sa surenchère électorale, qui me répond :
« Le premier acte de mon gouvernement serait de
« faire rentrer les prétendants, M. Jérôme Bona-
« parte, le prince Victor et M. Philippe d'Orléans ! »

Vous dites, monsieur, que je suis intelligent : eh bien ! non, vraiment, je ne puis vous rendre la pareille !

C'est en vertu même de l'une des dispositions les plus nettes, les plus formelles de la loi de précaution, qui est l'une des lois fondamentales de la République que j'ai demandé la rentrée du duc d'Aumale en France, et ce n'est pas une approbation de comédien qui me fera changer d'avis : bien au contraire. — Déjà M. Boulanger s'est déclaré partisan du scrutin uninominal, parce qu'il en a peur, pour essayer de nous tromper sur nos véritables intérêts. — Mais ce qu'il demande, lui, l'honorable candidat à la succession de M. Hude, c'est l'abrogation même des lois d'exil contre les prétendants factieux. Pauvre bavard, va! qui ne sait pas plus imiter le silence de M. Bonaparte, se taisant jusqu'à la veille du 2 Décembre, que le silence du général Monk, se taisant jusqu'à la veille de la restauration de Charles II! Ah! vous voulez piper à coup sûr les voix de M. Hervé, de M. de Mackau, de M. d'Haussonville, de M. Paul de Cassagnac! Pipez, pipez!... Mais vous venez de montrer le bout de l'oreille, que dis-je? l'oreille tout entière, ô général Midas, et le peuple de Paris a vu !

PÉTITION

28 décembre.

Messieurs les sénateurs,
Messieurs les députés,

Le journal boulangiste la *Presse* a publié hier matin une circulaire confidentielle du ministre de la guerre aux généraux commandants de corps d'armée, circulaire communiquée par « un patriote qui

« a pensé qu'il ne pouvait plus y avoir de secret
« professionnel quand il s'agit de la sécurité de la
« patrie ».

J'ignore la nature du dommage que la divulga-
tion de la circulaire de M. de Freycinet, relative
au ravitaillement des places fortes, peut porter à
l'œuvre de la défense nationale; il est même possible que la révélation en soit inoffensive. Mais je
me demande ce que nous deviendrons en temps de
guerre, si le premier reporter venu peut impunément, quand il s'agit du *steeple-chase* aux nouvelles,
traiter le secret professionnel militaire comme une
simple Constitution.

Ou plutôt je ne le demande pas, je le sais.

Pendant que nos bons camelots accrocheront à la
lanterne, comme espion, tout photographe qui sera
suspect d'accent alsacien, nos aimables reporters
livreront jour par jour à l'armée allemande — oh!
avec les meilleures intentions du monde, pour satisfaire la clientèle ! — le secret de nos opérations militaires.

Nous avons vu ces choses en 1870; nous les re-
verrons.

En 1870, c'est une dépêche particulière du journal
le *Temps* qui a porté à la connaissance du général
de Moltke la marche du maréchal de Mac-Mahon
sur Montmédy et Mézières. (État-major allemand,
Mémoires de Schneider, Mémoires de Frédéric III,
Général Lewal.)

Or, on prétend que le niveau de la presse ne s'est pas précisément élevé, ou si vous aimez mieux, que sa discrétion ne s'est pas précisément accrue depuis 1870.

Concluez!

J'ai signalé vingt fois à la sagacité de mes contemporains, qui m'ont ri au nez, la loi de 1881 sur la liberté de la presse comme le plus extraordinaire monument d'ingénuités, de contradictions et d'iniquités qu'il soit possible d'imaginer.

Ce n'est pas la loi sur la liberté, c'est la loi *sur la tyrannie* de la presse.

C'est l'oppression organisée, c'est le privilège dans ce qu'il y a de plus injustifiable.

Simple insulteur, vous écrivez au concierge de M. Rouvier ou de M. Henry Maret : « Votre locataire est un voleur. »

Vous n'avez diffamé Maret ou Rouvier qu'auprès de leur concierge.

Police correctionnelle : trois mois de prison.

Mais, journaliste, vous écrivez la même phrase dans une feuille qui tire à 180,000 exemplaires.

Vous avez diffamé Rouvier et Maret auprès de 360,000 lecteurs.

Cour d'assises ; le jury a élevé le mépris de la presse à la hauteur d'une institution : vous êtes acquitté.

Autre exemple :

Simple malfaiteur, vous allez ramasser un ivrogne

quelconque au cabaret et vous lui donnez un revolver chargé à balles pour assassiner M. Ferry.

Complicité de crime, soit que l'ivrogne tire sur M. Ferry, soit qu'il reste à cuver son vin.

Vous êtes passible de prison, de réclusion, de travaux forcés.

Mais, journaliste, vous écrivez dans votre gazette que M. Ferry est un misérable qui mérite un coup de couteau en plein ventre.

Si le coup de couteau n'est pas porté, les inventeurs de la belle théorie que l'excitation au crime, non suivie d'effet, n'est pas un délit, feu Emile de Girardin et M. Floquet, vous tirent leur révérence.

MESSIEURS LES SÉNATEURS,
MESSIEURS LES DÉPUTÉS,

Vous avez le devoir de réfléchir et d'aviser.

En temps de paix, la loi de 1881 sur la liberté de la presse met en péril la République et la liberté.

En temps de guerre, la loi de 1881 mettrait en danger la patrie elle-même.

Si j'avais l'honneur d'être député ou l'âge pour être sénateur je déposerais sur la tribune la proposition suivante :

ARTICLE PREMIER

En temps de paix, la presse est soumise au droit commun.

ARTICLE 2

En temps de guerre, il est interdit aux journaux de publier d'autres nouvelles militaires que celles qui ont été officiellement communiquées.

Tout directeur de journal qui aura enfreint cette interdiction sera traduit, dans les vingt-quatre heures, devant un conseil de guerre composé d'un sous-officier et de trois caporaux, et, après constatation de son identité, fusillé.

Veuillez agréer, messieurs les représentants du peuple, qui êtes chargés de défendre les intérêts de la République et de la patrie, les assurances de mon profond respect.

VI

L'ÉLECTION DE LA SEINE

M. Hude, député de la Seine, étant mort le 23 décembre,
la date de l'élection de son successeur au fut fixée au 27 janvier.

LA PÉRIODE ÉLECTORALE

6 janvier

Le scrutin de liste a ses vertus et ses inconvénients ;
le scrutin d'arrondissement a ses vices et ses avantages ; le scrutin uninominal par département, le
scrutin de liste sans liste, n'a ni vertus ni avantages ;
c'est une bêtise.

(Comme j'ai exprimé cette opinion dix ans avant
la venue du messie Boulanger, j'ai peut-être le droit
de la rappeler aujourd'hui.)

Dans une Assemblée législative, qui cependant ne comprend pas que des hommes de génie, je défie les ennemis les plus féroces du régime parlementaire d'imaginer un Prud'homme assez utopiste ou assez niais pour venir proposer la modalité électorale suivante : *L'élection se fait au scrutin uninominal par département.*

C'est pourtant à ce beau résultat que nous a conduits la loi électorale de 1885, qui n'a pas compris que le régime du scrutin de liste, bon ou mauvais, est, naturellement, essentiellement, logiquement exclusif des élections partielles.

Dans l'espace de quatre ans que dure une législature, il se produit, vu l'âge moyen de nos députés, des vacances par décès dans un grand tiers de nos départements. Aussitôt, élection au scrutin uninominal par département, au scrutin de liste sans liste. L'élection partielle, présisément parce qu'elle est partielle, isolée, produit sur l'opinion une impression d'autant plus vive, tout à fait hors de proportion avec la réalité. On y procède par la plus déraisonnable des modalités électorales.

Au commencement de la législature actuelle, M. Lockroy et M. Antonin Lefèvre-Pontalis proposèrent la suppression des élections partielles uninominales. L'un, partisan, l'autre, adversaire du scrutin de liste, étaient tous les deux dans la logique de la loi électorale en vigueur, dans le bon sens. Leur proposition fut écartée.

Et l'on voudrait faire croire que l'avenir de la République, de la Liberté, de la Patrie va dépendre de l'élection du 27 janvier au scrutin uninominal de département !

Le vin est tiré, il faut le boire. La Chambre a commis une faute en n'abolissant pas, dès le mois de novembre 1885, les élections partielles. Le cabinet a commis peut-être une erreur en hâtant l'élection de la Seine, à la suite du décès de M. Hude. Évidemment, ces erreurs et ces fautes ne font pas que le devoir étroit de tout républicain qui ne veut pas se déshonorer, de tout citoyen qui se respecte, ne soit point de combattre avec la dernière énergie, avec toute la force que donnent aux âmes droites la haine de la fourberie et le mépris du charlatanisme, la candidature de M. Boulanger. Mais toute la haine qu'appelle l'ambition scélérate d'un César de carrefour, tout le mépris que méritent les procédés qu'emploient cet homme et sa bande, ne font pas non plus que l'avenir de la République dépende du vote uninominal du 27 janvier.

Je ne ferai pas au département de la Seine l'injure de croire que les prophètes qui annoncent la défaite de M. Boulanger se trompent, que notre grand Paris se couvrira de honte, devant le parti républicain, en nommant ce syndic des réactions coalisées, et de ridicule — oh ! oui, surtout, de ridicule ! — devant l'Europe, en faisant choix de ce pitre. Mais, enfin, on a vu des choses extraordinaires, des sots qui avaient de l'esprit, des hommes d'esprit qui faisaient des sottises, des chevaux de fiacre au galop... Paris, la patrie de Voltaire, — ce qui, d'ailleurs, n'est la faute ni à Voltaire ni à Paris — pourrait donc nommer M. Boulanger. Et après ?

Demandez à Paris s'il veut la République ou la monarchie, la liberté ou la dictature : la réponse de Paris est certaine, à condition toutefois qu'il puisse traduire sa réponse d'une façon intelligible, par exemple, par le scrutin de liste ou par le scrutin uninominal d'arrondissement ou de circonscription.

Mais le scrutin uninominal du 27 janvier posera-t-il cette question à Paris, avec la netteté, la clarté nécessaires, et, surtout, lui permettra-t-il d'y répondre ?

Je ne parle pas des ennemis de la République : ils voteront tous pour M. Boulanger. Tous les bonapartistes qui flairent un parfum de coup d'État, tous les hypocrites de l'orléanisme qui prêchent ostensiblement l'abstention, tous les plébiscitaires et tous les cléricaux, Ratapoil et Tartuffe, tous voteront pour M. Boulanger comme un seul homme. Cela est digne des bonapartistes, cela n'est pas indigne des orléanistes d'aujourd'hui : c'est entendu, c'est fait, c'est compté.

Mais ces 120,000 ennemis jurés de la République seront-ils seuls à voter pour le candidat qu'ils entretiennent depuis six mois, sans beaucoup plus d'illusions, d'ailleurs, sur sa vertu passée ni sur sa fidélité à venir que s'il s'agissait d'une danseuse de l'Éden ?

Vous savez bien que non ! Vous savez bien que le nom de M. Boulanger est devenu le symbole de tous les mécontentements ! Quand vous avez faim, vous dites : « J'ai faim. » Quand vous êtes mécontent, vous dites : « Vive Boulanger ! » Vous avez perdu au jeu, vous n'avez pas reçu de votre ministre, si vous êtes employé, ou de votre locataire, si vous êtes concierge, les étrennes que vous attendiez, vous n'avez pas été décoré du Mérite agricole, vous avez été trompé par votre femme ou par votre maîtresse, vous êtes mécontent : vous votez pour Boulanger. Il y a six mois, à Munich, la police expulse d'un cabaret des ivrognes qui s'y attardaient après minuit ; les ivrognes sont partis en criant : « Vive Boulanger ! »

Et tout cela signifierait que Paris, si la coalition de ces haines, de ces faux calculs et de ces mécontentements réussissait à être la majorité d'une heure, que Paris, en ce premier mois de l'année du centenaire de la Révolution, condamnerait la Liberté et la République à abdiquer devant la botte d'un reître !

Il n'y a pas que la grande dame de Laputa, l'île volante dont parle Gulliver, qui, très belle, aimée par les plus galants hommes, se soit enfuie pour aller vivre avec un palefrenier ; — les républicains qui ont fondé la République ont refusé, en conséquence, de confier au seul suffrage universel les destinées de la République, la garde de la patrie : à côté, au-dessus, comme on voudra, de la Chambre des députés, ils ont institué le pouvoir exécutif et le Sénat.

Mais, ici, il ne s'agit même pas du suffrage universel dans son ensemble, du suffrage qui s'exprime dans toute l'étendue du territoire, du suffrage dont la volonté n'est pas *tout*, assurément, mais dont le caprice même est évidemment grave et redoutable.

Non, il s'agit d'un département, d'un seul, — sans doute, c'est celui de la Seine, que M. Michelin représente encore, — et ce département, vous le consultez par le plus artificiel, le plus aveugle des procédés électoraux !

Je ne cherche à diminuer par avance ni l'échec ni le succès de M. Boulanger ; je demande seulement la permission de poser la question telle qu'elle se pose.

Paris choisira le 27 janvier entre deux noms ou, peut-être, entre un nom et un prénom ; et il est certain que son vote aura un retentissement énorme.

Mais Paris aura beau acclamer le nom ou le prénom qui sera opposé à la formule de tous les mécontents privés et publics, le danger qui menace la République et la Liberté ne fera que croître si, le lendemain, le parti républicain pratique une politique autre que celle de la raison, de la justice et de la sagesse.

Mais Paris aurait beau faire sortir d'une *olla-podrida* de passions réactionnaires, de haines bonapartistes, de jalousies démagogiques, d'appétits vils, de rancunes tenaces et de basses cupidités, le nom de l'ami de MM. Bonaparte, Rochefort et Philippe d'Orléans, les lois resteront les lois et M. Carnot président de la République

Ceci dit, à la bataille ! Et pour éviter à Paris la honte d'une élection césarienne, arrière les jalousies, les préférences, les amours-propres. Cherchons le nom qui divise le moins, qui puisse unir tous les ennemis de la dictature, tous les républicains, sans distinction de nuances, contre l'ennemi commun !

LE CONGRÈS

7 janvier.

Le congrès républicain, composé de délégués de Paris et de la banlieue, se réunit le 7 janvier dans la salle de la Société d'encouragement à l'industrie pour désigner un candidat républicain contre M. Boulanger.

M. Anatole de la Forge présidait la séance, assisté de MM. Clémenceau, Robinet, Depasse et Brissac. MM. Avronsard, Leroy, Paul Strauss, Laurent, etc., prennent la parole pour la présentation des candidats ; le vote sur les candidats présentés donne au premier tour les résultats suivants :

Votants : 370 ; — majorité absolue : 186 ; — MM. Jac-

ques, 234. — Hovelacque, 69. — Vacquerie, 58. — Dar_
lot, 3. — Protot, 2. — Baudin, 2. — Boulanger, 1.

Le président donne la parole à M. Joseph Reinach :

M. JOSEPH REINACH. — Pour les raisons qui vous ont été exposées, un certain nombre de mes amis et moi, nous venons de voter *pour* M. Auguste Vacquerie.

Maintenant, il ne s'agit plus que de ceci : voter *contre* M. Boulanger !

Je vous propose d'acclamer M. Jacques comme le candidat de tous les républicains contre la dictature. (Salve d'applaudissements. Cris répétés de : « Vive la République ! »)

Après une déclaration de M. Hovelacque qui retire sa candidature, M. Jacques, président du conseil général de la Seine, est acclamé à l'unanimité, candidat de la Répulique.

DÉBAUCHE PRUDE

9 janvier.

Je hais plus que la mort cette débauche prude
  Qui n'ose sortir que de nuit,
Et retourne la tête avec inquiétude
  Toute empourprée au moindre bruit,
Et joue à la vertu comme une honnête femme,
  N'ayant pas la force qu'il faut
Pour être hardiment et largement infâme,
  Pour porter la honte front haut...

Ces vers de Gautier et ceux qui suivent, nous sera-t-il permis de les proposer comme devise aux conservateurs orléanistes qui prêchent publiquement l'abstention au scrutin du 27 janvier, font imprimer par le *Gaulois* des bulletins de vote au nom de M. Boulanger et insèrent dans le *Soleil* le chef-d'œuvre de doucereuse hypocrisie que voici :

L'élection est entre les mains de cent mille conservateurs.

Parmi les conservateurs, *il pourra y en avoir un certain nombre qui s'abstiendront.* Mais nous croyons que la plupart d'entre eux ne voudront pas perdre leurs voix et qu'*ils iront, le 27 janvier, mettre un bulletin dans l'urne.*

La situation peut être jusqu'à un certain point embarrassante pour eux, les deux candidats en présence ne représentant ni l'un ni l'autre des opinions conservatrices.

Mais, quand les journaux ministériels disent « quiconque ne votera pas le 27 janvier pour M. Jacques ou s'abstiendra se classera du coup parmi les ennemis de la République », ils prennent le meilleur moyen de pousser les conservateurs à voter contre M. Jacques, c'est-à-dire à *voter pour le général Boulanger.*

Les bonapartistes, eux, y vont bon jeu, bon argent; ils ne mettent ni sombrero ni cache-nez pour aller à la petite maison de la rue Dumont-d'Urville; ils s'y rendent en plein jour, l'œillet rouge à la boutonnière, le bulletin au chapeau; voter pour M. Boulanger, dit M. de Cassagnac, c'est « administrer une raclée à la République. » Et allez donc !... Vous pouvez penser de M. Boulanger et des bonapartistes tout ce que vous voudrez : nous serons d'accord. Mais avouez au moins que leur attitude ne manque ni de sincérité ni de franchise. Le vice n'est jamais joli ; mais « le vice bourgeois, mesquin, suant la prose », le boulangisme orléaniste et honteux est le plus vilain de tous.

LA CUISINIÈRE

12 janvier.

Il vous est arrivé, comme à tout le monde, d'avoir à votre service une cuisinière qui faisait danser l'anse du panier. Tout le temps que vous avez fermé l'œil ou feint de le fermer, le cordon bleu se répandait en bénédictions sur votre compte dans tout le quartier : « C'est la maison du bon Dieu ! Quels « braves gens ! »

Un beau jour, l'anse du panier fait le grand écart ; vous vous fâchez ; malgré ses prières, vous jetez votre cuisinière à la porte ; et l'honnête dame, aussitôt, entreprend une croisade chez toutes les commères de la halle : « Quelle baraque ! Des « *pignoufs !* Monsieur se disputait toute la sainte « journée avec madame ! C'est moi qui leur ai envoyé « mon tablier ! »

Cette cuisinière, c'est M. le général Boulanger.

Tant que cette bonne fille qui s'appelle la République l'a gardé à son service, M. Boulanger, ministre de la guerre, n'arrêtait pas de célébrer sur les modes

les plus pindariques les vertus du gouvernement et
des deux Chambres. Après la centralisation administrative, rien n'était plus beau que le régime
parlementaire. Quel régime ! Une commission de
députés qui octroie des fonds secrets illimités, il n'y
a pas au monde de plus admirable spectacle, non,
pas même celui d'un escadron de hussards, la plume
au vent, l'épée au poing, se ruant au triple galop
des chevaux qui jettent le soufre par les naseaux,
dans la mêlée noire et rouge où frissonnent les
drapeaux déchirés ! Quel gouvernement ! quel parlement !...

La danse de l'anse n'a paru semblable d'abord qu'à
la valse légère entraînant sur un rythme doux un
couple amoureux : elle s'élance maintenant, étend
son vol, tourbillonne, enveloppe, arrache et entraîne
comme la pyrrhique d'Achille ou la cachucha du
scalp. La bonne fille — c'est toujours la République
— finit par ouvrir les yeux ; c'en est trop : malgré ses
supplications, elle congédie le brav' général ; et lui,
aussitôt, fait succéder à la litanie des « béni soit le
jour ! » la litanie des imprécations furieuses : « Quelle
« baraque ! Des voleurs ! La Chambre se disputait
« tout le long de l'année avec le Sénat ! C'est moi
« qui leur ai envoyé ma sabretache par la figure ! »

Les cuisinières me pardonneront la comparaison ;
je conviens qu'elle est injurieuse ; mais elle est si
exacte !

Eh bien ! oui, c'est entendu : ce régime est abject,

ce gouvernement est infâme, ce Parlement est cor-
rompu, tout cela est vrai puisque vous le dites, ô
Gilles-César ! ô candidat ambulant !

Mais pourquoi avez-vous attendu pour le proclamer
le jour où ce régime vous a repoussé, où ce gouvernement vous a renvoyé, où ce Parlement vous a
répudié?

Si vous êtes vraiment, comme Vergoin l'affirme,
la pure hermine qui meurt d'une tache sur sa four-
rure blanche, comment êtes-vous resté si longtemps
et si volontairement dans ce bourbier?

Pourquoi ces larmes qui tombaient de vos yeux
clairs sur votre barbe blonde, quand vous êtes sorti
de cette sentine? On disait que c'était la douleur de
quitter ce repaire. Il paraît aujourd'hui que c'était
la joie, la douce joie d'une âme loyale et droite,
enfin affranchie de toute entrave, et qui va pouvoir
s'exhaler en liberté !

Oui, je vous crois, je vous ai toujours cru sur parole, je sais, ô général Verax, combien vous avez le
mensonge en sainte horreur !

Mais pourtant un scrupule me trouble... Sans
doute, je suis incapable de comprendre un génie
comme le vôtre, je me place au point de vue du
public, je pense à l'optique du théâtre... Eh bien,
ces imprécations superbes, ces malédictions, ces
dénonciations, ces anathèmes, ces cris de la vertu
qui s'insurge, du patriotisme indigné, de la pudeur,
— oh ! oui, surtout, de la pudeur révoltée ! — tout

de même, ce concert aurait sonné autrement si vous l'aviez fait entendre avant d'avoir été congédié, — sans certificat !

LOGIQUE RÉPUBLICAINE

14 Janvier

L'Association nationale républicaine ayant entrepris une série de conférences dans les départements, M. Joseph Reinach, membre du comité directeur, fit à Marines (Seine-et-Oise), le 14 janvier, devant un nombreux auditoire une conférence sur la situation politique, dont voici les principaux passages :

... Vous savez, messieurs, avec quel élan, avec quelle volonté de vaincre, les républicains de Paris se sont ralliés, dimanche dernier, au drapeau. Je suis de ceux qui auraient préféré un autre porte-drapeau, et je l'ai dit. Mais les uns et les autres, en nous rendant au congrès du 7 janvier, nous avions pris la résolution formelle, lorsque nous aurions manifesté une fois de nos préférences, de faire œuvre d'union et de concorde contre l'ennemi commun. Eh bien, personne n'a manqué à cet engagement.

Dans les polémiques qui ont été soulevées au sujet de la candidature unique qui a été adoptée par le congrès, il est un détail qu'on néglige et qui me parait avoir son importance. On affecte de croire que nous avons été les seuls à adhérer à une candidature qui n'était pas celle de notre choix ; on oublie que quatre-vingts délégués, appartenant à la fraction la plus radicale du parti radical, avaient, eux aussi, un autre candidat que celui qu'ils soutiennent aujourd'hui et qui n'ont pas hésité plus que mes amis et moi, après le premier tour de scrutin, à faire leur devoir. Sans doute la candidature de M. Jacques n'est pas intervenue au dernier moment comme une candidature de transaction : elle n'en offre pas moins un caractère de transaction qui saute au yeux.

J'avoue avoir fait quelque chemin pour arriver jusqu'à l'honorable président du conseil général de la Seine ; mais je manquerais à toute bonne foi si je ne reconnaissais pas en même temps que les défenseurs de la candidature de M. Hovelacque ont fait l'autre moitié du chemin. Evidemment, j'aurais mieux aimé ne pas bouger et voir faire tout le chemin par les autres ; M. Hovelacque, j'en suis persuadé, bien qu'il ne m'en ait pas fait confidence, devait partager ce sentiment. Non, ni les uns ni les autres, nous ne cachons nos préférences ; mais le devoir, non plus, ne s'est pas caché : il nous est apparu clair comme la lumière du jour, clair comme le flambeau de la Liberté, clair comme la fourberie du pseudo-César qui menace la République. (Vifs applaudissements.)

Quand les intransigeants transigeaient, faisaient acte de raison, de bon sens, était-ce à nous à répon-

dre à un procédé, je puis bien le dire, aussi excep-
ceptionnel de leur part, en faisant, nous, acte d'intransigeance? Ç'eût été vraiment un joli moyen de
les encourager à recommencer! Or je tiens beaucoup
à ce qu'ils recommencent. D'abord, à l'union de
toutes les réactions sous la conduite de M. Boulanger, il serait criminel et fou de répondre par de
nouvelles divisions; ensuite, parce que la transaction, en politique, est le poteau indicateur à l'entrée de la route de la sagesse. Eh bien, comme
c'est le premier pas qui coûte, c'est la première
transaction qui est la plus grande affaire. La première transaction a été consentie et cela est indé-
lébile. Nous avons l'ambition de faire des républicains sages, modérés, raisonnables; mais nous
n'avons pas la prétention de les trouver tous faits
sous les choux, comme les enfants des contes de
fées. Il faut les faire : avec quoi les ferions-nous, si
ce n'est avec des *avancés* ou avec des *rétrogrades*
que nous aurons convertis?

Donc M. Jacques a été acclamé candidat unique,
le candidat de la République contre la dictature. Je
vous ai avoué que je suis loin d'être d'accord avec
M. Jacques sur tous les points, notamment sur la
question de l'autonomie communale, qui est la
forme parisienne de la grande question de la décentralisation, cette fameuse décentralisation dont
les partisans les plus illustres, et aussi, à mon
sens, les plus malfaisants, n'étaient pas que je sa-

che, des pétroleurs, mais de bons orléanistes, les fameux signataires du programme de Nancy.

Mais enfin il y a peut-être quelque exagération à nous présenter M. Jacques comme le candidat de la Commune, le prototype des démagogues et l'hydre de l'anarchie en personne... Le *Journal des Débats* a commis cette exagération et je m'en afflige pour ses rédacteurs. Oui, cela m'afflige, car le *Journal des Débats* a beau me malmener, c'est ma lecture favorite : je le sais par cœur. Tenez, un souvenir entre mille : aux élections parisiennes du 22 février 1876, trois candidats républicains se présentaient dans le quatorzième arrondissement, M. Germain Casse, M. Asseline et M. Jacques. La *République française* soutenait alors M. Casse ; M. Asseline avait l'appui du *Rappel* et M. Jacques était le candidat selon le cœur du *Journal des Débats*. Ce fut mon ami Casse, aujourd'hui l'un des soutiens les plus énergiques de la candidature Jacques, qui fut élu. Moi, je me demande : Comment l'or pur s'est-il changé en un plomb vil et cet agneau — relativement — pascal en une hydre affreuse ? (Rires).

Il y a plus encore : M. Jacques a mis dans sa poche le dernier programme avec lequel il s'était présenté aux élections municipales de Paris et il se présente cette fois avec un programme qui tient en cinq mots : la République contre la Dictature. Eh bien ! il me paraît probable que, d'ici quelque temps, je le crains et je l'espère à la fois, les répu-

blicains de toutes nuances ne se présenteront pas
avec d'autre programme que celui-là... Je le crains,
messieurs, parce que la nouvelle crise dictatoriale
que nous traversons, la troisième depuis un siècle,
l'accident tertiaire du césarisme, ne touche pas encore à sa fin. Il a fallu une accumulation bien triste
d'erreurs et de fautes pour rendre possible ce réveil de l'esprit césarien que nous avions cru définitivement enseveli dans les boues sanglantes de
Sedan. Vous savez ce que je pense de ces fautes et
de ces erreurs. Mais le fait, aujourd'hui, c'est le
réveil de l'esprit de Brumaire et de Décembre, et
j'affirme que nous mériterions toutes les sévérités de
l'histoire si notre premier souci, notre pensée dominante, n'étaient pas d'ajourner nos querelles et
les questions qui nous divisent, la revision, par
exemple, ou la séparation des Églises et de
l'État, jusqu'au moment où nous aurons ramené
au port le vaisseau de la République... Je le
crains, mais je l'espère aussi, parce que l'une des
causes les plus certaines de cette crise douloureuse et
honteuse, c'est la manie des programmes, des programmes qui ressemblent à des tables de matières,
où les candidats se livrent à la surenchère des
promesses et qui sont nécessairement, fatalement
menteurs. C'est ainsi que les candidats se sont, les
uns après les autres, discrédités; c'est ainsi que la
démocratie est devenue inquiète et soupçonneuse.
Les longs programmes, les programmes encyclo-

pédiques, c'est la pire des pestes, et béni le Pasteur qui en découvrira le microbe! (Mouvement.)

Maintenant, ni dans un sens ni dans un autre, il ne faut exagérer. De toutes les élections partielles où nous a acculés une application inintelligente du scrutin de liste, — car, si je me suis, pour ma part, rallié au scrutin uninominal d'arrondissement, je tiens que le scrutin uninominal par département, le scrutin de liste sans liste, est tout à fait absurde, — il est certain qu'il n'y en a pas de plus importante que celle du 27. Mais, d'autre part, Paris a beau être la capitale et même la Ville-Lumière, — oh! je ne suis pas suspect, je suis né à Paris et je l'adore, comme Montaigne, jusque dans ses verrues, — cependant Paris n'est pas la France, une majorité de rencontre dans le département de la Seine n'est pas le suffrage tout entier et le suffrage tout entier lui-même n'est pas la République. Le suffrage universel est-il infaillible? Je serais le plus misérable des courtisans, un courtisan de la foule, si je pouvais accorder au suffrage universel un privilège que vous êtes unanimes à refuser au Saint-Père lui-même. Non, le suffrage universel n'est pas infaillible; il s'est trompé et il est probable qu'il lui arrivera encore de se tromper, de prendre des vessies pour des lanternes, et des charlatans pour des hommes de génie. Vous rappellerai-je les plébiscites qui, par des millions de voix, consacraient l'Empire? Le suffrage universel a reconnu lui-même qu'il s'était trompé

alors, erreur fatale qui nous a coûté l'Alsace et la
Lorraine, Strasbourg et Metz!

Et alors les hommes qui ont fondé la République,
qui étaient des démocrates convaincus, des libéraux
ardents et même des radicaux, ces hommes qui
avaient été témoins du flux et du reflux du suffrage
universel, ils ont refusé d'abandonner au seul suffrage universel la République, sans qui les conquêtes de la Révolution ne seraient qu'un vain mot,
la Liberté, si chèrement conquise, et la Patrie. Dans
la Constitution de 1875, ils ont établi, à côté de la
Chambre des députés, issue directement du suffrage
le plus étendu, le Sénat, assemblée des communes
de France, et, au-dessus des deux Chambres, le pouvoir exécutif, le président. Ils se souvenaient que la
sentinelle invisible, en 1851, n'avait su ni combattre ni même veiller ; ils ont voulu, cette fois
enfin, mettre la République sous bonne garde, cette
République qui avait coûté trop de larmes et trop
de sang pour qu'il pût être permis de nouveau à des
citoyens qui avaient vu et réfléchi de la jouer aux
dés ! (Applaudissements prolongés.)

Voilà pourquoi, messieurs, avec quelque humiliation profonde que j'aie assisté aux triomphes électoraux du boulangisme, quelque honte que j'aie
ressentie, dans ma fierté de républicain et de patriote, au spectacle de tant de Français se ruant à
la plus abjecte servitude, quelque doute que
j'éprouve encore, repoussant les tentations d'un

optimisme niais, convaincu que la lutte sera encore longue et difficile contre le phylloxera césarien qui s'est introduit dans nos vignes, — voilà pourquoi j'envisage l'avenir sans appréhension et sans crainte. Quelle est l'ambition de M. Boulanger?... D'être député de tous les départements l'un après l'autre?... Vous savez bien que non et que ces candidatures multiples, qui, d'ailleurs, jusqu'à présent, n'ont été couronnées de succès que dans des départements déjà royalistes et bonapartistes, ne sont, dans la pensée de cet aventurier, qu'un marchepied. Ce qu'il veut, c'est le pouvoir, c'est la présidence de la République. Il le dit dans ces propos de table que la presse réactionnaire recueille avidement : « Quand je serai président, je ferai ceci, je ferai cela... » Eh bien! Macbeth ne sera pas roi!

Je suppose le pire : M. Boulanger, déjà député de quatre départements inféodés à la réaction, sera demain député de Paris, vainqueur grâce à la coalition de toutes les rancunes, de toutes les haines, de tous les appétits; enhardi par son succès, il développe, avec la même impudence et avec la même impunité, hélas! sa conspiration; aux prochaines élections générales, il est l'élu de trente, de quarante départements. Eh bien! dans cette hypothèse, je vois la honte, je ne vois pas le danger, tant que la Constitution reste debout. M. Boulanger est député de cinquante départements; et après?

Vous entendez bien, messieurs, que je fais une

simple hypothèse : je me refuse à croire que le suffrage universel se laissera plus longtemps surprendre par ce détestable conspirateur ; je ne saurais admettre que la tolérance du gouvernement de
la République ne soit à bout et que les lois, les
justes lois, n'auront pas enfin leur heure. Mais
enfin, pour la démonstration de ma thèse, et cette
démonstration me paraît nécessaire, il est indispensable de supposer le pire, c'est-à-dire que le suffrage universel s'obstinera pendant quelque temps
encore à ne pas ouvrir les yeux, à acclamer cet
aventurier et sa bande. Et après ?

Voilà M. Boulanger député de 50 départements,
à la tête de 150, de 250 députés aussi bonapartistes,
aussi monarchistes et surtout aussi boulangistes
que lui-même. D'abord, croyez-vous que cette coalition, très forte pour détruire, ne se dissoudra pas
d'elle-même en trois ou quatre tronçons après la
victoire ? Mais j'admets qu'elle reste compacte,
qu'elle ait la volonté de ne pas se dissoudre tant
que Gilles-César n'aura pas mis la main sur le pouvoir. Comment mettra-t-il la main sur le pouvoir ?
Il est député de cinquante départements ; c'est
fort bien. Imaginez-vous que le lendemain, en
réponse à l'aberration qu'une majorité de rencontre dans ces départements aurait commise, le
président de la République et le Sénat abdique-
ront ? M. Boulanger est le vainqueur de la lutte
électorale : imaginez-vous que M. Carnot déser-

tera aussitôt le poste d'honneur où il a été élevé, qu'il le désertera au moment du danger? Parmi les adversaires les plus déclarés, parmi les insulteurs les plus violents du Chef de l'État, qui lui ferait cette injure?... Et le Sénat? Vous pouvez supposer le suffrage universel assez ignorant, dans un grand nombre de départements, pour élire et pour réélire M. Boulanger; mais il y a une hypothèse qu'il vous est interdit de faire, parce qu'elle est contraire à la nature même des choses : c'est celle du Sénat républicain s'inclinant sous le vent de folie et baisant la botte de ce reître. (*Applaudissements.*)

Donc M. Boulanger aura beau gagner à la roulette, ses affaires n'en seront pas plus avancées. Il pourra, à son aise, augmenter le trouble et le désarroi dans le pays, compromettre l'Exposition, inquiéter l'Europe. Mais comme il ne pourrait arriver à la présidence de la République, son rêve, son ambition, que par la désertion de M. Carnot et par l'abdication du Sénat, et comme cette désertion et cette abdication sont deux hypothèses qu'il convient d'écarter absolument, qui ne se réaliseront jamais, je dis que son ambition est vaine, qu'elle est condamnée d'avance. Cette agitation est profonde, elle est honteuse, elle est cruelle, mais elle est stérile, nécessairement, fatalement stérile.

Oh! je sais! « On pourrait, dit M. Laguerre, oublier un jour d'envoyer sa garde au Sénat! » J'entends à merveille : à côté des moyens légaux, il y a

les moyens illégaux, violents, d'escalader le pouvoir.
Quand on aura constaté une bonne fois que M. Carnot ne déserte pas, que le Sénat n'abdique pas, alors
on aura recours à la force, au coup d'État, au crime...
Eh bien, allez! Nous sommes prévenus, cette fois,
et nous sommes armés. Au 18 Brumaire, Bonaparte
était le général en chef des troupes de Paris. Au
2 Décembre, Louis-Napoléon était président de la
République, maître des régiments. Vous, vous n'êtes
qu'un soldat chassé de l'armée nationale par vos
pairs, vous ne commandez pas à une escouade. Avec
quoi, avec qui ferez-vous votre coup d'État?

M. Carnot n'abdiquera pas, ne désertera pas;
croyez-vous que le général Saussier, que le généra-
lissime de l'armée soit disposé, lui, à abdiquer, à
déserter, à trahir en votre faveur? Vous savez bien
que non, puisque vous avez essayé à dix reprises,
pendant votre passage au ministère de la guerre,
de lui enlever son commandement? Vous savez bien
que l'armée ne connaît que la loi, la discipline,
qu'elle n'obéit qu'à ses chefs; vous savez bien qu'elle
est l'armée de la France, qu'elle ne sera plus jamais celle d'un homme!

Alors, quoi? Dans l'impasse où il s'est engagé, de
quelque côté qu'il se tourne, M. Boulanger se heurte
au mur: ici, l'impossibilité légale, constitutionnelle;
là, la force armée, le châtiment, prompt comme
l'éclair, qui suivrait tout attentat contre la loi. Pour
mettre légalement la main sur le pouvoir exécutif,

il ne suffit pas de l'affolement momentané du suffrage universel, il faut encore le Sénat : il ne l'aura
jamais. Pour s'emparer violemment de la dictature,
il faut l'armée : l'armée est à la loi, n'obéit qu'à ses
chefs. Alors, quoi ?

Messieurs, ma conclusion n'est pas que le vote du
27 janvier à Paris soit indifférent : pour   honneur
de Paris, je souhaite le succès du candidat républicain et je n'y épargnerai, pour ma part, aucune
peine; quand reviendra l'heure des élections générales, j'ai la ferme confiance que le suffrage universel, enfin éclairé, remis en possession du scrutin
d'arrondissement, balayera d'un seul coup tous ces
revenants du 2 Décembre et du 16 Mai. Mais il était
nécessaire de montrer que cette entreprise éhontée
de dictature est de toutes façons, quoi qu'il arrive,
condamnée à un misérable avortement. J'ignore
combien de temps encore pourront durer ce trouble,
cette folie, cette agitation : cela dépend du suffrage
universel, il est le maître de les faire cesser ce soir,
demain. Mais j'affirme et je prouve qu'il n'y a place,
au bout, que pour la victoire de la République, de
la liberté et de la loi. (*Applaudissements prolongés.*)

« CE N'EST PAS L'HONNEUR. »

17 janvier.

Le *Soleil* se prononce contre l'abstention : « Nous
« n'avons jamais été partisan de l'abstention, on peut
« et on doit toujours voter ; un électeur qui s'abs-
« tient le jour du vote, c'est le soldat qui déserte au
« moment de la bataille. »

Bien, fort bien !... On ne s'abstiendra pas, on votera : pour qui ?

Pour M. Jacques ?... *Vade retro*, *Satanas*.
M. Jacques est Satan en personne, « il est le can-
« didat de la République qui existe », ô abomination
de la désolation !... Il est « candidat officiel » !

Non, on votera pour M. Boulanger ; « les monar-
« chistes les plus convaincus » voteront pour M. Boulanger... Hé ! sans doute, cela pourra répugner à
quelques-uns : que ces dégoûtés « inscrivent sur
« leur bulletin de vote un nom quelconque » ! Mais
le *Soleil* n'a pas de conseil à donner aux royalistes ;
« les conservateurs sont libres de suivre leurs inspi-
« rations personnelles, ils sont très capables de se
« guider eux-mêmes ».

Quand les candidats s'appelaient Calla, Lambert,
Edouard Hervé, la Rochefoucauld, il paraît que les

conservateurs ne pouvaient pas être laissés libres de suivre leurs inspirations personnelles et qu'ils n'étaient pas capables de se guider eux-mêmes. Le *Soleil*, en effet, jugeait alors indispensable de leur dire : Il faut voter pour la Rochefoucauld, pour Hervé, pour Calla.

Il s'agit de M. Boulanger, c'est une autre affaire. Du coup, ces *conservateurs* sont devenus capables de se guider, de lire entre les lignes du *Soleil* et de comprendre que la consigne est de voter pour M. Boulanger.

Le bonaparto-boulangisme n'est pas joli ; au moins il ne se cache pas pour faire son mauvais coup, il ne met pas de masque pour aller dans son mauvais lieu ; il a au moins le mépris de l'hypocrisie.

Celui-ci, l'orléano-boulangisme, n'a pas même le courage de sa trahison ; il commet la même mauvaise action envers la Patrie et la Liberté que son voisin, mais il la commet en se dissimulant, en rampant...

Je plains M. Ferdinand Duval et M. Denys Cochin du fond du cœur ; non, vraiment, leur prince leur en demande trop !

Deux ou trois grands pontifes de l'orléanisme s'escrimaient, l'autre jour, à persuader M. le duc d'Aumale de l'intérêt manifeste qu'aurait le « parti » à soutenir M. Boulanger et à s'en servir pour renverser la République.

Le duc d'Aumale leur répondit : « JE NE SAIS PAS

« SI C'EST L'INTÉRÊT, MAIS JE SUIS SUR QUE CE N'EST
« PAS L'HONNEUR. »

L'orléanisme en est là que vous pouvez compter
sur les doigts d'une seule main les orléanistes qui
sont encore capables de prendre ce mot d'ordre, de
déclarer hautement que l'honneur leur défend de
voter pour M. Boulanger, qu'il leur commande de
voter contre lui.

L'orléanisme en est là que je défie le *Soleil* de
reproduire cette réponse authentique, incontestable, incontestée de M. le duc d'Aumale au tentateur qui oubliait, en parlant à l'oncle de M. le comte
de Paris, qu'il parlait à un petit-fils de Henri IV.

LE GÉNÉRAL ESPAGNOL

24 janvier.

On a déjà dit le mot de Castelar : « Le général
« Boulanger, je le connais, c'est un général espa-
« gnol! » Je comprends qu'on acclame M. Boulan-
ler, politicien, démagogue, aspirant César; je comprends qu'on vote pour lui : j'en ai la rougeur au
front; le suffrage universel, même réactionnaire,
même bonapartiste, qui s'avilit à ce point, me remplit de confusion et de tristesse; mais, enfin, cette
folie, cette aberration, ce calcul détestable, je puis
comprendre cela.

Ce que je ne comprends pas, ce qui est à tous les patriotes, à tous ceux qui ont le culte du drapeau, une cause d'inexprimable douleur, c'est qu'une fraction quelconque de la démocratie puisse faire ainsi, de propos délibéré, cet outrage à l'armée nationale, à l'armée loyale et fidèle, de voter pour ce mauvais soldat, pour ce capitaine de coups d'État et de pronunciamientos !

Il est devenu successivement orléaniste, et radical, et plébiscitaire ; il s'est senti tour à tour la vocation d'un plat courtisan et d'un rhéteur de carrefour : hélas ! du premier jour où les archives de l'histoire, qui gardent tout, ont eu à enregistrer son nom, il était déjà le général espagnol que Castelar devait flairer, que Février a chassé de l'armée comme indigne et que Faidherbe a marqué à l'épaule !

Le coup d'État, le pronunciamiento, l'indiscipline, tout ce qui inspire au vrai soldat horreur et dégoût, il l'a, lui, dans le sang, dans les moelles. Au service des bonnes causes comme des mauvaises, général espagnol, toujours et partout général espagnol, soldat indiscipliné !

Je dis : au service des bonnes comme au service des mauvaises causes, car, n'en déplaise à M. de Rochefort, la bonne cause, au mois de mars 1871, la cause de la loi, la cause de la République, c'était celle de l'Assemblée nationale, du parti républicain réuni autour de M. Thiers contre l'insurrection qui avait commencé par le meurtre de Clément Thomas et de Lecomte et qui devait s'achever dans l'incendie de Paris et dans l'assassinat des otages, de Chaudey, de l'abbé Deguerry, du président Bonjean, de l'archevêque Darboy.

On reproche dans certains journaux à M. Boulanger d'avoir servi dans l'armée de l'ordre, dans l'armée de la loi, contre les fédérés. A la veille de l'élection du 27 janvier, de quelques commentaires que ma déclaration doive être l'objet, je n'hésite pas à dire très haut, une fois de plus, — et je puis le dire d'autant plus haut que l'amnistie m'a toujours compté parmi ses défenseurs les plus résolus; je défendais l'amnistie quand M. Boulanger portait les cierges à Belley et ne pensait encore qu'à écrire les lettres au duc d'Aumale, — je n'hésite pas à dire que la cause juste et bonne, au mois de mars 1871, était celle de l'Assemblée nationale, celle que M. Boulanger a servie.

Seulement, comment l'a-t-il servie?

D'un bout à l'autre de cette atroce guerre civile, cet homme a déshonoré le devoir.

Il le déshonorait à la fin de la bataille, de cette bataille qui ne devait laisser aux vainqueurs que des larmes, — car le laurier ne pousse pas dans le sang des luttes fratricides,—quand il mendiait la cravate rouge de commandeur que M. le général de Galliffet avait refusée.

M. le général de Galliffet avait obéi à ses chefs, à la volonté de l'Assemblée qui, seule alors, représentait la France. Mais, dans sa haute conscience de soldat et de patriote, il ne voulait pas en être récompensé.

M. Boulanger, lui, n'avait marché contre Paris que pour en être aussitôt payé.

Au début de la guerre civile, il en avait été de même.

Tous ces chefs, tous ces soldats qui revenaient du fond des froides prisons d'Allemagne, Mac-Mahon, Borel, Berthaut, de Ladmirault, Cissey, faisaient leur devoir en silence, leur triste et douloureux devoir contre des frères égarés ; ils eussent rougi de honte, ces vrais Français, d'en tirer vanité, d'en battre réclame, de se faire un mérite de leur discipline.

Lui, Georges-Ernest Boulanger, colonel au 114e régiment d'infanterie, il est déjà le général hispano-américain qui joue de son épée et la met à l'encan ; il rédige une pétition à l'Assemblée de Versailles pour l'assurer de son dévouement ; il fait signer par ses officiers et ses soldats l'adresse suivante :

Versailles, 23 mars 1871.

114e RÉGIMENT D'INFANTERIE

—

ADRESSE A L'ASSEMBLÉE NATIONALE

Dans toute autre circonstance, il serait inutile au

régiment de protester de son dévouement au pays. Mais, dans les circonstances si graves, si tristes, que nous traversons, il croit devoir hautement affirmer ses résolutions. Il obéira toujours et quand même à la voix de ses chefs et aux décisions de l'Assemblée nationale, c'est-à-dire à la France.

LE COLONEL,

G. BOULANGER.

Le lieutenant-colonel,
Les chefs de bataillon,
Les capitaines.

Suivent les signatures de :

97 officiers et sous-officiers,
92 caporaux,
646 soldats.

(Les soldats qui ne savent pas écrire ont fait une croix.)

Vous entendez bien : est-il même besoin d'insister ? Si cette adresse — pièce historique qui ne sera pas contestée, qui ne peut pas l'être — me révolte et m'indigne, ce n'est point parce que M. Boulanger, colonel du 114e régiment d'infanterie, n'a pas fait mettre la crosse en l'air à ses hommes qui, d'ailleurs, ne l'auraient certainement pas suivi... Non, non, c'est que, seul de tous les colonels de l'armée de la Loi, de la République et de la France, M. Boulanger se fait un mérite « d'obéir à l'Assemblée », c'est-à-dire de ne pas trahir ; c'est qu'il viole déjà, avec tous les règlements du Code militaire, toutes les prescriptions de l'honneur militaire, en rédigeant une adresse politique, en associant à un pareil acte le régiment auquel il devait l'exemple de la discipline muette, en cherchant déjà, par tous les moyens, la réclame bruyante et tapageuse, en n'ayant qu'une préoccupation, au milieu des douleurs et des horreurs d'une guerre entre Français, sous le regard joyeux des Prussiens encore campés à Saint-Denis : tirer un profit personnel de cette lutte affreuse !...

J'aime presque mieux Rossel !

Général espagnol déjà, encore et toujours....

Tel il était, tel il est resté, tel il sera jusqu'au bout.

O Parisiens je vous reconnais le droit de jeter l'anathème à la République, à la liberté, au régime parlementaire ; mais je ne vous reconnais pas le droit de faire à l'armée de France, à tous ces obscurs soldats qui font silencieusement leur devoir, à tous ces chefs qui leur enseignent les lois de l'honneur, à tous ces hommes qui sauront demain mourir, sans une plainte, pour la sainte patrie ; non, je ne vous reconnais pas le droit de faire à l'armée, « espoir suprême et suprême pensée, » cette injure de nommer, de sacrer de votre vote ce général espagnol !

Le scrutin du 27 janvier donna les résultats suivants : MM. Boulanger, 245,070 voix, ÉLU ; Jacques, 162,520 ; Boulé, 16,760.

DU SANG-FROID !

28 janvier.

La coalition de la réaction orléaniste, du bonapartisme et de la démagogie césarienne l'a emporté.

Plus de cent mille républicains, de ceux qui ne trouvaient jamais les candidats assez avancés et les programmes assez lourds de fausses promesses, affolés, aveuglés, écœurés, ont apporté à cette Ligue du mal public le concours de leurs bulletins.

Nous avons la rougeur au front, la honte au cœur, nous ne désespérons de rien.

La République a la majorité à la Chambre, elle a le Sénat, le président de la République, l'armée, la Constitution et la loi.

M. Boulanger, qui était déjà député de la Dordogne, du Nord, de la Charente et de la Somme, est député de Paris : la distance qui le sépare de la dictature est-elle diminuée d'un pas ?

Nous avons professé, aux jours heureux, la doctrine que la République est au-dessus du suffrage universel affolé ou trompé. On nous fera l'honneur de croire que nous ne sacrifierons pas cette doctrine à M. Boulanger, aujourd'hui moins que jamais.

19.

Le suffrage universel est souverain ?... Oui, en ce sens que tout émane de lui, les pouvoirs publics, les lois et la direction de l'État. Mais le suffrage universel ne peut exercer cette souveraineté que selon les lois et les formes légales que lui-même a édifiées et prescrites. La volonté du peuple, si elle prétend aller contre la loi, est la fantaisie d'un pacha ivre ; la mission du magistrat républicain est de la briser.

Quelle est la loi ?

Que la Constitution ne peut être revisée que par l'accord de la Chambre et du Sénat... Jamais le Sénat n'accordera la revision à M. Boulanger. Que la réaction et la démagogie se le tiennent pour dit : le Sénat est le gardien de l'institution républicaine ; sous aucune condition, à aucun prix, à aucun moment, le Sénat ne désertera son rôle et la vague se brisera en écume inutile et folle contre son mur d'airain.

Quelle est la loi ?

Que M. Carnot est président de la République jusqu'au 2 décembre 1894... M. Carnot est et restera à l'Elysée jusqu'à l'expiration légale de sa fonction, pas un jour, pas une minute de moins : ce poste d'honneur devient un poste de péril ; M. Boulanger imagine-t-il que le petit-fils du grand Carnot capitulera devant des outrages et des menaces ?

M. Boulanger est, depuis hier soir minuit, député de la Seine. Je ne veux pas diminuer l'importance de cette élection ; je sais qu'elle va augmenter le trouble, le désarroi et la confusion ; je n'ignore pas que les affaires, qui allaient reprendre, vont ressentir durement le contre-coup de cette ignominieuse folie, que l'Exposition universelle en sera compromise, que l'Europe va s'inquiéter... Cependant M. Boulanger n'est aujourd'hui que ce qu'il était hier.

Sur le terrain de la légalité, rien n'est permis, tout est interdit à l'ambition de cet homme.

Restent les moyens illégaux, violents ! — Grisé par son succès, poussé par ses bailleurs de fonds, M. Boulanger peut essayer un coup de force contre la représentation nationale. Eh bien, essayez ! Je ne vous dis que ça !

Je ressens aussi profondément que qui que ce soit l'affreuse humiliation de notre défaite, de cette défaite qu'on aurait pu éviter peut-être, je ne veux pas dire avec un autre candidat, mais — j'ai le droit de le dire — avec une autre orientation de la politique républicaine, depuis longtemps. Mais la défaite, quelles qu'en soient les causes, c'est déjà le passé : nous ne faisons pas encore de l'histoire, nous faisons de la politique. Et plus je suis attristé et honteux pour cette ville qui fut la Ville-Lumière et pour ce grand pays qui n'a point mérité, malgré ses fautes, cette déchéance devant le monde, plus haut j'élèverai la voix pour dire aux républicains de tous les partis, de tous les groupes : « Du sang-froid, encore du sang-froid et toujours du sang-froid ! »

Mais le sang-froid n'est pas l'abdication ; le devoir
de tous les républicains est impérieusement tracé ;
ils ne cèderont à aucune panique, mais ils agiront.
Ils n'auront plus d'autre programme que d'opposer
au césarisme de plus en plus menaçant la défense
de la République, l'application des lois, des justes
lois, de toutes les lois.

CE QU'IL FAUT FAIRE

29 janvier.

Il faut faire un gouvernement :

Un gouvernement qui sauve la Liberté en mettant
un terme à la licence ;

Un gouvernement qui sauve la Démocratie républicaine, fût-ce d'elle-même, en refoulant la démagogie césarienne ;

Un gouvernement qui frappe la dictature au cœur
en supprimant l'anarchie ;

Un gouvernement qui conserve les conquêtes
de la Révolution et de dix-huit années de République
en opposant un veto formel aux utopies et aux chi-
mères ;

Un gouvernement qui cesse de prendre la parole
pour la politique et qui agisse.

Il faut savoir regarder la vérité bien en face :

Il y a pour les républicains, pour les amis de la Liberté, une certaine consolation amère à mépriser dans leur victoire les 245,000 électeurs qui ont fait de M. Boulanger le député de Paris et à les flétrir comme un troupeau vil se ruant à la servitude.

Eh bien, il faut renoncer à cette consolation, l'arracher comme un masque trompeur, la repousser comme un mirage qui ne pourrait que précipiter la folle descente vers l'abîme.

Non, il n'est pas vrai que tous ces votants soient des esclaves ivres !

Dans cette masse, il y a la cohue des lazzaroni de Paris, toujours prêts à baiser la botte et à saluer le chapeau ; il y a la vieille bande de Décembre, toujours prête à acclamer un sabre ; il y a les coteries de réaction et de sacristie, toujours prêtes à porter sur le pavois les ennemis de la République.

Mais dans cette masse il n'y a pas que ces coteries, cette bande et cette cohue.

Il y a encore et il y a surtout des milliers et des milliers de braves gens, peut-être cent mille, peut-être cent cinquante mille, qui ont voté pour Boulanger, quoique Boulanger — comme beaucoup d'entre nous ont voté pour Jacques, quoique Jacques.

Nous avons voté pour Jacques, malgré les fautes répétées du parti dont ce candidat se réclamait, malgré les défis inutiles de ses professions de foi, malgré les apologies auxquelles il a cru habile de se livrer, parce que, dégageant des scories le principe immortel, nous voulions voter pour la République et pour la Liberté.

Eh bien, il y a eu, de même, dans les faubourgs, dans les ateliers, parmi les petits commerçants, les petits fonctionnaires et les employés, des milliers et des milliers d'électeurs qui n'ont déposé dans l'urne le bulletin au nom de M. Boulanger que pour protester contre les erreurs et les fautes du gouvernement républicain, contre les promesses menteuses suivies de déceptions, contre la licence et contre l'anarchie.

Ces milliers d'électeurs, conservateurs et radicaux, ouvriers et bourgeois, ne veulent pas de M. Boulanger comme maître; ils n'en voudraient pas comme valet :

> Prince, qu'arcun de ceux qui te donnent leurs voix
> Ne voudrait rencontrer, le soir, au coin d'un bois.

Mais ils ont voulu, ils veulent protester contre un état de choses que, pour mille raisons diverses, bonnes et mauvaises, ils jugent funeste, intolérable et menaçant.

Ils ont choisi, de toutes les manières de faire entendre leur protestation, la plus inepte, la plus périlleuse et la plus honteuse.

Mais il serait fou de ne pas entendre leur protestation.

J'ai dit hier — et ce ne seront ni les sarcasmes

des uns ni les injures des autres qui m'en feront
dédire — que la République est supérieure au suffrage universel ; que la volonté du peuple, quand
elle prétend aller contre la loi, n'est pour moi que
la fantaisie d'un pacha ivre ; que je me refuse,
simple citoyen, à incliner ma liberté et mon honneur devant de tels caprices ; que le gouvernement
de la République a pour mission de briser ces sédi-
tions.

Mais, si la Constitution, la première, refuse au
peuple affolé et trompé le droit de me donner un
maître, le premier devoir de l'homme politique qui
a des yeux pour voir et des oreilles pour entendre
est aujourd'hui de reconnaître franchement, sans
fausse honte, dans toute sa sévérité, le solennel
avertissement qui vient d'être donné.

Nos amis de la Chambre ont montré hier qu'ils
ne sont pas de ceux qui profitent d'une défaite pour
jeter hors du parti républicain les chefs malheureux
qui l'ont essuyée : nous subissons, nous ne faisons
pas les paniques parlementaires.

Mais l'intérêt supérieur de la République exige
que nous fassions cette constatation : le radicalisme
avait fait M. Boulanger, le radicalisme n'a pas réussi
à le défaire. On a cru rattraper par l'appât des
réformes les plus perturbatrices les masses radicales
à qui l'on avait persuadé que M. Boulanger était le
premier ministre républicain de la guerre, l'inventeur
du fusil Lebel, le héros de la future revanche. Et les

gros bataillons ont continué à aller à celui à qui les promesses folles coûtent encore moins qu'aux plus fameux démagogues — aussi peu que les faux serments. — Cependant la masse des conservateurs s'effrayait, se débandait et acclamait, à son tour, M. Boulanger.

Après avoir fait, depuis plusieurs mois, les plus courageux efforts dans la lutte contre la dictature, les radicaux ressentent aussi cruellement que nous cet affreux désastre; mais quoi! ils ont échoué, et que reste-t-il de leurs troupes? Les nôtres sont là, mais les vôtres? Vos légions d'octobre 1885, où sont-elles passées? Demandez à Montmartre, demandez à Charonne, demandez à Saint-Denis.

Le gouvernement de demain qui doit entreprendre la tâche ardue de corriger les fautes du passé, de restaurer le principe d'autorité, de calmer les inquiétudes, de rétablir l'ordre dans les esprits troublés, de rendre à la République les armes dont elle s'était, dans sa généreuse folie, dépouillée elle-même, ce gouvernement, réparateur et vengeur à la fois, ce n'est plus dans vos rangs qu'on peut le chercher.

Au sortir de la dernière bataille où nous avons lutté fraternellement, la main dans la main, oublieux des anciennes querelles, contre l'ennemi commun, — nous n'ajouterons aux constatations irréfutables du scrutin, aucun reproche.

Mais cependant les faits sont là ; ils s'imposent à

tous et d'abord à votre patriotisme, à votre amour de la République.

Il n'y a point de honte à avoir été malheureux : il n'y aurait de honte qu'à mettre en balance l'intérêt de la République tout entière et un amour-propre de parti.

Vous ne ferez point cela, vous, surtout, monsieur le président du conseil ; à ce parti républicain que votre volonté a toujours été de bien servir, que vous aimez et qui vous estime, vous ferez de vous-même le sacrifice nécessaire ; vous le ferez sans regret, assurément, car le pouvoir n'est pas enviable, sans amertume, simplement, avec la dignité du consul vaincu qui demande lui-même que l'insigne du commandement soit remis à un plus heureux ; vous n'ajouterez point à tant d'épreuves celle d'une crise qui ramènerait toutes les divisions ; vous n'avez pas demandé à monter au pouvoir ; sachez en descendre !

SITUATION NOUVELLE...

30 janvier.

Je fais une hypothèse ; elle est cruelle, mais elle est nécessaire :

Je suppose que M. Boulanger ait été battu dimanche dernier par M. Jacques.

Et je demande à M. le président du conseil :

Oui ou non, si M. Jacques avait été vainqueur, eussiez-vous inscrit cette victoire à votre actif ?

Oui ou non, vous seriez-vous présenté comme le véritable vainqueur de cette journée, comme le dompteur du césarisme ?

Oui ou non, cette victoire eût-elle doublé la force de votre ministère, vous permettant de faire voter, à votre heure, les divers projets que vous avez présentés aux Chambres ?

Or, c'est M. Jacques qui a été battu ; plus de 245,000 électeurs, dont la moitié formait, hier encore, le gros de votre armée à Paris, ont nommé M. Boulanger.

Et quelle est l'attitude — je ne dis pas du parti radical où beaucoup pensent comme moi-même, jugent la situation comme je la juge — quelle est l'attitude du cabinet ?

Le cabinet affecte de ne pas se sentir atteint par la défaite.

Je ne veux pas récriminer ; cependant, comment ne pas rappeler d'un mot que cette défaite, — qui n'est pas, hélas ! seulement la défaite de M. le président du conseil, — c'est le cabinet qui l'a préparée et qui l'a voulue ?

Il l'a préparée par toute la politique qu'il a suivie depuis son entrée aux affaires, en s'obstinant, malgré les objurgations de la moitié des députés républicains et du Sénat tout entier, malgré l'avis de

M. le président de la République lui-même, à présenter un projet de revision constitutionnelle, — en alarmant les intérêts par son projet de l'impôt sur le revenu, — en traitant en suspects et en ennemis ceux qui ne prononçaient pas le *shiboleth* intransigeant; — en souriant à la licence la plus effrénée qui ait jamais emprunté et déshonoré le beau nom de la liberté, — en laissant grandir et se développer dans l'impunité la conspiration césarienne.

Il l'a voulue parce qu'il a repoussé avec dédain les avis des hommes prudents et sages qui le suppliaient de ne pas convoquer avec une orgueilleuse précipitation le corps électoral de la Seine et à qui il répondait fièrement qu'il était sûr de vaincre.

Nous aurions reconnu à M. le président du conseil vainqueur le droit de monter au Capitole où il est probable que quelques strapontins seulement nous eussent été réservés; M. le président du conseil vaincu a-t-il oui ou non le devoir de s'incliner?

Qu'il le demande à ceux de ses amis politiques et personnels qui, repoussant comme indigne d'eux en un pareil moment toute vaine et misérable préoccupation de coterie, ne songent qu'à l'intérêt supérieur de la République menacée!

M. le président du conseil a fait annoncer lundi matin qu'il provoquerait une réunion plénière de tous les groupes de la majorité ;

Les groupes ont été unanimes à repousser cette proposition.

M. le président du conseil a fait annoncer lundi soir qu'il présenterait à la Chambre des lois spéciales contre le complot boulangiste.

Les groupes ont été unanimes à penser que toute loi nouvelle était superflue, que proclamer la nécessité de lois nouvelles c'était amnistier tout le passé de la conspiration césarienne et le légitimer, que les lois actuelles suffisent.

M. le président du conseil a fait annoncer mardi matin qu'il ne présenterait son projet sur le scrutin d'arrondissement qu'après l'interpellation de jeudi ;

L'union des gauches a répondu à cette tentative de *Do ut des* qu'elle aimait beaucoup le scrutin d'arrondissement, mais qu'elle ne l'achèterait pas au prix d'un vote de confiance dans un cabinet qui reste seul à avoir confiance en lui-même.

Ah ! je sais, la gauche radicale réclame ou, du moins, la majorité de ses membres réclame le maintien du cabinet.

Je n'insisterai pas sur le mot sévère qui a été appliqué hier à la gauche radicale et qui risque de rester : *séminaire de boulangistes*. Mais enfin, ceux des républicains de l'extrême-gauche qui ont été au premier rang de la bataille contre M. Boulanger pendant la dernière période électorale, qui s'y sont jetés corps et âme, qui se sont inscrits avec le même courage que nous autres, timides modérés, en tête des futures listes de proscription, ceux-là ont peut-être plus d'autorité que les illustres chefs

de la gauche ministérielle pour parler au nom du
parti républicain.

Or ils disent comme nous, qu'à la bataille de demain contre le césarisme il faut un autre chef que
le vaincu d'hier.

Ils respectent, comme nous le faisons nous-mêmes,
et ils honorent ce vaincu ; mais ils se rendent
compte que ce vaincu n'inspire plus la confiance
nécessaire pour réunir les troupes républicaines
repoussées et pour prendre la revanche décisive.

La politique d'exclusion, de petite église, de coterie, m'a toujours semblé misérable : demain, devant
le césarisme menaçant et la réaction triomphante,
elle ne serait pas seulement inepte ; elle serait cri-
minelle.

Quel qu'il soit, je serai de ceux qui demanderont
au chef, à l'homme nouveau de demain, de revenir
à la vraie tradition républicaine, car M. Clémenceau peut se plaindre que M. Boulanger lui ait volé
sa popularité ; nous nous plaignons, nous autres,
qu'il nous ait volé, pour en faire le tremplin de son
ambition scélérate, la formule de la grande politique, large et généreuse, de Gambetta.

Quel qu'il soit, ce premier ministre qui aura pour
mission de faire rentrer dans le respect de la loi
les conspirateurs éhontés, je lui dirai que s'il a le
droit, sans doute, de constituer un gouvernement
homogène, il a le devoir, d'abord, de garder à la
Liberté tous ses soldats. Elle n'en a pas trop !...

Ah ! vraiment, oui, le moment serait bien choisi
pour rouvrir, à gauche ou à droite de notre parti,
l'ère des excommunications, quand la Républiqne
a perdu la moitié de ses troupes, quand il s'agit de
ramener au drapeau non seulement celles qui ont
déserté dimanche, mais celles qui ont été embau-
chées à toutes les élections partielles depuis un an
et celles qui avaient déjà passé à l'ennemi au mois
d'octobre 1885 !

Et, dès lors, comment, pourquoi, M. le président
du conseil refuserait-il de rendre au parti républicain ce service dont nous lui serions toujours re-
connaissants : épargner au Parlement une crise
nouvelle, de nouveaux déchirements ?

Mais quoi ! son intérêt personnel ne lui com-
mande-t-il pas la même résolution ? Si le débat
s'engage jeudi sur l'interpellation de M. de Jouven-
cel, si M. Floquet, encore président du conseil,
réclame l'ordre du jour de confiance, n'est-il pas
informé que la droite royaliste, bonapartiste et boulangiste ne votera pas contre lui ? Et ce n'est point,
peut-être, dans l'intérêt de la République et de la
Liberté que la droite maintiendrait M. Floquet au
pouvoir...

VARUS! VARUS!

31 janvier.

M. le président du conseil a reçu hier la délégation de l'extrême-gauche conduite par M. Clémenceau.

M. Hubbard a développé avec force son opinion que le cabinet, vaincu dans l'élection de la Seine, n'a plus la force ni l'autorité nécessaires pour mener le parti républicain à la bataille contre la conspiration césarienne.

M. le président du conseil a répondu avec superbe que « devant les intrigues des opportunistes » il était résolu à ne pas se retirer, qu'il déposerait aujourd'hui les projets annoncés par le gouvernement et qu'il réclamerait de la Chambre un vote de confiance.

Sur quoi M. Floquet et M. Clémenceau — grands chefs qui, aujourd'hui, à eux deux, ont moins d'électeurs derrière eux que le dernier conseiller municipal de village — ont scellé un nouveau pacte d'alliance et d'union.

M. le président du conseil pouvait rendre au parti républicain un immense service en se retirant de lui-même, en épargnant à la Chambre de nouvelles divisions et une nouvelle crise ; il refuse. C'est bien, c'est entendu. Il reste à savoir si la Chambre, elle, fera son devoir.

C'est naturellement M. Clémenceau, président — je ne dis pas : chef — de l'extrême-gauche, qui a conduit cette belle opération. Il faut rendre cette justice à M. Clémenceau ; la fameuse formule : « Il n'y a plus une faute à commettre », n'a pas été inventée pour lui. Avec lui, il y a toujours des fautes nouvelles à commettre.

Les républicains du centre qui, dès la première heure, ont reconnu l'aspirant dictateur sous le soldat démagogue que M. Clémenceau avait fait ministre de la guerre, les républicains indépendants et ceux de l'extrême-gauche, qui s'honorent de n'appartenir à aucune coterie et qui n'ont pas d'autre pensée que la défense de la Liberté, sauront-ils tout à l'heure, comme le leur commande l'intérêt supérieur de la République, faire acte de fermeté et de prévoyance?

Il s'agit bien, à cette heure, de sympathies ou d'antipathies personnelles! Ce n'est pas la personne c'est la politique de M. Floquet qui est en cause. Il s'agit bien de portefeuilles à conquérir! Il est enviable, le pouvoir! Il s'agit de la République dont les premières lignes ont été forcées par un ennemi plus redoutable tous les jours, dont les troupes se sont débandées, dont la citadelle même est menacée.

Oh! je sais, vous allez entendre tout à l'heure de retentissantes paroles, des périodes sonores, des apostrophes magnifiques, de merveilleux serments. Oui, l'on va jurer devant vous, une fois de plus, que *le gouverneur de Paris ne capitulera pas.* Trochu ou Floquet, des paroles, des mots, toujours des mots !...

M. Paul de Cassagnac donne son bulletin à M. le président du conseil : est-ce clair ?

M. Le Hérissé promet son bulletin à M. le président du conseil : est-ce clair ?

M. Clémenceau donne son bulletin à M. le président du conseil : est-ce clair ?... Oui, M. Clémenceau, surtout !... Car je conçois qu'à la rigueur vous puissiez croire à quelque double jeu de M. Le Hérissé et de M. Paul de Cassagnac. Mais M. Clémenceau !... Est-ce que l'expérience n'est pas assez aite ? Il y a dix ans, quand M. Clémenceau, sortant du rang, a eu la fantaisie de s'établir chef de parti, avez-vous oublié quelle était la situation de la République, comment chaque heure qui sonnait au cadran de l'horloge voyait arriver de nouvelles recrues ? M. Clémenceau est venu... Ah ! certes, je ne suspecte pas ses intentions ; je sais que M. Clémenceau est prêt à mourir pour la République ; hélas ! je sais aussi qu'il n'a rien négligé pour la tuer... Oui, M. C'émenceau est venu et alors la descente fatale a commencé.

L'un après l'autre, il a frappé au cœur les chefs les plus illustres de la République, ceux qui l'avaient, fondée c eux qui avaient voué leur vie à son service.

Gambetta d'abord, puis Ferry. La guerre au couteau contre ceux qui avaient donné à la démocratie les fois d'enseignement, qui avaient ajouté au patrimoine national deux admirables colonies, Clémenceau ! La revision, Clémenceau ! L'impôt sur le revenu, Clémenceau ! Et le jour où il s'essaya à créer, — ah ! il a réussi ce jour-là ! — il donna à la République Boulanger !

Avant de joindre leurs bulletins de vote à celui de M. Clémenceau pour maintenir le cabinet Floquet aux affaires, je supplie les républicains qui ne sont pas encore disposés à dire à M. Boulanger : « César ! ceux qui vont mourir te saluent ! » je les supplie de se rappeler ces choses. Hier, nous étions quatre millions de républicains dans ce pays ; combien sommes-nous aujourd'hui ? Hier, à Paris, au 4 octobre 1885, même après la mort de Gambetta, même après les Langson, nous étions quatre cent mille ; combien sommes-nous aujourd'hui, monsieur Clémenceau, après dix mois de gouvernement radical ?...

Varus, Varus, rends-nous nos légions !...

Paris. — Imp. PAUL DUPONT (Cl.). 285.2.89.